AF906328

Die Haftung von Host- und Access-Providern bei Urheberrechtsverletzungen

Jonathan Kropp

Die Haftung von Host- und Access-Providern bei Urheberrechtsverletzungen

PETER LANG
Frankfurt am Main · Berlin · Bern · Bruxelles · New York · Oxford · Wien

Bibliografische Information der Deutschen Nationalbibliothek
Die Deutsche Nationalbibliothek verzeichnet diese Publikation in der Deutschen Nationalbibliografie; detaillierte bibliografische Daten sind im Internet über http://dnb.d-nb.de abrufbar.

Zugl.: Berlin, Humboldt-Univ., Diss., 2012

Umschlaggestaltung:
© Olaf Gloeckler, Atelier Platen, Friedberg

11
ISBN 978-3-631-63844-6

© Peter Lang GmbH
Internationaler Verlag der Wissenschaften
Frankfurt am Main 2012
Alle Rechte vorbehalten.

Das Werk einschließlich aller seiner Teile ist urheberrechtlich geschützt. Jede Verwertung außerhalb der engen Grenzen des Urheberrechtsgesetzes ist ohne Zustimmung des Verlages unzulässig und strafbar. Das gilt insbesondere für Vervielfältigungen, Übersetzungen, Mikroverfilmungen und die Einspeicherung und Verarbeitung in elektronischen Systemen.

www.peterlang.de

Meinen Eltern

Vorwort

Die vorliegende Arbeit wurde im Wintersemester 2011/2012 von der Rechtswissenschaftlichen Fakultät der Humboldt-Universität zu Berlin als Dissertation angenommen. Rechtssprechung und Literatur wurden im Rahmen einer Aktualisierung bis Juni 2012 berücksichtigt.

Mein herzlicher Dank gilt meinem Doktorvater, Herrn Prof. Dr. Artur-Axel Wandtke, der mich ermuntert hat, diese Arbeit zu schreiben und mich bei der Erstellung meiner Dissertation stets exzellent betreut hat. Mögen noch viele weitere Jahre des gemeinsamen Gedankenaustauschs und der Zusammenarbeit hinzukommen. Danken möchte ich auch Herrn Prof. Dr. Hans-Peter Schwintowski für die Übernahme und zügige Erstellung des Zweitgutachtens.

Dank gebührt auch Herrn Rechtsanwalt Jan Schlüschen, sowie meinem Doktorandenkollegen, Herrn Felix von Gerlach, die mit ihren vielfältigen Anregungen zum Gelingen dieser Arbeit beigetragen haben und mit denen ich nun seit vielen Jahren freundschaftlich verbunden bin.

Mein ganz besonderer Dank gilt schließlich meinen Eltern, die mich auf meinem bisherigen Lebensweg stets von ganzem Herzen unterstützt haben und mir stets ein sicherer Rückhalt waren.

Berlin, den 01.07.2012 Jonathan Kropp

Inhaltsverzeichnis

Einleitung

A. Einführung

Die Debatte um die Legitimation des Urheberrechts im Zeitalter des „Web 2.0" ist voll entbrannt. Der Ruf nach einer grundlegenden Revision und Neuorientierung des Urheberrechts in der digitalen Welt wird immer lauter. Dieses stoße angesichts von Digitalisierung und Internet, sowie einer zunehmenden Konvergenz der Medien an seine Grenzen. Es biete insbesondere keine befriedigenden Antworten auf die sich stellenden Fragen nach rechtlichen Sanktionen bei Verletzungen urheberrechtlich geschützter Positionen im Netz. Nichts weiter als ein Tropfen auf den heißen Stein seien denn auch die zahlreichen Reformbemühungen des europäischen und nationalen Gesetzgebers in den vergangenen Jahren. Das Ergebnis sei einziges „Flickwerk"[1] rechtlicher Regelungen, das den Realitäten in der digitalen Welt nur sehr unzureichend Rechnung trage. Um es auf den Punkt zu bringen: Das Urheberrecht in der digitalen Welt stecke in einer tiefgreifenden Krise![2]

Aber stimmt das denn? Ist das Urheberrecht in der digitalen Welt tatsächlich auf einem derart auswegslosen Posten? Freilich, das Urheberrecht muss passende Antworten auf die sich stellenden Fragen im Zeitalter des „Web 2.0" finden. Und ja, es ist zuzugeben, dass die gegenwärtige Rechtslage im Bereich des (Tele-)Medienrechts noch immer höchst unbefriedigend erscheint. Schließlich ist eine Vielzahl von rechtlichen Fragen auch zwanzig Jahre nach Einführung des Internets weiterhin ungelöst. Hinzu kommt, dass die technologische Entwicklung dem Recht meist einen Schritt voraus ist. Und dennoch bleibt die Frage, ob es sinnvoll und vor allem notwendig ist, das bekannte und bewährte urheberrechtliche Schutzsystem einfach aufzugeben.

Die Befürworter des bestehenden Schutzsystems fordern eine konsequente Verfolgung von Rechtsverstößen im Internet und drängen auf eine weitere Verschärfung der geltenden Regelungen, während andere befürchten, dass das zu einer Kriminalisierung weiter Teile der Bevölkerung führen könnte, weshalb sie eine Anpassung des Urheberrechts an die Realitäten der digitalen Welt fordern. Sie propagieren die Einführung neuer Vergütungsmodelle, wie beispielsweise

---

1 Lehmann, in FS Loewenheim 2009, S.167 (169).

2 Hansen, Warum Urheberrecht?, passim; Flechsig, in FS Loewenheim 2009, S.97ff.; Lehmann, in FS Loewenheim 2009, S.167ff.; Kreuzer, Das Modell des deutschen Urheberrechts und Regelungsalternativen, passim; Holznagel/Schumacher, ZRP 2011, 74ff.

einer Kulturflatrate[3], die – vergleichbar der GEZ-Gebühr - jeden Internetnutzer im Gegenzug für die freie Benutzung sämtlicher Inhalte im Netz zur Zahlung einer pauschalen Abgabe verpflichtet.

Ohne diesen Streit an dieser Stelle weiter vertiefen zu wollen, so ist doch festzustellen, dass die gegenwärtige Rechtslage im Bereich des (Tele-) Medienrechts allseits als höchst unbefriedigend empfunden wird und die Gerichte den sich bietenden Gestaltungsspielraum gerne genutzt haben, um manche nicht ganz zweifelsfreie Entscheidung zu treffen. So fehlt es insbesondere nach wie vor an einem überzeugenden Haftungsregime für Host- und Access-Provider. Unklarheit besteht dabei nicht nur hinsichtlich der dogmatischen Grundlagen, die eine Haftung der Host- und Access-Provider begründen könnten, auch die praktische Ausgestaltung einer wie auch immer begründeten Haftung ist ein ungeklärtes Feld. Und dies obwohl die Internetprovider eine Schlüsselrolle bei der Bekämpfung von „Piraterie" im Netz einnehmen dürften:

Das Internet hat seit den 90er Jahren des letzten Jahrhunderts den privaten wie den geschäftlichen Lebensbereich revolutioniert. Die mit dieser Entwicklung einhergehenden vielfältigen positiven Aspekte beschreiben allerdings nur eine Seite der Medaille. Auf der Schattenseite der Medaille schlägt die massive Verletzung von Rechten des geistigen Eigentums zu buche, von der insbesondere die Kultur- und Kreativwirtschaft besonders betroffen ist. Die Ursachen hierfür sind vielfältig, beispielhaft seien hier nur die in technischer Hinsicht einfache Möglichkeit der weltweiten Verbreitung digitalisierter Daten, die weitgehende Anonymität im Netz und das Fehlen weltweit einheitlicher Rechtsstandards bzw. wirksamer Möglichkeiten zur Rechtsverfolgung und Rechtsdurchsetzung genannt. Eine Inanspruchnahme des sich rechtswidrig verhaltenden Internetnutzers ist daher in vielen Fällen zum Scheitern verdammt. Insofern überrascht es nicht, dass die Rechteinhaber seit einigen Jahren bemüht sind, auch die Internetprovider stärker in die Pflicht zu nehmen. Diese haben in der Regel nicht nur die Möglichkeit, den potentiellen Rechtsverletzer gerichtssicher zu ermitteln, auch

---

3 Gegen die Zahlung einer pauschalen, monatlich zu entrichtenden Gebühr sollen alle Internetnutzer das Recht erhalten, sämtliche im Netz verfügbaren Inhalte (mithin auch alle urheberrechtlich geschützten Werke) für private Zwecke zu nutzen. Gebührenpflichtig ist jeder, der einen Internetanschluss hat. Die Gebühr soll von den Zugangsprovidern eingezogen und von diesen an die Verwertungsgesellschaften weitergeben werden. Diese wiederum sollen das Geld nach einem noch zu bestimmenden Verteilungsschlüssel an die Urheber auszahlen. Die „Kulturflatrate" erinnert insoweit an die aus dem Urheberrecht bekannte Leergeräte- und Speichermedienabgabe, die im Rahmen der Regelungen zur Privatkopie (§§ 53ff. UrhG) bereits vor Jahren Eingang in das Urheberrecht gefunden hat. Vgl. hierzu ausführlich Roßnagel, Jandt, Schnabel, Yliniva-Hoffmann, Kurzgutachten zur „Zulässigkeit einer Kulturflatrate nach nationalem und europäischem Recht" vom 13.März 2009, S.4. Online abrufbar unter: http://www.gruene-bundestag.de/cms/netzpolitik/dokbin/278/278059.kurzgutachten_zur_kulturflatrate.pdf.

die erleichterte Rechtsdurchsetzung gegenüber den Internetprovidern, deren größere finanzielle Leistungsfähigkeit sowie die (zumindest teilweise) bestehenden Kontrollmöglichkeiten sprechen für ein solches Vorgehen. Gleichzeitig dürfen die Internetprovider aber auch nicht über Gebühr zur Kontrolle der von ihnen durchgeleiteten oder gespeicherten Informationen verpflichtet werden, will man die dynamische Entwicklung des Internets nicht ersticken. Aus diesem Grund sieht das für das Telemedienrecht maßgebliche TMG teils recht weitgehende Haftungsprivilegierungen für Access- und Host-Provider vor. Nach zutreffender Ansicht bleiben Unterlassungs- und Beseitigungsansprüche von den haftungsprivilegierenden Regelungen des TMG jedoch unberührt. Dies führt in der Praxis dazu, dass (zumindest) die Host-Provider als „Störer" für das rechtsverletzende Verhalten ihrer Kunden in Anspruch genommen werden können. Die im Wege richterlicher Rechtsfortbildung entwickelte Störerhaftung analog § 1004 BGB begegnet aber im Bereich des gewerblichen Rechtsschutzes und des Urheberrechts erheblichen dogmatischen Bedenken. Es wird im Rahmen dieser Untersuchung zu zeigen sein, dass eine dogmatisch saubere Lösung für den gesamten Bereich des geistigen Eigentums unter Rückgriff auf die Lehre von den Verkehrspflichten gelingen kann.

Neben der Frage, ob und inwieweit die Host-Provider für das rechtsverletzende Verhalten ihrer Kunden verantwortlich sind, wird zu untersuchen sein, ob auch die Access-Provider zur Verhinderung von Urheberrechtsverletzungen im Internet herangezogen werden können. Diese haben schließlich die technischen Möglichkeiten, die von ihnen durchgeleiteten Informationen zu kontrollieren und ggf. den Zugriff auf urheberrechtsverletzende Inhalte zu sperren. Hier wird sich zeigen, dass aus verfassungsrechtlichen Gründen große Zurückhaltung geboten ist. Gleichwohl scheint nach der hier vertretenen Ansicht die Sperrung von inkriminierten Webseiten unter bestimmten, sehr strengen Voraussetzungen eine geeignete Möglichkeit zur Verhinderung von Urheberrechtsverletzungen im Netz. Da sich auf der Grundlage der bestehenden Haftungskonzeptionen ein solcher Anspruch jedoch nicht begründen lässt, ist hier ein gesetzgeberisches Tätigwerden vonnöten. Ein entsprechender Regelungsvorschlag wird daher im Rahmen dieser Untersuchung unterbreitet.

Die Schaffung eines überzeugenden Haftungsregimes im Internet ist angesichts der vorgenannten Gründe von erheblicher praktischer Relevanz. Die wissenschaftliche Vertiefung und Bearbeitung dieser Fragestellung ist Gegenstand der vorliegenden Untersuchung. Sie mag in der eingangs angerissenen Diskussion um die Neufassung des urheberrechtlichen Schutzsystems Gehör finden.

B. Gang der Darstellung

Im Kern geht es vorliegend also um die Frage der Verantwortlichkeit bei sog. mittelbaren Rechtsverletzungen. Dieser Erkenntnis folgend beginnt die Arbeit in ihrem ersten Teil (Kapitel 1-3) mit einer Darstellung der bestehenden Haftungskonzeptionen bei mittelbaren Rechtsverletzungen im Bereich des Urheber- und Wettbewerbsrechts. Die hier zu erörternden Fragen sollen zunächst ganz bewusst losgelöst von den spezifisch telemedienrechtlichen Regelungen und Besonderheiten diskutiert und unter Rückgriff auf die Lehre von den Verkehrspflichten zu einem tragfähigen Ergebnis gebracht werden. Im zweiten Teil dieser Arbeit (Kapitel 4-7) sollen die so gewonnenen Erkenntnisse dann am Beispiel der Internetprovider kritisch überprüft werden,[4] ehe im dritten und letzten Teil der Untersuchung (Kapitel 8) ein Vorschlag zur Novellierung des Telemediengesetzes (TMG) unterbreitet werden soll.

---

4 Keine Berücksichtigung finden Fragen nach einer gegebenenfalls bestehenden rechtsgeschäftlichen Haftung der Internetprovider.

Kapitel 1

Die Haftung für mittelbare Rechtsverletzungen

A. Einführung

Es ist insbesondere die höchstrichterliche Rechtssprechung, anhand derer sich die Entwicklung der Haftung für mittelbare Rechtsverletzungen im Bereich des gewerblichen Rechtsschutzes und des Urheberrechts sehr gut nachzeichnen lässt. Die erkennenden Gerichte sahen sich sehr früh mit Sachverhalten konfrontiert, in denen ein bestimmtes Verhalten zwar mitursächlich für spätere unmittelbare Schutzrechtsverletzungen sein sollte, die jedoch – beispielsweise mangels Vorsatz des Dritten - nicht mithilfe der allgemeinen Regeln der §§ 830, 840 BGB befriedigend gelöst werden konnten. Es setzte sich daher alsbald die Erkenntnis durch, dass ein effektiver Rechtsschutz der Schutzrechtsinhaber allein mit den Kriterien der Täterschaft und Teilnahme nicht würde bewirkt werden können. Dies beherzigend, bemühten sich die Gerichte, die bestehenden Lücken im Rechtsschutz zu schließen. Eine Vorreiterrolle nahm insofern die Rechtssprechung des Reichsgerichts in Patentsachen ein. Das Reichsgericht entwickelte seit dem Ende der 20'er Jahre des letzten Jahrhunderts die besondere Beteiligungsform der mittelbaren Patentverletzung. Der Patentinhaber sollte nicht nur Ansprüche gegenüber dem unmittelbaren Patentverletzer, sondern auch gegenüber dem Lieferanten der Erzeugnisse geltend machen können, denn schließlich setze dieser durch sein Verhalten zumindest eine mittelbare Ursache für die spätere Patentverletzung. Auf diese Weise wollte man „das Übel häufig unentdeckt bleibender Patentverletzungen [...] quasi an der Wurzel fassen und den Patentinhaber davor bewahren, gegen möglicherweise eine Vielzahl (kleinerer) Abnehmer Patentverletzungsprozesse führen zu müssen“.[5]

B. Begriffsbestimmungen

1. Mittelbarer Verletzer

Um Verwirrungen hinsichtlich der Begrifflichkeiten zu vermeiden, soll hier deutlich hervorgehoben werden, dass die mittelbare Patentverletzung nichts mit

---

5 Mes, GRUR 1998, 281 (281).

dem aus dem Strafrecht bekannten Institut der mittelbaren Täterschaft gemein hat. Mittelbarer Täter im Sinne der strafrechtlichen Definition ist, wer die Tat „durch einen anderen“ begeht und damit die Tatbestandsmerkmale nicht selbst verwirklicht, sondern sich dazu eines Werkzeugs oder Tatmittlers bedient. In der Regel setzt dies ein Defizit des Vordermanns und eine überlegene, die Handlung des Tatmittlers steuernde Stellung des Hintermanns voraus.[6] Es soll an dieser Stelle nicht näher auf die Besonderheiten und die historische Entwicklung der mittelbaren Patentverletzung eingegangen werden,[7] dennoch wird schon auf den ersten Blick deutlich, dass die Rechtssprechung mit Einführung des Instituts der mittelbaren Patenverletzung einen gänzlich anderen Zweck verfolgte. Der Patentinhaber sollte nicht länger darauf beschränkt sein, seine Ansprüche gegenüber dem unmittelbaren Verletzer geltend zu machen, sondern – im Interesse eines möglichst effektiven Rechtsschutzes – unter bestimmten Voraussetzungen auch die Möglichkeit haben, gegen den Lieferanten von Erzeugnissen, die von Abnehmern in patentverletzender Weise benutzt werden können, rechtlich vorgehen zu können.[8]

Nach der hier vertretenen Ansicht ist aber nicht nur derjenige „mittelbarer Verletzer“, der einen an sich nicht geschützten Gegenstand an einen eigenverantwortlich handelnden Dritten in dem Wissen liefert, dass dieser die Rechtsverletzung mithilfe dieses Gegenstandes begehen wird,[9] sondern vielmehr jede Person, deren Verhalten für die Rechtsverletzung eines eigenverantwortlich handelnden Dritten (mit-)ursächlich geworden ist.[10] Auf ein Verschulden kommt es dabei grundsätzlich nicht an.[11] Liegt ein solches jedoch vor, haftet der „mittelbare Verletzer“ in der Regel auch auf Schadensersatz und Gewinnherausgabe.

2. Störer

In der Rechtssprechung wird der Schuldner des urheber- und markenrechtlichen Unterlassungs- und Beseitigungsanspruchs bei mittelbaren Rechtsverletzungen jedoch zumeist nicht als „mittelbarer Verletzer“, sondern als „Störer“ bezeichnet.[12]

---

6 Weber, BtMG, Vorbemn. zu den §§ 29ff., Rn.179.

7 Vgl. hierzu noch Kapitel 3, S.55ff.

8 Mes, GRUR 1998, 281 (281).

9 Möhring/Nicolini/Lütje, § 97, Rn.31.

10 So auch Hollenders, Mittelbare Verantwortlichkeit von Intermediären, S.47.

11 Schilling, Passivlegitimation, S.9.

12 Vgl. für das Urheberrecht zuletzt: BGH, GRUR 2010, 633ff. – „Sommer unseres Lebens“; für das Markenrecht: BGH, GRUR 2008, 702ff. – „Internetversteigerung III“, jeweils m.w.N.. Auch im Wettbewerbsrecht hat der BGH bis zur Entscheidung „Jugendgefährdende Medien bei eBay“ (BGH, GRUR 2007, 890ff.) an der wettbewerbsrechtlichen Störerhaftung analog § 1004

Ursprünglich war der Begriff des Störers jedoch wesentlich weiter gefasst. „Störer“ war danach jede Person, deren Verhalten in irgendeiner Art und Weise – sei es als Täter, Teilnehmer im Sinne des § 830 BGB oder mittelbarer Verletzer - für eine Schutzrechtsverletzung (mit-)ursächlich geworden ist. Der Begriff des Störers wurde damit gleichsam als Oberbegriff für alle denkbaren Passivlegitimierten der immaterialgüter- und wettbewerbsrechtlichen Ansprüche verwendet.[13]

Nach zustimmungswürdiger Ansicht bildet die Rechtsfigur des Störers hingegen eine eigene Haftungskategorie.[14] Störer kann danach nur sein, wer weder als Täter noch als Mittäter, Anstifter oder Gehilfe fremde Schutzrechte verletzt.[15] Störer ist damit im Einklang mit der heutigen Rechtssprechung des BGH nur derjenige, der ohne eigenes Verschulden adäquat kausal zu der Rechtsverletzung beigetragen hat.[16] Dabei ist die Störerhaftung nach ganz herrschender Ansicht nur auf Unterlassung und Beseitigung gerichtet, da sie ihre dogmatische Grundlage nicht im Deliktsrecht, sondern in den Regelungen über die Besitz- und Eigentumsstörung der §§ 1004, 862 BGB hat.[17] Die Störerhaftung ist damit eine besondere Form der Haftung für mittelbare Rechtsverletzungen.[18]

BGB festgehalten, diese aber inzwischen zugunsten des Instituts der wettbewerbsrechtlichen Verkehrspflichten aufgegeben, vgl. hierzu noch Kapitel 1, S.26ff.

13 BGH, GRUR 1957, 352 (353) – „Pertussin II“; ebenso Schünemann, WRP 1998, 120 (120); Mes, GRUR 1998, 281 (281).

14 Vgl. zu den Voraussetzungen der Störerhaftung Kapitel 1, S.16.

15 Dreier/Schulze/Dreier, UrhG, § 97 Rn.33; Schilling, Passivlegitimation, S.12; Hartmann, Unterlassungsansprüche, S.47.

16 Wandtke/Bullinger/v. Wolff, § 97, Rn.15.

17 BGH, GRUR 2002, 618 (619) – „Meißner Dekor“ m.w.N.; krit. Ahrens, FS Canaris 2007, 3 (5); Haedicke, Europäische Perspektiven des Geistigen Eigentums, 229 (234); Döring, WRP 2007, 1131 (1133f.).

18 In der Literatur wird teilweise vertreten, dass es im Urheberrecht eines Rückgriffs auf die Vorschrift des § 1004 BGB analog seit Einführung des § 97 UrhG nicht mehr bedürfe. (Spindler/Volkmann, WRP 2003, 1 [2], Fn.7; Freytag, Haftung im Netz, S.66; Schilling, Passivlegitimation, S.1; Schapiro, Unterlassungsansprüche, S.143ff. [159]) Begründet wird dieser Vorstoß damit, dass die Vorschrift des § 97 UrhG streng erfolgsbezogen formuliert sei, sodass von ihr im Grundsatz auch die „klassischen“ Fälle der Mitstörerhaftung erfasst würden. (Spindler/Volkmann, WRP 2003, 1 [2], Fn.7) Die ganz herrschende Meinung in Rechtssprechung und Literatur stützt die urheberrechtliche Störerhaftung allerdings auch weiterhin auf eine Analogie zu § 1004 BGB. (Vgl. statt vieler BGH, GRUR 2010, 633ff. – „Sommer unseres Lebens“, sowie noch deutlicher OLG Hamburg, ZUM 2010, 440ff.).

C. Voraussetzungen der Störerhaftung

Die Voraussetzungen der Störerhaftung im gewerblichen Rechtsschutz und Urheberrecht wurden dabei von der höchstrichterlichen Rechtssprechung kontinuierlich fortentwickelt. Für die vorliegende Arbeit soll hier insbesondere die Entwicklung im Urheber- und Wettbewerbsrecht nachgezeichnet werden. Dies hat zweierlei Gründe. Zum einen geht es darum, das Bewusstsein des Lesers dafür zu schärfen, dass die sich im zweiten Teil dieser Arbeit stellenden Fragen nach einem effektiven Rechtsschutz des Urhebers im Zeitalter von Digitalisierung und Internet in der Sache keineswegs neu sind, sondern technischer Fortschritt und sich ändernde Nutzungsgewohnheiten das Urheberrecht auch in der Vergangenheit immer wieder vor große Herausforderungen stellten und mitunter eine Neujustierung der rechtlichen Grundlagen des Urheberrechtsschutzes erforderten.[19] Diese Aufgabe hatten dabei in erster Linie die erkennenden Gerichte zu erfüllen. Sie bemühten sich im Wege behutsamer Rechtsfortbildung bestehende Rechtsschutzlücken zu schließen und Antworten auf die mit dem technischen Fortschritt verbundenen Fragen zu geben. Dies kann an einem einfachen Beispiel illustriert werden: Mit einem Kassettenrekorder konnte nicht nur Musik aus dem Radio aufgenommen und beliebig oft abgespielt werden, sondern auch auf andere Kassetten überspielt und dann mit Freunden und Bekannten getauscht werden. Damit war aber die Frage zu klären, wie eine angemessene – insbesondere finanzielle – Beteiligung des Urhebers an der Verwertung seines Werkes gelingen könnte.[20]

Zum anderen bietet sich ein Vergleich der urheber- und wettbewerbsrechtlichen Störerhaftung deshalb an, weil das Wettbewerbsrecht in den vergangenen Jahren stets eine gewisse Vorreiterrolle bei der Fortentwicklung der Störerhaftung eingenommen hat. So entwickelte der BGH das für die Störerhaftung maßgebliche Haftungskriterium der Verletzung von Prüfungspflichten zuerst im Wettbewerbsrecht, ehe er dieses Kriterium auch im Urheber- und Markenrecht als Voraussetzung der Störerhaftung einführte. Und auch in jüngster Zeit ist wieder eine ähnliche Entwicklung zu beobachten. So sei bereits hier schon einmal darauf hingewiesen, dass der BGH im Wettbewerbsrecht die Störerhaftung analog § 1004 BGB inzwischen zugunsten des Instituts der wettbewerbsrechtlichen Ver-

19 Vgl. zur historischen Entwicklung des Urheberrechts und der Urheberrechtstheorien: Wandtke/Wandtke, Urheberrecht, S.3-21, Rehbinder, Urheberrecht, S.6-16; mit besonderem Schwerpunkt auf die Entwicklung hin zum Urheberschutzrecht: Hansen, Warum Urheberrecht?, S.12-38.

20 Vgl. hierzu Kapitel 1, S.9: „Grundig-Reporter"-Entscheidung.

kehrspflichten aufgegeben hat.[21] Ein Schritt – der nach Ansicht des Verfassers – auch für das Urheberrecht zu begrüßen wäre.[22]

1. Urheberrecht

a. „Grundig-Repoter"-Entscheidung

In der „Grundig-Reporter"-Entscheidung[23] aus dem Jahre 1955 hatte der BGH über die rechtliche Zulässigkeit privater Tonbandmitschnitte von Rundfunksendungen zu befinden. Der BGH erblickte in den streitgegenständlichen Tonbandmitschnitten nicht nur eine rechtswidrige Vervielfältigung urheberrechtlich geschützter Werke,[24] sondern bestimmte ferner, dass sich auch die Gerätehersteller rechtswidrig verhielten, wenn sie nicht bei der Veräußerung der Tonbandgeräte darauf hinwiesen, dass zur Aufnahme von Werken aus dem Repertoire der GEMA deren Einwilligung notwendig sei. Die Gerätehersteller würden insoweit als Störer haften, denn Störer im Sinne des § 1004 BGB sei grundsätzlich jeder, dessen äquivalenter Kausalbeitrag erst die Verletzung von Schutzrechten der Rechteinhaber durch unmittelbare Verletzer ermögliche.[25] Dies sei hier der Fall, denn die Tonbandgeräte seien auf eine Benutzung zugeschnitten und würden zu einem Gebrauch angeboten, der im Regelfall zu einem Eingriff in urheberrechtliche Befugnisse führen müsse. Der BGH stützte sich bei seiner Entscheidung auf eine analoge Anwendung des § 1004 BGB unter ausdrücklicher Inbezugnahme der Figur der mittelbaren Patentverletzung.[26] Allerdings schränkte der BGH diesen weiten Haftungsrahmen auf Rechtsfolgenseite unter Heranziehung des Prinzips von Treu und Glauben im Sinne von § 242 BGB wieder ein.[27] Den Geräteherstellern sei daher nicht der Verkauf der Geräte an sich verboten, sie würden ihrer aus der Störerhaftung mündenden Verpflichtung vielmehr bereits dann genügen, wenn sie eine entsprechende „Belehrung ... über die urheberrechtliche Lage" auf den Geräten anbrächten.[28]

---

21 BGH, GRUR 2011, 152 (156) – „Kinderhochstühle im Internet"; BGH, GRUR 2010, 633 (634) – „Sommer unseres Lebens"; BGH, GRUR 2007, 890 (894) – „Jugendgefährdende Medien bei eBay"; BGH, GRUR 2004, 860 (864) – „Internet-Versteigerung I".

22 Vgl. hierzu ausführlich Kapitel 2.

23 BGH, GRUR 1955, 492ff. – „Grundig-Reporter".

24 BGH, GRUR 1955, 492 (499) – „Grundig-Reporter".

25 BGH, GRUR 1955, 492 (500) – „Grundig-Reporter".

26 BGH, GRUR 1955, 492 (500) – „Grundig-Reporter".

27 BGH, GRUR 1955, 492 (495) – „Grundig-Reporter".

28 BGH, GRUR 1955, 492 (500) – „Grundig-Reporter".

b. „Personalausweise"-Entscheidung

Diese Rechtssprechung entwickelte der BGH in der „Personalausweise"-Entscheidung[29] aus dem Jahr 1964 fort. Abermals ging es um die rechtliche Zulässigkeit des Vertriebs von Tonbandgeräten. In der genannten Entscheidung hatte der BGH über einen Antrag der Klägerin zu entscheiden, Tonbandgeräte, die zur Aufzeichnung von Werken aus dem Repertoire der Klägerin geeignet waren, nur gegen Vorlage des Personalausweises zu verkaufen, damit die Klägerin von den Käufern eine Vervielfältigungsgebühr erhalten könne. Der BGH wies die Klage ab, weder bestehe ein Anspruch auf Unterlassung der Lieferung von für Musikaufnahmen geeigneten Tonbandgeräten schlechthin,[30] noch könne die Klägerin die Vorlage der Personalweise zur Identitätsfeststellung verlangen.[31] Zwar sei die Lieferung des Tonbandgeräts als mitursächlich für die mit der Aufnahme geschützter Musik bewirkten rechtswidrigen Vervielfältigungen der von der Klägerin verwalteten Werke zu werten, jedoch sei der Störer – unter Berücksichtigung des Prinzips von Treu und Glauben gem. § 242 BGB – nur im Rahmen des Zumutbaren und Erforderlichen verpflichtet, geeignete Vorkehrungen zu treffen, um Rechtsverletzungen Dritter soweit als möglich zu verhindern.[32] Daran würde es aber angesichts des Vorhandenseins einer substanziellen legalen Nutzungsmöglichkeit der Tonbandgeräte fehlen.

Nichtsdestotrotz sollte die „Personalausweise"-Entscheidung einen Meilenstein für den Urheberrechtsschutz – insbesondere in vermögensrechtlicher Hinsicht – bedeuten. Denn der BGH erkannte durchaus die mit dem Vertrieb von Tonbandgeräten verbundene Gefahr massiver Urheberrechtsverletzungen und die weitgehende Nutzlosigkeit der aus der „Grundig-Reporter"-Entscheidung bekannten Belehrungspflichten an und wies infolgedessen ausdrücklich auf die Möglichkeit hin, den Herstellern der Tonbandgeräte den Vertrieb nur unter der Voraussetzung zu gestatten, dass sie ihrerseits die Verwaltungsgebühren durch ein angemessenes Pauschalentgelt ablösten.[33] Die Idee einer Geräteabgabe, wie sie wenig später durch den deutschen Gesetzgeber mit § 54 UrhG eingeführt werden sollte, war geboren.

c. „Kopierläden"-Entscheidung

Mit vergleichbarer Begründung sah der BGH in der „Kopierläden"-Entscheidung[34] aus dem Jahre 1984 den Betreiber eines Copy-Shops in der

29 BGH, GRUR 1965, 104ff. – „Personalausweise".
30 BGH, GRUR 1965, 104 (106) – „Personalausweise".
31 BGH, GRUR 1965, 104 (107) – „Personalausweise".
32 BGH, GRUR 1965, 104 (107) – „Personalausweise".
33 BGH, GRUR 1965, 104 (108) – „Personalausweise".
34 BGH, GRUR 1984, 54ff. – „Kopierläden".

Pflicht, geeignete Vorkehrungen zu treffen, um mögliche Rechtsverletzungen durch die illegale Vervielfältigung urheberrechtlich geschützter Werke weitestgehend zu verhindern. Hierfür sei es erforderlich und zumutbar, deutlich sichtbare Hinweise im Copy-Shop anzubringen, die auf die Verpflichtung der Kunden hinweisen, fremdes Urheberrecht zu beachten.[35]

d. „Möbelklassiker"-Entscheidung

Rechtsdogmatisch sehr bedeutend für die Entwicklung der Haftung für mittelbare Rechtsverletzungen war dann wieder die „Möbelklassiker"-Entscheidung des BGH aus dem Jahr 1999. Ein italienischer Möbelhersteller hatte in einer Tageszeitung mit Abbildungen für von ihm lieferbare Möbelstücke geworben. Die Klägerin, die die ausschließlichen Nutzungsrechte an allen von Le Corbusier entworfenen Möbelstücke inne hatte, sah in diesen Abbildungen eine Verletzung ihrer Nutzungsrechte und begehrte von der beklagten Tageszeitung, es zu unterlassen, Nachbildungen der Le Corbusier Möbelmodelle in Deutschland anzukündigen, zu bewerben, feilzuhalten und/oder in Verkehr zu bringen. Bedeutend ist hier weniger das Ergebnis der Entscheidung (der BGH versagte den begehrten Unterlassungsanspruch), sondern die Urteilbegründung. Erstmals statuierte der BGH (auch) für das Urheberrecht,[36] dass die urheberrechtliche Störerhaftung von Personen, die nicht selbst die rechtswidrige Nutzungshandlung vorgenommen haben, die Verletzung von Prüfungspflichten voraussetze.[37] So müsse derjenige, der nur durch Einsatz organisatorischer oder technischer Mittel an der von einem anderen vorgenommenen urheberrechtlichen Nutzungshandlung beteiligt war, einwenden können, dass er im konkreten Fall nicht gegen eine Pflicht zur Prüfung auf mögliche Rechtsverletzungen verstoßen habe. Dies gelte insbesondere, wenn ihm eine solche Pflicht zur Prüfung überhaupt nicht oder nur eingeschränkt zumutbar war.[38]

Die „Möbelklassiker"- Entscheidung ist insofern bedeutend, als der BGH damit endgültig seine bisherige Praxis im Urheberrecht – die Begrenzung der weit gedehnten Störerhaftung auf Rechtsfolgenseite unter Heranziehung des Prinzips von Treu und Glauben – zugunsten einer tatbestandlichen Haftungsbegrenzung aufgegeben hatte. Die Haftungsbegrenzung im Wege der Rechtsfolgenmodifikation nach § 242 BGB war in der Literatur auf Kritik gestoßen. Zwar konnte die Rechtssprechung mit diesem flexiblen Instrumentarium den Herausforderungen neuer Technologien ergebnisorientiert begegnen, die Kritik entzündete sich aber

---

35 BGH, GRUR 1984, 54 (56) – „Kopierläden".
36 Zur Entscheidung „Architektenwettbewerb" aus dem Wettbewerbsrecht, vgl. Kapitel 1, S.13.
37 BGH, GRUR 1999, 418ff. – „Möbelklassiker".
38 BGH, GRUR 1999, 418 (420) – „Möbelklassiker".

gerade an dieser Flexibilität, die einer dogmatisch zweifelhaften und letztlich nie klar begründeten Rechtsfolgenmodifikation entsprang und „bereits aufgrund ihrer mangelnden systematischen Verankerung weitgehend diffus bleiben musste".[39]

e. Zwischenergebnis

Während der BGH im Urheberrecht bis zum heutigen Tage an den genannten Voraussetzungen der urheberrechtlichen Störerhaftung analog § 1004 BGB festhält,[40] ging und geht der BGH im Wettbewerbsrecht einen etwas anderen Weg.

2. Wettbewerbsrecht

a. Keine Beschränkung im Wettbewerbsrecht

Im Wettbewerbsrecht verzichtete der BGH im Interesse eines weitreichenden Schutzes vor wettbewerbswidrigem Verhalten lange auf eine Einschränkung der Störerhaftung.[41] Störer sei vielmehr jede Person, die – ohne Täter oder Teilnehmer zu sein – in irgendeiner Weise willentlich und adäquat kausal zur Verletzung eines geschützten Gutes oder zu einer verbotenen Handlung beigetragen habe.[42] Insbesondere – so der BGH - komme es nicht darauf an, ob diese Person selbst mit Wettbewerbsförderungsabsicht[43] oder mit entsprechender Täterqualifikation handele.[44] Für eine Haftung als Störer könne vielmehr bereits die Unterstützung oder Ausnutzung der Handlung eines eigenverantwortlich handelnden Dritten ausreichen, sofern der in Anspruch Genommene die rechtliche Möglichkeit zur Verhinderung dieser Handlung habe.[45] Allerdings komme eine Haftung nur bei tatsächlicher Wettbewerbswidrigkeit des Verhaltens des Dritten in Betracht, es gelte insofern ein Akzessorietätserfordernis.[46] Dieses weite Verständ-

---

39 Haedicke, GRUR 1999, 397 (399).

40 Vgl. nur BGH, GRUR 2010, 630ff. – „Sommer unseres Lebens".

41 BGH, GRUR 1990, 463 (464) – „Firmenrufnummer".

42 BGH, GRUR 2002, 618 (619) – „Meißner Dekor".

43 Zum Kriterium der „Wettbewerbsförderungsabsicht", vgl. Kapitel 1, S.25.

44 Liegt die besondere Täterqualifikation hingegen vor, handelt es sich bei dem betreffenden Verhalten also bspw. um eine „geschäftliche Handlung" gem. § 3 UWG, so scheidet zwar eine Haftung nach den Grundsätzen der Störerhaftung aus, in Betracht kommt dann aber eine Haftung als „mittelbarer Verletzer". Vgl. Schilling, Passivlegitimation, S.8.

45 BGH, GRUR 1990, 373 (374) – „Schönheits-Chirurgie".

46 BGH, GRUR 1997, 313 (315) – „Architektenwettbewerb". Die Störerhaftung ist jedoch keine subsidiäre Haftung. Vgl. Nordemann, GRUR 2011, 977 (977) m.w.N.

nis des Störerbegriffs sei nach Ansicht des BGH einer praktischen Notwendigkeit geschuldet und entspreche der allgemeinen Rechtsüberzeugung.[47]

b. Die Entscheidung „Architektenwettbewerb"

Doch auch im Wettbewerbsrecht sollte die Störerhaftung eine Einschränkung erfahren. Maßgebend für diese Entwicklung war die Entscheidung „Architektenwettbewerb"[48] aus dem Jahr 1996. Die beklagte Bauherrin hatte einen beschränkten Architektenwettbewerb ausgeschrieben. Sie wollte ein Verwaltungsgebäude zu einem Festhonorar errichten lassen. Dabei verstieß sie unbewusst gegen die Gebührensätze der HOAI, die durch berufsrechtliche Vorschriften des Landesarchitektenrechts zu nicht abbedingbarem Preisrecht ausgestaltet worden waren. Der BGH wies die Unterlassungsklage ab. Die Beachtung der Mindestsätze der HOAI sei zunächst und in erster Linie Angelegenheit der Architekten und Ingenieure und nicht der Bauherrin. Im Interesse der Vermeidung einer Umgehung standesrechtlicher Verbote komme eine Störerhaftung zwar selbst dann in Betracht, wenn der Störer selbst dem fraglichen Verbot nicht unterworfen sei.[49] Allerdings dürfe mit Hilfe der Störerhaftung die einen Normadressaten treffende Pflicht nicht über Gebühr auf unbeteiligte Dritte erstreckt werden. Vielmehr setze die Störerhaftung unbeteiligter Dritter, die außerhalb des persönlichen Pflichtenkreises stehen, die Verletzung einer sie treffenden Prüfungspflicht voraus. Sei der Störungszustand für den vermeintlichen Störer hingegen nicht ohne weiteres erkennbar, so sei ihm eine Prüfungspflicht entweder überhaupt nicht oder jedenfalls nur eingeschränkt zuzumuten.[50]

Die Entscheidung „Architektenwettbewerb" markiert damit einen Wendepunkt in der höchstrichterlichen Rechtssprechung zur wettbewerbsrechtlichen Störerhaftung, war doch die Haftung des Störers nunmehr an die Verletzung zumutbarer Prüfungspflichten geknüpft. Die Einführung der Prüfungspflichten als haftungsbeschränkendes Element der wettbewerbsrechtlichen Störerhaftung erschien gegenüber der aus dem Urheberrecht bekannten Rechtsfolgenmodifikation gem. § 242 BGB vorzugswürdig. Der BGH stützte sich bei seiner Entscheidung auf seine Rechtssprechung zur Haftung von Presseunternehmen für von ihnen veröffentlichte Anzeigen Dritter,[51] zur Haftung von Produktinformanten

47 BGH, GRUR 1976, 256 (259) – „Rechenscheibe".
48 BGH, GRUR 1997, 313ff. – „Architektenwettbewerb".
49 BGH, GRUR 1990, 373 (374) – „Schönheits-Chirurgie".
50 BGH, GRUR 1997, 313 (316) – „Architektenwettbewerb".
51 BGH, GRUR 1995, 751ff. – „WSV-Werbung für Möbel"; BGH; GRUR 1994, 454ff. – „Schlankheitswerbung"; BGH, GRUR 1993, 53ff. – „Ausländischer Inserent"; BGH, GRUR 1990, 1012ff. – „Pressehaftung"; BGH, GRUR 1973, 203ff. – „Badische Rundschau"; BGH, GRUR 1972, 722ff. – „Geschäftsaufgabe".

für daraus entwickelte unlautere redaktionelle Werbung der Presse,[52] sowie auf die Entscheidung „Betonerhaltung".[53] Hier hatte der Senat bereits als Voraussetzung für die Störerhaftung die Verletzung entsprechender Prüfungspflichten verlangt.

c. Weitere Entscheidungen

In den nachfolgenden Entscheidungen hat der BGH die Voraussetzungen der wettbewerbsrechtlichen Störerhaftung kontinuierlich weiterentwickelt und sie gegenüber früheren Entscheidungen erheblich eingeschränkt.

aa. „ambiente.de"-Entscheidung

In der Entscheidung „ambiente.de"[54] aus dem Jahr 2001 hat der BGH zwar noch einmal betont, dass nach ständiger Rechtssprechung des Senats grundsätzlich jeder auf Unterlassung und Beseitigung in Anspruch genommen werden könne, der auch ohne Wettbewerbsförderungsabsicht und ohne Verschulden willentlich und adäquat-kausal an der Herbeiführung oder Aufrechterhaltung einer rechtswidrigen Beeinträchtigung mitgewirkt habe und dass dabei als Mitwirkung auch die Unterstützung oder Ausnutzung der Handlung eines eigenverantwortlich handelnden Dritten genügen könne, sofern der in Anspruch Genommene die rechtliche Möglichkeit zur Verhinderung dieser Handlung habe. Er führt dann aber wörtlich aus: „Weil die Störerhaftung aber nicht über Gebühr auf Dritte erstreckt werden darf, die nicht selbst die rechtswidrige Beeinträchtigung vorgenommen haben, setzt die Haftung des Störers die Verletzung von Prüfungspflichten voraus. Deren Umfang bestimmt sich danach, ob und inwieweit dem als Störer in Anspruch Genommenen nach den Umständen eine Prüfung zuzumuten ist."[55]

bb. „Schöner Wetten"-Entscheidung

In der Entscheidung „Schöner Wetten"[56] konkretisierte der BGH dieses Ergebnis. So könne von Dritten, die eine rechtswidrige Beeinträchtigung lediglich objektiv durch ihr Handeln unterstützten, durch eine Störerhaftung nichts Unzumutbares verlangt werden. Ob und inwieweit eine Prüfung zuzumuten war oder ist, richte sich nach den jeweiligen Umständen des Einzelfalls, wobei die Funktion und die Aufgabenstellung des als Störer in Anspruch Genommenen sowie

52 BGH, GRUR 1993, 561 (562) – „Produktinformation".
53 BGH, GRUR 1995, 62 (64) – „Betonerhaltung".
54 BGH, MMR 2001, 671ff. – „ambiente.de".
55 BGH, MMR 2001, 671 (673) – „ambiente.de".
56 BGH, GRUR 2004, 693ff. – „Schöner Wetten".

die Eigenverantwortung desjenigen, der die rechtswidrige Beeinträchtigung selbst unmittelbar vorgenommen hat oder vornimmt, zu berücksichtigen seien.[57]

cc. Die Entscheidung „Internet-Versteigerung“

Und auch in der Entscheidung „Internet-Versteigerung“[58] stützte sich der BGH noch einmal auf die von ihm entwickelten Grundsätze zur Störerhaftung.

3. Zwischenergebnis

Der vorstehende Überblick über die Entwicklung der Störerhaftung im Urheber- und Wettbewerbsrecht bestätigt die eingangs formulierte Begriffsbestimmung des „Störers“. Mithilfe der Rechtsfigur des Störers wollte die Rechtssprechung den Rechteinhabern ermöglichen, auch diejenigen Personen rechtlich in Anspruch nehmen zu können, deren Verhalten zwar nicht unmittelbar die Rechtsverletzung verursacht hatte, die aber doch durch ihr Tun einen nicht völlig unerheblichen Beitrag zu der Rechtsverletzung des Dritten geleistet hatten. Durch die Einführung der Rechtsfigur des Störers sollte der Kreis der möglichen Anspruchsgegner mithin zugunsten eines effektiven Rechtsschutzes der Schutzrechtsinhaber erweitert werden.

Ferner wird deutlich, dass sich der BGH – unter dem Eindruck steter Kritik aus dem Schrifttum[59] - im Laufe der Jahre bemüht hat, einer „nahezu uferlosen Ausdehnung“[60] der Störerhaftung entgegen zu wirken. So steht die Störerhaftung nicht nur in einem strengen Akzessorietätsverhältnis[61] zu der fremden Rechtsverletzung, sondern ist an das Vorliegen einer Reihe verschiedener Voraussetzungen geknüpft.

57 BGH, GRUR 2004, 693 „695“ – „Schöner Wetten“.
58 BGH, GRUR 2004, 860ff. – „Internet-Versteigerung“.
59 Köhler, WRP 1997, 897 (898).
60 Schünemann, WRP 1998, 120 (120).
61 Schaub in FS Medicus 2009, 423 (432) m.w.N.

Zusammenfassend sind hier zu nennen:[62]

1. ein willentlicher und adäquat-kausaler Beitrag zur Verletzung eines geschützten Rechtsguts,[63]
2. die tatsächliche und rechtliche Möglichkeit des in Anspruch Genommenen zur Verhinderung dieser Handlung,
3. die Verletzung zumutbarer Prüfungspflichten, wobei sich deren Umfang nach
    a. der Aufgabe und Funktion des in Anspruch Genommenen und
    b. der Eigenverantwortung des unmittelbaren Verletzers bestimmt.[64]

Anders als im Urheberrecht hat der BGH die wettbewerbsrechtliche Störerhaftung analog § 1004 BGB inzwischen aufgegeben. Bevor diese neuere Entwicklung im Wettbewerbsrecht jedoch ausführlich beleuchtet werden soll, ist auf die im rechtswissenschaftlichen Schrifttum formulierte Kritik an der dogmatisch unklaren Einordnung der Prüfungspflichten einzugehen, da sich die neuere Rechtssprechung des BGH erst vor dem Hintergrund der im Schrifttum geäußerten Kritik erschließt.

D. Kritik an der fehlenden dogmatischen Einordnung der „Prüfungspflichten"

Wenngleich insbesondere die Entscheidung „Architektenwettbewerb" für das Wettbewerbsrecht und die Entscheidung „Möbelklassiker" für das Urheberrecht

---

62 Wie jeder zivilrechtliche Unterlassungsanspruch setzt auch der durch die Störerhaftung vermittelte (vorbeugende) Unterlassungsanspruch das Vorliegen einer Begehungsgefahr, d.h. eine Wiederholungs- oder Erstbegehungsgefahr voraus. Die für den Verletzungsunterlassungsanspruch erforderliche Wiederholungsgefahr ist dabei nur gegeben, wenn es bereits in der Vergangenheit zu einer Verletzungshandlung gekommen ist. Handelt es sich mithin bei der beanstandeten Verletzungshandlung um die erste dieser Art oder jedenfalls die erste, die dem Inanspruchgenommenen zur Kenntnis gelangt, so kann sie eine Wiederholungsgefahr nicht begründen. Eine solche ist vielmehr nur dann gegeben, wenn „eine vollendete Verletzung nach Begründung der Pflicht zur Verhinderung weiterer derartiger Rechtsverletzungen" vorliegt. Ausnahmsweise kann zwar bereits das Bestehen einer Erstbegehungsgefahr einen Unterlassungsanspruch auslösen. Ein solcher vorbeugender Unterlassungsanspruch besteht jedoch nur, „soweit ernsthafte und greifbare tatsächliche Anhaltspunkte dafür vorhanden sind, der Anspruchsgegner werde sich in naher Zukunft in der fraglichen Weise rechtswidrig verhalten". BGH, GRUR 2011, 1038 [1042] – „Stiftparfüm".

63 Ausreichend kann bereits die Unterstützung oder Ausnutzung der Handlung eines eigenverantwortlich handelnden Dritten sein, sofern der in Anspruch Genommene die rechtliche Möglichkeit zur Verhinderung dieser Handlung gehabt hätte. BGH, GRUR 2001, 1038 [1039] – „ambiente.de".

64 Ob und inwieweit dem Inanspruchgenommenen eine Prüfung zuzumuten ist, ist im Rahmen einer umfassenden Interessenabwägung zu ermitteln. BGH, GRUR 2004, 693 (695) – „Schöner Wetten".

im rechtswissenschaftlichen Schrifttum auf viel Zustimmung gestoßen sind, entzündete sich doch Kritik an den neu eingeführten „Prüfungspflichten", deren dogmatische Einordnung - auch über ein Jahrzehnt nachdem der BGH diese in der Entscheidung „Architektenwettbewerb" als Haftungsvoraussetzung einführte – nach wie vor erhebliche Schwierigkeiten bereitet.[65] Problematisch erscheint die Einführung solcher Prüfungspflichten insbesondere dann, wenn man die Ansicht einiger Autoren[66] teilen will, dass der BGH auf diese Weise letztlich ein Verschuldenselement in die Störerhaftung eingeführt hat. Denn nach allgemeiner Ansicht setzen die Abwehransprüche ein Verschulden des Passivlegitimierten gerade nicht voraus.[67]

Der BGH selbst hat zunächst darauf verzichtet, den systematischen Standort der „Prüfungspflichten" völlig zu verdeutlichen.[68] In der Literatur wurden jedoch verschiedene Vorschläge für eine dogmatische Einordnung der „Prüfungspflichten" gemacht.[69] Kritik rief aber nicht nur die Einführung der Prüfungspflichten als haftungsbeschränkendes Element der Störerhaftung analog § 1004 BGB hervor, vielmehr wurde insbesondere in der wettbewerbsrechtlichen Literatur die Herleitung der Störerhaftung aus §§ 1004, 862 BGB ganz grundsätzlich in Frage gestellt und der Vorwurf erhoben, sie überdehne grundlos den Anwendungsbereich des Wettbewerbsrechts, indem sie die besonderen Anforderungen an die Täterqualifikation („geschäftliche Handlung") im Wettbewerbsrecht unterlaufe.[70]

1. Anknüpfung an den Betriebsinhaber iSv. § 8 Abs.2 UWG n.F.

Schünemann befürwortet daher eine Loslösung der wettbewerbsrechtlichen Störerhaftung von „den der actio negatoria inhärenten, schon ihrerseits reichlich unsicheren dogmatischen Strukturen und der noch unsicheren Übertragung dieser Strukturen auf den wettbewerbsrechtlichen Unterlassungsanspruch". Passiv legitimiert sei vielmehr stets der „Betriebsinhaber" im Sinne des § 8 Abs.2

---

65 Krit. zu den Prüfungspflichten als haftungsbeschränkendes Element der Störerhaftung im Bereich der Informationsmittlung Hollenders, Mittelbare Verantwortlichkeit von Intermediären, S.162ff.

66 Fürst, WRP 2009, 378 (387f.), Döring, Haftung, S.48.

67 Henning-Bodewig, GRUR 1981, 867 (871).

68 Haedicke, GRUR 1999, 397 (399).

69 Köhler, WRP 1997, 897 (898); Schünemann, WRP 1998, 120 (121); Haedicke, GRUR 1999, 397 (402); v. Gierke, WRP 1997, 892; Spindler/Volkmann, WRP 2003, 1 (6); Spindler, MMR 2007, 511 (513).

70 Köhler/Bornkamm/Hefermehl, § 8 Rn. 2.15.

UWG n.F. (§ 13 Abs.4 UWG a.F.)[71], denn allein er sei Normadressat der wettbewerbsrechtlichen Verhaltenspflichten. Dabei solle dem Betriebsinhaber das Verhalten seiner Organpersonen ebenso wie das seiner Beauftragten und Angestellten als eigenes Verhalten zugerechnet werden.[72]

Die Ansicht *Schünemanns* würde jedoch zu erheblichen Rechtsschutzlücken führen, findet im Gesetz keine Stütze und kann daher im Ergebnis nicht überzeugen.[73] Nach zutreffender Ansicht handelt es sich vielmehr bei § 8 Abs.2 UWG n.F. um eine Norm, mit Hilfe derer dem Betriebsinhaber, als dem „Unternehmen", das Verhalten seiner Angestellten und Beauftragten zugerechnet werden kann.[74] Liest man diese Norm im Zusammenhang mit der Vorschrift des § 8 Abs.1 UWG n.F. so wird deutlich, dass Normadressat der wettbewerbsrechtlichen Verhaltenspflichten gerade nicht allein der Betriebsinhaber ist.[75] Schuldner des wettbewerbsrechtlichen Abwehranspruchs gem. § 8 Abs.1 UWG n.F. ist vielmehr jeder, der eine unzulässige geschäftliche Handlung im Sinne von § 3 oder § 7 UWG vornimmt. Die Verantwortlichkeit des Betriebsinhabers bestimmt sich damit entscheidend danach, ob ihm das Verhalten derjenigen natürlichen Person zugerechnet werden kann, welches zu dem Wettbewerbsverstoß geführt hat.[76] Die Vorschrift des § 8 Abs.2 UWG n.F. bewirkt damit eine Erweiterung des Kreises der potentiellen Schuldner des wettbewerbsrechtlichen Abwehranspruchs, indem sie die Haftung auch auf den Betriebsinhaber erstreckt. Das Gegenteil bewirkt aber die von *Schünemann* vertretene Betriebsinhaberhaftung. Denn eine Haftung des mittelbaren Verletzers setzt dann stets dessen Stellung als Angestellter oder Beauftragter des Betriebsinhabers nach § 8 Abs.2 UWG n.F. voraus. Damit könnten aber keineswegs mehr all diejenigen mittelbaren Verletzer haftungsrechtlich erfasst werden, deren Verantwortlichkeit nach den Grundsätzen der wettbewerbsrechtlichen Störerhaftung analog § 1004 BGB bzw. nach neuerer Rechtssprechung des BGH mithilfe der wettbewerbsrechtlichen Verkehrspflichten begründet werden könnte. [77] Dies gilt beispielsweise für den Bereich der Anzeigenpresse. So wird ein Zeitungsverlag, der die Werbeanzeige eines Dritten entgegennimmt und veröffentlicht, in aller Regel nicht ein Beauftragter dieses Dritten im Sinne von § 8 Abs.2 UWG n.F. sein.[78] Eine (Mit-)Haftung des Zeitungsverlages für eine rechtswidrige Werbeanzeige müss-

---

71 Die Vorschrift des § 8 Abs.2 UWG entspricht inhaltlich der Vorschrift des § 13 Abs.4 UWG a.F., vgl. Harte-Bavendamm/Henning-Bodewig/Bergmann, § 8 UWG, Rn.239.

72 Schünemann, WRP 1998, 120 (123).

73 Schilling, Passivlegitimation, S.51; Hartmann, Unterlassungsanspruch, S.58; Döring, Haftung, S.64; Freytag, Haftung im Netz, S.72f.

74 Freytag, Haftung im Netz, S.72.

75 Döring, Haftung, S.64.

76 Harte-Bavendamm/Henning-Bodewig/Bergmann, § 8 UWG, Rn.241.

77 Schilling, Passivlegitimation, S.51; Hartmann, Unterlassungsansprüche, S.58.

78 Harte-Bavendamm/Henning-Bodewig/Bergmann, § 8 UWG, Rn.252.

te daher stets ausscheiden.[79] Die Ansicht *Schünemanns* würde daher zu erheblichen Rechtsschutzlücken führen.[80] Ein effektiver Rechtsschutz der Schutzrechtsinhaber, wie ihn die Rechtssprechung mit Einführung der wettbewerbsrechtlichen Störerhaftung analog § 1004 BGB ursprünglich intendierte, kann mit dieser Ansicht somit nicht erreicht werden. Sie ist daher abzulehnen.

2. Anwendung von § 830 Abs.2 BGB

Nach Ansicht *Köhlers* ist die Mitstörerhaftung analog § 1004 BGB sowohl im Wettbewerbs- als auch im Immaterialgüterrecht aufzugeben. Die Verantwortlichkeit des mittelbaren Verletzers sei vielmehr einheitlich anhand der deliktsrechtlichen Kategorien der Täterschaft und Teilnahme gem. § 830 Abs.2 BGB zu bestimmen.[81] Die Vorschrift beziehe sich zwar ihrem Wortlaut nach auf den Schadensersatzanspruch, enthalte aber einen allgemeinen Rechtsgedanken, sodass sie grundsätzlich auch für den Unterlassungs- und Beseitigungsanspruch gelte.[82] Dass damit im Ergebnis eine weitgehende Beschränkung des Kreises potentieller Anspruchsgegner bei mittelbaren Rechtsverletzungen verbunden wäre, liegt auf der Hand, setzt doch nach herrschender Meinung eine Haftung als Anstifter oder Gehilfe im Sinne von § 830 Abs.2 BGB – in Anlehnung an die strafrechtlichen Regelungen der §§ 26, 27 StGB – das Vorliegen eines doppelten Teilnehmervorsatzes voraus.[83] Die „traditionellen" Fälle der Störerhaftung würden damit von der Lehre *Köhlers* nicht mehr erfasst. Um eine allzu weite Haftungsbeschränkung zu vermeiden, sei nach Ansicht *Köhlers* daher – im Einklang mit einer neueren Lehre in der Literatur[84] – für die zivilrechtliche Bestimmung von Anstiftung und Beihilfe ein solcher doppelter Teilnahmevorsatz nicht länger zu fordern. Vielmehr seien „Anstiftung und Beihilfe auch an einer nicht vorsätzlich, sondern lediglich fahrlässig oder gar schuldlos begangenen (und) somit lediglich objektiv rechtswidrigen Tat möglich". Der Teilnehmer hingegen müsse auch weiterhin vorsätzlich – und damit in Kenntnis der Rechtswidrigkeit seines

---

79 Vgl. zur Haftung von Presseunternehmen für von ihnen veröffentlichte Anzeigen Dritter: BGH, GRUR 1999, 418 – „Möbelklassiker"; BGH, GRUR 1994, 454 – „Schlankheitswerbung"; BGH, GRUR 1993 – „Ausländischer Inserent".

80 Schilling, Passivlegitimation, S.51 m.w.N.

81 Köhler, WRP 1997, 897 (898). Ihm folgend jetzt auch Neuhaus, Sekundäre Haftung, S.176ff.

82 Köhler, WRP 1997, 897 (899).

83 BGH, GRUR 2007, 708 (710) – „Internet-Versteigerung II"; BGH, NJW 2005, 3137 (3139); BGH, GRUR 2004, 860 (863f.) – „Internet-Versteigerng I"; Palandt, § 830 Rn.4, MüKo-Wagner, § 830 Rn.25; Schaub, in FS Medicus 2009, 423 (432); Ahrens FS Canaris 2007, 3 (3) m.w.N.

84 von Hein, AcP 204, 761 (766ff.); Soergel/Krause; § 830, Rn.9; Ehricke, ZGR 2000, 351 (358ff.); Deutsch, Allgemeines Haftungsrecht, Rn.515f.; gegen eine strafrechtliche Interpretation des § 830 Abs.2 BGB auch Schapiro, Unterlassungsansprüche, S.298ff.

Verhaltens – handeln.[85] Hierin erblickt *Köhler* den wesentlichen Unterschied zur Rechtssprechung des BGH, der auch eine fahrlässige Unkenntnis hinsichtlich der Wettbewerbswidrigkeit des Verhaltens genügen lasse.[86]

Zuzustimmen ist *Köhler* zwar in seiner ablehnenden Haltung gegenüber der wettbewerbsrechtlichen Störerhaftung analog § 1004 BGB. Es erscheint allerdings höchst zweifelhaft, ob ein effektiver Rechtsschutz der Rechteinhaber allein mit Hilfe der Teilnahmeregeln des allgemeinen Deliktsrechts gem. § 830 Abs.2 BGB bewirkt werden könnte.[87] Praktikabel erscheint die Ansicht *Köhlers* sowieso nur dann, wenn man für die zivilrechtlichen Teilnahmeregeln einen doppelten Teilnahmevorsatz nicht länger verlangt.[88] Diese teilweise in der Literatur vertretene Ansicht kann jedoch nicht überzeugen.[89] Es wird schon nicht deutlich, welches sachliche Bedürfnis für eine Abgrenzung der zivilrechtlichen von den strafrechtlichen Teilnahmeregeln spricht.[90] Vermeintlich bestehende Haftungslücken[91] können ohne weiteres mithilfe der Regelungen zur Täterschaft und Teilnahme gelöst werden. Handelt der Haupttäter fahrlässig, der Teilnehmer hingegen vorsätzlich, so wird dessen Verhalten in aller Regel haftungsrechtlich von §§ 823, 826 BGB erfasst.[92] Hat der Haupttäter hingegen schuldlos gehandelt, während ihn der Mitwirkende vorsätzlich zur Tat bestimmt hat, so kommt eine Haftung als mittelbarer Täter in Betracht. Insofern fehlt es an einer sachlichen Notwendigkeit für eine derartige Neukonzeption der zivilrechtlichen Teilnahmeregeln. Vielmehr spricht aus Gründen der Rechtssicherheit und Rechtsklarheit,[93] sowie zur Einhaltung der Einheitlichkeit der Rechtsordnung[94] vieles dafür, die zivilrechtlichen Teilnahmeregeln auch weiterhin im Einklang mit den in ihrem Wortlaut eindeutigen strafrechtlichen Regelungen der §§ 26, 27 StGB zu bestimmen.[95]

Gegen die Ansicht *Köhlers* sprechen ferner auch gesetzessystematische Überlegungen. Nach § 8 Abs.1 UWG haftet auf Unterlassung und Beseitigung, wer

---

85 Köhler, WRP 1997, 897 (899).
86 Köhler, WRP 1997, 897 (899).
87 Ebenso Schilling, Passivlegitimation, S.42; Döring, Haftung, S. 58.
88 Döring, Haftung, S.57; Ebenso Neuhaus, Sekundäre Haftung, S.181.
89 Ebenso Hollenders, Mittelbare Verantwortlichkeit von Intermediären, S.131.
90 Zutreffend MüKo-Wagner, § 823, Rn.25.
91 Eine Notwendigkeit für eine derartige zivilrechtliche Teilnahmeregelung wird insbesondere für das Gesellschaftsrecht behauptet: Bspw. wenn ein GmbH-Geschäftsführer aufgrund vorsätzlicher rechtswidriger Einwirkung eines Dritten die Insolvenzantragspflicht gem. § 15a Abs.1 InsO fahrlässig nicht beachtet, vgl. MüKo-Wagner, § 823, Rn.25.
92 MüKo-Wagner, § 823, Rn.25.
93 MüKo-Wagner, § 830, Rn.7.
94 Döring, Haftung, S.57.
95 Krit. hierzu Neuhaus, Sekundäre Haftung, S.182ff.

eine unzulässige geschäftliche Handlung vornimmt. Auf ein Verschulden kommt es für den Anspruch aus § 8 Abs.1 UWG grundsätzlich nicht an. Handelt der Täter[96] hingegen fahrlässig oder gar vorsätzlich haftet er gem. § 9 UWG auch auf Schadensersatz. Würde sich die Haftung des Teilnehmers nun ausschließlich nach § 830 Abs.2 BGB bestimmen, so würde dies zu dem paradoxen Ergebnis führen, dass an den Unterlassungsanspruch gegenüber dem Teilnehmer höhere Anforderungen zu stellen wären als an den Schadensersatzanspruch gegenüber dem unmittelbaren Verletzer,[97] denn nach ganz herrschender Ansicht setzt eine Haftung nach § 830 Abs.2 BGB ein vorsätzliches Handeln auf Seiten des Teilnehmers voraus.[98] Dies erscheint jedoch wenig einleuchtend.[99]

Erkennt man einen Unterlassungs- und Beseitigungsanspruch gegen den mittelbaren Verletzer nur noch unter den Voraussetzungen des § 830 Abs.2 BGB an, so setzt dies nach ganz herrschender Ansicht ein vorsätzliches Handeln auf Seiten des mittelbaren Verletzers voraus.[100] Die Darlegungs- und Beweislast für das Vorliegen eines entsprechenden Teilnehmervorsatzes obliegt dabei grundsätzlich dem Verletzten.[101] Ein entsprechender Nachweis wird ihm aber in der Regel nicht ohne weiters gelingen.[102] Vielmehr wird der Verletzte einen entsprechenden Beweis regelmäßig erst dann führen können, wenn er den Verletzer nachweislich auf sein rechtsverletzendes Verhalten hingewiesen hat. In einem derartigen Hinweis wird man aber kaum eine Abmahnung im Sinne von § 12 Abs.1 UWG bzw. § 97a Abs.1 UrhG erblicken können. Folglich kann der Verletzte die Kosten für diesen ersten Hinweis aber auch nicht gem. § 12 Abs.1 S.2 UWG bzw. § 97a Abs.1 S.2 UrhG ersetzt verlangen. Das erscheint jedoch unbillig und würde den Verletzten mitunter auch in seinen Rechtsschutzmöglichkeiten unangemessen benachteiligen.[103]

Zu bedenken ist ferner, dass dieser erste Hinweis damit letztendlich zu einer ungeschriebenen Haftungsvoraussetzung des wettbewerbsrechtlichen/ urheberrechtlichen Unterlassungsanspruchs würde, da dem Verletzten der Beweis für das Vorliegen eines entsprechenden Teilnehmervorsatzes ohne einen derartigen ersten Hinweis kaum je gelingen wird. Eine derartige Quasi-Verpflichtung, den Verletzer zunächst stets auf sein rechtverletzendes Verhalten hinweisen zu müs-

96 Zur Verwendung der Begriffe „Täterschaft" und „Teilnahme" im Zusammenhang mit wettbewerbsrechtlichen Unterlassungs-, Beseitigungs- und Schadensersatzansprüchen, vgl. Köhler/Bornkamm/Köhler, § 8 UWG, Rn.2.4.
97 Spindler/Volkmann, WRP 2003, 1 (6f.); Schilling, Passivlegitimation, S.45.
98 a.A. Neuhaus, Sekundäre Haftung, S.187ff.
99 Gegenüber dem Anspruch aus § 97 UrhG ergeben sich insoweit keine Abweichungen.
100 a.A. Neuhaus, Sekundäre Haftung, S.187ff.
101 Damm/Rehbock, Rn.826; Jauernig/Teichmann, § 830 Rn.15.
102 Döring, Haftung, S.58.
103 Döring, Haftung, S.58f.

sen, widerspricht aber der gesetzlichen Wertung des § 12 Abs.1 UWG[104] bzw. des § 97a Abs.1 S.2 UrhG.

Gegen die Ansicht *Köhlers* spricht schließlich auch die unterschiedliche Schutzrichtung der Störerhaftung bzw. der Haftung wegen Verletzung (wettbewerbsrechtlicher) Verkehrspflichten und der Teilnehmerhaftung nach § 830 Abs.2 BGB.[105] Während die Rechtsfigur des Störers von der höchstrichterlichen Rechtssprechung entwickelt wurde, um bestehende Lücken im Rechtsschutz bei nur mittelbaren Verursachungsbeiträgen schließen zu können,[106] dient die Vorschrift des § 830 Abs.2 BGB dazu, Beweisschwierigkeiten des Verletzten hinsichtlich der haftungsbegründenden Kausalität bei Tatbeteiligung Mehrerer zu überwinden.[107]

In der jüngeren Literatur wurde unlängst der Vorschlag unterbreitet, bei mittelbaren Immaterialgüter- und Wettbewerbsrechtsverletzungen nicht nur im Sinne *Köhlers* die lediglich objektiv rechtswidrige Haupttat als teilnahmefähig anzuerkennen, sondern darüber hinaus auch auf das Vorsatzerfordernis beim Teilnehmer zu verzichten.[108] Eine solcherart begründete fahrlässige Beihilfe sei allerdings nur bei einer Verletzung verhaltensbezogener Tatbestände möglich. Die Beihilfe zum Erfolgsdelikt setze hingegen stets Vorsatz des Gehilfen voraus.[109]

Zumindest nach ganz herrschender Ansicht wäre damit ein umfassender Rechtsschutz im Immaterialgüterrecht nicht länger gewährleistet, fallen danach doch sämtliche Immaterialgüterrechtsverletzungen in den Bereich des Erfolgsunrechts.[110] Vertretbar erscheint die Ansicht *Neuhaus* mithin nur dann, wenn man nicht nur Verletzungen des Lauterkeitsrechts[111] sondern auch solche des Immaterialgüterrechts dem Verhaltensunrecht zuordnen würde.[112]

---

104 Döring, Haftung, S.59.

105 Schilling, Passivlegitimation, S.46.

106 Ahrens in FS Canaris, S.20.

107 Larenz/Canaris, SchR II/2, § 82 I. 2. G); Schaub, in FS Medicus 2009, 423 (424). In der Literatur nicht unumstritten: vgl. MüKo-Wagner, § 823, Rn.4f.

108 Neuhaus, Sekundäre Haftung, S.187ff.

109 Neuhaus, Sekundäre Haftung, S.193.

110 BGH, GRUR 2010, 633 – „Sommer unseres Lebens“; BGH, GRUR 2004, 860 – „Internet-Versteigerung I“; Ahrens, in FS Canaris 2007, 3 (14).

111 Das Lauterkeitsrecht ist unstreitig Verhaltensunrecht. Vgl. statt vieler BGH, GRUR 2007, 890 – „Jugendgefährdende Medien bei eBay“.

112 So in der Tat Neuhaus, Sekundäre Haftung, S.193.

Bedenklich erscheint aber auch der Verzicht auf das Vorsatzerfordernis beim Teilnehmer einer Lauterkeits- oder Immaterialgüterrechtsverletzung.[113] Denn in der Konsequenz ist damit zunächst einmal eine erhebliche Haftungsausweitung gegenüber der Störerhaftung analog § 1004 BGB verbunden. Schließlich haftet der Teilnehmer grundsätzlich nicht nur auf Unterlassung und Beseitigung, sondern auch auf Schadensersatz. Dieses Problem erkennt auch *Neuhaus*. Er schlägt als „Kompensation" vor, die fahrlässige Beihilfe im Immaterialgüter- und Lauterkeitsrecht auf Rechtsfolgenseite zu beschränken. Handele der Teilnehmer lediglich fahrlässig so könne er nur auf Unterlassung und Beseitigung in Anspruch genommen werden. Eine Schadensersatzhaftung sei hingegen nur bei vorsätzlicher Anstiftung oder Beihilfe denkbar.[114]

Die Auffassung *Neuhaus* kann letztlich ebenso wenig überzeugen wie die Ansicht *Köhlers*. Gegen sie sprechen nicht nur die bereits gegen die Lehre *Köhlers* vorgebrachten Argumente, der Vorschlag *Neuhaus* kann darüber hinaus auch dogmatisch nicht überzeugen. Er selbst räumt ein, dass die Konstruktion einer rechtsfolgeneingeschränkten fahrlässigen Teilnahme „dogmatisch ungewöhnlich" ist. Allerdings – so *Neuhaus* – lasse sich auf andere Art und Weise nun mal eine Haftung derjenigen Personen nicht länger begründen, die bislang nach den Grundsätzen der Störerhaftung analog § 1004 BGB haftbar waren. Wörtlich heißt es hierzu: „Wer eine auf Unterlassung und Beseitigung beschränkte fahrlässige Beteiligung nicht zulassen will, muss auf eine ungeschriebene sekundäre Haftung im Immaterialgüterrecht verzichten, soweit dem 'Störer' kein Vorsatz nachzuweisen ist."[115] Dass *Neuhaus* hier irrt, wird im Rahmen dieser Arbeit noch nachzuweisen sein. Eine Notwendigkeit für diese dogmatisch doch recht eigenwillige Konstruktion zur Begründung der Haftung des „Störers" im Immaterialgüter- und Wettbewerbsrecht ist nicht erkennbar. Vielmehr steht nach der hier vertretenen Ansicht mit den Verkehrspflichten ein Rechtsinstitut zur Verfügung, das geeignet ist, rechtsgebietsübergreifend und im Einklang mit den gesicherten dogmatischen Erkenntnissen im Allgemeinen und Besonderen Deliktsrecht, die Haftung des mittelbaren Verletzers im Wettbewerbs- und Urheberrecht zu begründen.[116]

---

113 Sofern die Vertreter der jüngeren Literaturmeinung, die sich gegen ein Festhalten am „doppelten Teilnehmervorsatz" im Zivilrecht aussprechen (s. Fn. 78), überhaupt zur Möglichkeit einer fahrlässigen Beteiligung Stellung nehmen, wird das auch von ihnen überwiegend als zu weit gehend abgelehnt. Vgl. Soergel/Krause, § 830 Rn.9; eine fahrlässige Teilnahme ablehnend auch Hollenders, Mittelbare Verantwortlichkeit von Intermediären, S.129f.

114 Neuhaus, Sekundäre Haftung, S.196.

115 Neuhaus, Sekundäre Haftung, S.197.

116 Für das Markenrecht bereits LG Berlin, MMR 2009, 348. Allerdings lässt die Entscheidung eine Auseinandersetzung mit den dogmatischen Grundlagen der Haftung für fremde Rechtsverletzungen vermissen.

3. Umfassende einzelfallbezogene Interessenabwägung

Eine vermittelnde Stellung nimmt schließlich *v. Gierke* ein. Er hält zwar an der Herleitung der Störerhaftung aus § 1004 BGB fest, möchte aber auf das Erfordernis der „Prüfungspflichten" zugunsten einer den Haftungsvoraussetzungen des § 1004 BGB „nachgeschalteten, umfassenden und einzelfallbezogenen Interessenabwägung" verzichten, „bei welcher Gläubiger- wie Schuldnerinteressen gleichermaßen zu bewerten und einzubeziehen" seien.[117]

Dieser Vorschlag ist jedoch – berechtigterweise – auf wenig Zustimmung im Schrifttum gestoßen, schließlich ist eine solche Interessenabwägung nicht mehr oder weniger praktikabel als die Konstruktion der „Prüfungspflichten",[118] darüber hinaus bleibt unklar, welche Gesichtspunkte im Rahmen der hier geforderten Interessenabwägung gewürdigt werden sollten, die nicht auch im Rahmen der Zumutbarkeitsprüfung Berücksichtigung finden könnten.[119] Letztlich kann auch dieser Ansatz das Entstehen eines unübersichtlichen Fallrechts nicht verhindern.[120] Ein Mehr an Rechtssicherheit liefert dieser Ansatz jedenfalls nicht.[121]

4. Kritik an der wettbewerbsrechtlichen Störerhaftung analog § 1004 BGB

Festzuhalten bleibt damit, dass die verschiedenen Alternativvorschläge aus dem Schrifttum aus den genannten Gründen letztlich nicht völlig überzeugen können. Gleichwohl ist zuzuerkennen, dass zumindest die Herleitung der wettbewerbsrechtlichen Störerhaftung aus § 1004 BGB erheblichen Zweifeln begegnet: Zwar ist anerkannt, dass im Allgemeinen Deliktsrecht eine analoge Anwendung des § 1004 BGB zur Begründung eines Unterlassungs- und Beseitigungsanspruchs bei einem objektiv rechtswidrigen, aber nicht schuldhaften Verstoß gegen die deliktsrechtlichen Vorschriften der §§ 823ff. BGB in Betracht kommt, sofern die entsprechende Vorschrift keine besonderen Anforderungen an die Person des Handelnden stellt. Wenn allerdings die Verwirklichung des Tatbestandes von dem Vorliegen einer bestimmten Täterqualifikation abhängt, die der in Anspruch Genommene nicht aufweist, muss eine analoge Anwendung des § 1004 BGB stets ausscheiden. In Betracht kommt dann jedoch eine Haftung als Anstifter oder Gehilfe.[122] Denn Anstifter oder Gehilfe kann grundsätzlich auch sein,

117 v. Gierke, WRP 1997, 892.
118 Hartmann, Unterlassungsansprüche, S.57.
119 Döring, Haftung, S.63.
120 Schilling, Passivlegitimation, S.50.
121 Freytag, Haftung im Netz, S.73.
122 Köhler/Bornkamm/Köhler, § 8 Rn.2.15.

wer nicht die entsprechende Täterqualifikation aufweist.[123] Für das Wettbewerbsrecht als Sonderdeliktsrecht gilt, dass gerade „nicht jedermann Normadressat ist [...], sondern nur derjenige, der eine geschäftliche Handlung vornimmt und etwaige sonstige Anforderungen an die Person des Handelnden [...] erfüllt".[124] Insofern stand die bisherige Rechtssprechung des BGH im Widerspruch zur Dogmatik im Allgemeinen Deliktsrecht. Denn der BGH erstreckte die wettbewerbsrechtliche Störerhaftung analog § 1004 BGB auch auf Personen, die - mangels Täterqualifikation – den Tatbestand der betreffenden Vorschrift gar nicht verwirklichen konnten. Dies bedeutete aber eine unzulässige Erweiterung des Kreises potentieller Anspruchsgegner. Die wettbewerbsrechtliche Störerhaftung analog § 1004 BGB ist daher abzulehnen.[125] Der BGH hat sich dem inzwischen angeschlossen.[126]

Exkurs: Die „geschäftliche Handlung" i.S.v. § 2 Abs.1 Nr.1 UWG

Die in § 2 Abs.1 Nr.1 UWG definierte „geschäftliche Handlung" ist – neben dem Begriff der Unlauterkeit – der Zentralbegriff des UWG.[127] Nur wenn eine „geschäftliche Handlung" vorliegt, ist der Anwendungsbereich des UWG eröffnet. Die „geschäftliche Handlung" dient damit der Abgrenzung zum Allgemeinen Deliktsrecht. [128] Nach § 2 Abs.1 Nr.1 UWG ist eine „geschäftliche Handlung" jedes Verhalten einer Person zugunsten des eigenen oder eines fremden Unternehmens „vor, bei oder nach einem Geschäftsabschluss, das mit der Förderung des Absatzes oder des Bezugs von Waren oder Dienstleistungen oder mit dem Abschluss oder der Durchführung eines Vertrages über Waren oder Dienstleistungen objektiv zusammenhängt". Der Begriff der „geschäftlichen Handlung" wurde im Zuge der Umsetzung der Richtlinie über unlautere Geschäftspraktiken 2005/29/EG in das UWG inkorporiert und ersetzte den Begriff der „Wettbewerbshandlung" im Sinne des § 2 Abs.1 Nr.1 UWG a.F.. Es handelt sich dabei nicht allein um eine terminologische Änderung, vielmehr kommt es heute bei der Bestimmung einer „geschäftlichen Handlung" auf eine Wettbewerbsförderungsabsicht des Handelnden – wie sie noch bei der „Wettbewerbshandlung" im Sinne von § 2 Abs.1 Nr.1 a.F. vorliegen musste - nicht mehr an. Maßgeblich ist nach § 2 Abs.1 Nr.1 UWG heutiger Fassung allein ein objektiver Zusammenhang zwischen der Handlung und der Absatz- oder Bezugsförde-

---

123 Köhler/Bornkamm/Köhler, § 8 Rn.2.16.
124 Köhler/Bornkamm/Köhler, § 8 Rn.2.16.
125 Köhler/Bornkamm/Köhler, § 8 Rn.2.15 m.w.N.; Schapiro, Unterlassungsansprüche, S.88.
126 Vgl. Kapitel 1, S.26ff.
127 Harte-Bavendamm/Henning-Bodewig/Keller, UWG, § 2 Rn.2; Köhler/Bornkamm/Köhler, UWG, § 2 Rn.3.
128 Köhler/Bornkamm/Köhler, UWG, § 8 Rn.3.

rung.[129] Mit dieser Verschiebung hin zu einer objektiven Bestimmung der lauterkeitsrechtlichen Wertung ist im Ergebnis auch eine Erweiterung des Anwendungsbereichs des UWG verbunden. Allerdings ist die Einführung des Begriffs der „geschäftlichen Handlung“ mit Blick auf die Kritik an der wettbewerbsrechtlichen Störerhaftung ohne Bedeutung. Denn nach wie vor ist gerade nicht Jedermann Normadressat der UWG-Vorschriften, sondern vielmehr nur derjenige, der eine „geschäftliche Handlung“ vornimmt.

5. Die Entscheidung „Jugendgefährdende Medien bei eBay“

Der BGH hat seine Rechtssprechung zur wettbewerbsrechtlichen Störerhaftung seit der Entscheidung „Buchpreisbindung“[130] aus dem Jahr 2003 – unter dem Eindruck steter Kritik aus dem Schrifttum[131] - selbst immer wieder in Frage gestellt.[132] Den endgültigen Wendepunkt in der höchstrichterlichen Rechtssprechung markiert dann allerdings erst die Entscheidung „Jugendgefährdende Medien bei eBay“ aus dem Jahr 2007. Seit dieser Entscheidung begründet der BGH die Haftung des mittelbaren Verletzers bei wettbewerbsrechtlichen Sachverhalten nicht länger mithilfe einer Analogie zu § 1004 BGB, sondern stützt sich auf eine neue dogmatische Grundlage, die wettbewerbsrechtlichen Verkehrspflichten.

a. Sachverhalt

In der Entscheidung „Jugendgefährdende Medien bei eBay“ aus dem Jahr 2007 hatte der BGH über die (Mit-)Haftung des Internetauktionshauses eBay für Rechtsverletzungen seiner Kunden zu befinden. Konkret ging es um das Angebot jugendgefährdender Schriften auf der Internetplattform eBay und damit um Rechtsverstöße gegen die §§ 18, 24 JuSchG. Der BGH hatte zu entscheiden, ob und inwieweit den Plattform-Betreiber eBay eine (Mit-) Verantwortlichkeit an den genannten Rechtsverstößen trifft. Ferner hatte der BGH zu prüfen, ob eBay verpflichtet ist, Maßnahmen zu ergreifen, damit auch in Zukunft derlei Schriften nicht mehr über die Internetauktionsplattform www.ebay.de gehandelt werden.

---

129 Harte-Bavendamm/Henning-Bodewig/Keller, UWG, § 2 Rn.10.

130 BGH, GRUR 2003, 807ff. – „Buchpreisbindung“.

131 Köhler, WRP 1997, 897ff.; Schünemann, WRP 1998, 120ff.; Döring, WRP 2007, 1131ff.

132 BGH, GRUR 2003, 969ff. – „Ausschreibung von Vermessungsleistungen“; BGH, GRUR 2004, 693ff. – „Schöner Wetten“; BGH, GRUR 2005, 171ff. – „Ausschreibung von Ingenieurdienstleistungen“; BGH, GRUR 2004, 860ff. – „Internet-Versteigerung“.

b. Lösung des BGH

Der BGH schloss eine Haftung des Internetauktionshauses eBay als Täter oder Teilnehmer eines Wettbewerbsverstoßes nach § 4 Nr.11 UWG aus. Zwar könnten die Versteigerer durch das Angebot im Wege der Internetauktion unlautere Wettbewerbshandlungen gem. §§ 3, 4 Nr.11 UWG begangen haben. Ebay verstoße aber dadurch, dass es seinen Kunden die Internetplattform zur Verfügung stelle, nicht selbst gegen das Verbot des Versandhandels mit jugendgefährdenden Medien. Schließlich biete eBay diese Medien nicht selbst an. Auch eine Haftung als Teilnehmerin müsse ausscheiden. Insofern komme sowieso nur eine Gehilfenstellung in Betracht. Da eBay die Angebote vor Veröffentlichung auf der Auktionsplattform aber nicht zur Kenntnis nehme, sondern diese im Rahmen des Registrierungsverfahrens automatisch durch den jeweiligen Anbieter ins Internet gestellt würden, fehle es insofern am erforderlichen Gehilfenvorsatz. Ausreichend sei insoweit auch nicht ein generelles Bewusstsein, dass Rechtsverletzungen stattfänden, vielmehr müsse sich der Gehilfenvorsatz auf die konkrete Tat beziehen.[133]

Der BGH prüft im Folgenden dann einen eigenen täterschaftlichen Verstoß von eBay gegen die Generalklausel des § 3 UWG wegen Verletzung von wettbewerbsrechtlichen Verkehrspflichten. Ein solcher Verstoß komme deshalb in Betracht, weil grundsätzlich jeder, der durch sein Handeln im geschäftlichen Verkehr in einer ihm zurechenbaren Weise die Gefahr schaffe, dass Dritte durch das Wettbewerbsrecht geschützte Interessen von Marktteilnehmern verletzten, wettbewerbsrechtlich dazu verpflichtet sei, diese Gefahren im Rahmen des Möglichen und Zumutbaren zu begrenzen.[134] Insofern treffe eBay eine wettbewerbsrechtliche Verkehrspflicht, weil eBay aus eigenem geschäftlichen Interesse eine allgemein zugängliche Handelsplattform geschaffen habe, deren Nutzung mit der ernsthaften Gefahr verbunden sei, dass durch Versteigerungen schützwürdige Interessen verletzt würden.[135]

Dabei konkretisiere sich diese wettbewerbsrechtliche Verkehrspflicht eines Dienstanbieters hinsichtlich rechtsverletzender fremder Inhalte als Prüfungspflicht. Ob und inwieweit dem in Anspruch Genommenen nach den Unständen eine Prüfung zuzumuten sei, bestimme sich des Weiteren nach den zur Störerhaftung entwickelten Grundsätzen.[136] Bei der gebotenen Abwägung könne die Bereitstellung der Internet-Auktionsplattform für sich allein noch nicht entsprechende Prüfungspflichten auslösen. In dem Moment aber, in dem eBay Kenntnis

133 BGH, ZUM 2007, 846 (848) – „Jugendgefährdende Medien bei eBay".
134 BGH, ZUM 2007, 846 (850) – „Jugendgefährdende Medien bei eBay".
135 BGH, ZUM 2007, 846 (848) – „Jugendgefährdende Medien bei eBay".
136 BGH, ZUM 2007, 846 (850) – „Jugendgefährdende Medien bei eBay".

von konkreten jugendgefährdenden Angeboten habe, sei eBay nicht nur verpflichtet, dieses Angebot unverzüglich zu sperren, sondern müsse auch zumutbare Vorsorgemaßnahmen dafür treffen, dass es möglichst nicht zu weiteren gleichartigen Rechtsverletzungen kommt. Dabei verpflichtet der BGH eBay nicht nur die konkrete Rechtsverletzung eines Anbieters zu unterbinden, sondern auch gleichartige Rechtsverletzungen durch andere Anbieter zu unterbinden. Darüber hinaus treffe eBay eine besondere Prüfungspflicht hinsichtlich anderer Angebote desjenigen Versteigerers, der das ursprünglich jugendgefährdende Angebot eingestellt hat, weil von diesem weitere Rechtsverletzungen zu befürchten seien.[137] Als Mittel zur Umsetzung dieser weitreichenden Prüfungs- und Überwachungspflichten sind nach Ansicht des BGH sowohl der Einsatz von Filtersoftware als auch eine manuelle Nachprüfung zumutbar.[138] Andernfalls hafte eBay als Täter einer unlauteren Wettbewerbshandlung gem. § 3 UWG wegen Verletzung wettbewerbsrechtlicher Verkehrspflichten.

c. Bewertung der Entscheidung

Die Entscheidung „Jugendgefährdende Medien bei eBay" ist auf viel Zustimmung in der rechtswissenschaftlichen Literatur gestoßen.[139] Die Zweifel an der dogmatischen Herleitung der wettbewerbsrechtlichen Störerhaftung analog 1004 BGB haben stets erhebliche Kritik hervorgerufen.[140] Nichtsdestotrotz ist die Entscheidung insofern bemerkenswert, als der BGH eine Haftung des mittelbaren Verletzers bei wettbewerbsrechtlichen Sachverhalten bis dahin vorrangig mithilfe der Grundsätze der wettbewerbsrechtlichen Störerhaftung analog § 1004 BGB begründete, während er eine täterschaftliche Haftung grundsätzlich nur dann in Betracht zog, wenn die Voraussetzungen der Störerhaftung nicht erfüllt waren oder der Anspruchssteller sein Begehren nicht mithilfe der Störerhaftung erreichen konnte. Eine Ausnahme bilden insoweit nur die Entscheidungen zur Haftung der Presseunternehmen für fremde Anzeigen[141], sowie die Entscheidung „Bahnhofs-Verkaufsstellen"[142].[143] Inwieweit neben der Haftung wegen Verletzung wettbewerbsrechtlicher Verkehrspflichten ein Anwendungsbereich für die wettbewerbsrechtliche Störerhaftung analog § 1004 BGB verbleibt, ist noch nicht endgültig entschieden.[144] Die Ausführungen des BGH in

137 BGH, ZUM 2007, 846 (849) – „Jugendgefährdende Medien bei eBay".

138 BGH, ZUM 2007, 846 (853) – „Jugendgefährdende Medien bei eBay".

139 Köhler, GRUR 2008, 1ff.

140 Köhler, WRP 1997, 897ff.; Schünemann, WRP 1998, 120ff.; Döring, WRP 2007, 1131ff.

141 BGH, GRUR 1993, 53ff. – „Ausländischer Inserent"; BGH, GRUR 1994, 841 – „Suchwort"; BGH, GRUR 2002, 360ff. – „H.I.V. Positive II".

142 BGH, NJW 1995, 2168ff. – „Bahnhofs-Verkaufsstellen".

143 Leistner/Stang, WRP 2008, 533 (537).

144 Ablehnend: Köhler, GRUR 2008, 1 (6); Wohl auch : Leistner/Stang, WRP 2008, 533 (540); Ebenso Schaub in FS Medicus 2009, 423 (434), die eine zu erwartende Beschänkung der Haf-

der jüngst ergangenen Entscheidung „Sommer unseres Lebens" scheinen jedoch dafür zu sprechen, dass der BGH die Störerhaftung im Bereich des Wettbewerbsrechts in Zukunft nicht mehr zur Anwendung bringen wird. [145] Ob damit tatsächlich das Ende der Störerhaftung im Wettbewerbsrecht besiegelt ist, bleibt abzuwarten.[146] Fest steht jedenfalls, dass die wettbewerbsrechtliche Störerhaftung analog § 1004 BGB in Zukunft allenfalls eine sehr geringe Rolle spielen wird.

6. Vorarbeiten in der rechtswissenschaftlichen Literatur

Der BGH konnte sich bei seiner Entscheidung auf Vorarbeiten in der rechtswissenschaftlichen Literatur stützen, die den Boden für die spätere Rechtssprechung des BGH bereiteten. Die hier zu nennenden Autoren bemühten sich, die „Prüfungspflichten" in die Dogmatik des Allgemeinen Deliktsrechts einzubetten und damit die Haftung für mittelbare Rechtsverletzungen (nicht nur im Wettbewerbsrecht) auf eine tragfähige dogmatische Grundlage zu stellen.

a. Rückgriff auf die aus dem allgemeinen Deliktsrecht bekannte Rechtswidrigkeitslehre

Nach Ansicht *Haedickes* erschließt sich die dogmatisch richtige Einordnung der „Prüfungspflichten" bei einem Rückgriff auf die im allgemeinen Deliktsrecht entwickelten Lehren zum Erfolgs- und Verhaltensunrecht. Dabei sei einerseits zwischen den ihrer Rechtswidrigkeitsstruktur nach zum Typus des Verhaltensunrechts gehörenden Tatbeständen des UWG und den dem Erfolgsunrecht zuzuordnenden Tatbeständen des Urheberrechts zu unterscheiden und andererseits zwischen unmittelbaren und mittelbaren Rechtsverletzungen zu trennen. Während bei unmittelbaren Eingriffen in die erfolgsbezogen formulierten Tatbestände des Urheberrechts der Erfolg die Rechtswidrigkeit indiziere, knüpfe bei einem Verstoß gegen die Vorschriften des UWG das Rechtswidrigkeitsurteil an die Verletzung spezifischer Verhaltenspflichten.[147] Bei nur mittelbaren Eingriffen hingegen sei – in Anlehnung an die aus dem Allgemeinen Deliktsrecht bekannte Rechtswidrigkeitslehre – auch bei Verletzung der erfolgsbezogen formu-

---

tung für mittelbare Rechtsverletzungen als „hinnehmbar" erachtet; Zweifelnd: Nordemann, in FS Loewenheim 2009, 215 (225); Zumindest „theoretisch" sieht auch Leistner, GRUR-Beil. 2010, 1 (6) im Bereich der Pressehaftung Raum für einen Restanwendungsbereich der Störerhaftung, wenngleich „praktisch" nicht mehr mit einer Anwendung der Störerhaftung zu rechnen sei; Gegen eine Aufgabe der Störerhaftung hingegen: Ahrens, in FS Canaris 2007, 3 (5).

145 BGH, BeckRS 2010, 30638, Rn.48 – „Kinderhochstühle im Internet".

146 Zweifelnd auch Schapiro, Unterlassungsansprüche. S.80.

147 Haedicke, GRUR 1999, 397 (401).

lierten Tatbestände des Urheberrechts ein bestimmter Erfolg nur dann als rechtswidrig zu qualifizieren, wenn gleichzeitig spezifische Verhaltenspflichten verletzt würden. Diese Verhaltenspflichten konkretisierten sich bei mittelbaren Urheber- und Wettbewerbsrechtsverletzungen als Prüfungspflichten. Insofern seien die Prüfungspflichten auf Ebene der Rechtswidrigkeit anzusiedeln. *Haedicke* lässt sich dabei von der Prämisse leiten, dass „im Rahmen der erfolgsbezogen formulierten urheberrechtlichen Mitstörerhaftung ebenso wie bei der wettbewerbsrechtlichen Störerhaftung nach § 1004 BGB eine Einschränkung der Verantwortlichkeit Dritter geboten ist“. Ein mittelbarer Tatbeitrag sei daher nur dann rechtswidrig im Sinne des § 1004 BGB, wenn zu der adäquat kausal zur Verletzung führenden Handlung ein Verstoß gegen Prüfungspflichten hinzukomme.[148]

b. Verkehrspflichten

Die Ansicht *Freytags* geht in eine sehr ähnliche Richtung. Zutreffend geht er zunächst davon aus, dass die deliktischen Zurechnungsregeln - wie beispielsweise §§ 31, 830, 831 BGB - de maiore ad minus auch auf den Abwehranspruch Anwendung finden können.[149] Gleiches müsse dann aber nach Ansicht *Freytags* auch für die Zurechnung des Erfolgs bei nur mittelbaren Verursachungsbeiträgen gelten, für die im Deliktsrecht erforderlich sei, dass der Handelnde einer Verkehrssicherungspflicht nicht genügt habe. Danach sei demjenigen, der eine Rechtsverletzung nur mittelbar, aber adäquat kausal verursacht habe, der Verletzungserfolg schon auf Tatbestandsebene nicht zurechenbar, wenn ihn keine Verkehrssicherungspflicht zur Verhinderung der Rechtsverletzung treffe oder er dieser (erfolglos) genüge getan habe. Nach Ansicht *Freytags* dürfe die Erkenntnis, dass die Zurechnung mittelbarer Verletzungshandlungen anhand der Verkehrssicherungspflichten nicht nur beim Schadensersatzanspruch sondern auch bei den Abwehransprüchen einheitlich auf der Ebene des Tatbestandes im Anschluss an die Prüfung der Kausalität erfolgen könne, nicht auf das allgemeine Zivilrecht beschränkt bleiben,[150] sondern müsse letztlich für alle haftungsrechtlichen Nebengebiete des gewerblichen Rechtsschutzes und des Urheberrechts gelten.[151] Eine Mitverantwortlichkeit ist nach dieser Ansicht damit stets bei Mittäterschaft und Teilnahme, aber auch bei Verletzung einer dem Mitwirkenden obliegenden Verkehrssicherungspflicht zu bejahen.[152]

---

148 Haedicke, GRUR 1999, 397 (402).

149 Freytag, Haftung im Netz, S.73; vgl. ferner Larenz/Canaris, SchuldR II/2, § 86 2, Köhler, WRP 1997, 897 (899); Schilling, Passivlegitimation, S.45 m.w.N.

150 Freytag, Haftung im Netz, S.74.

151 Freytag, Haftung im Netz, S.75.

152 Freytag, Haftung im Netz, S.76.

E. Fazit

Die Frage der „richtigen" dogmatischen Einordnung der Prüfungspflichten hat in den letzten Jahren die rechtswissenschaftliche Literatur wieder verstärkt beschäftigt. [153] Dies nicht zuletzt seit der BGH die Störerhaftung – zumindest – für das Wettbewerbsrecht auf eine neue dogmatische Grundlage gestellt und damit von der wettbewerbsrechtlichen Störerhaftung analog § 1004 BGB weitgehend Abstand genommen hat.[154] Seitdem wurden insbesondere für das Urheberrecht eine Reihe neuer Vorschläge gemacht, wie eine Einbindung der urheberrechtlichen Prüfungspflichten in die Systematik des Allgemeinen und Besonderen Deliktsrechts gelingen könnte. [155] Auch im Rahmen dieser Arbeit soll der Versuch unternommen werden, die urheberrechtlichen Prüfungspflichten auf eine dogmatisch tragfähige Grundlage zu stellen. Dabei können insbesondere die beiden zuletzt genannten Ansichten wertvolle Anregungen liefern, die im Rahmen dieser Untersuchung noch fruchtbar gemacht werden sollen. Denn wenn es richtig ist, dass die Prüfungspflichten letztlich eine besondere Ausprägung der aus dem allgemeinen Deliktsrecht bekannten Verkehrssicherungspflichten sind,[156] dann erscheint es nur konsequent, eine Parallele zur allgemeinen Zivilrechtsdogmatik zu ziehen, die Prüfungspflichten auf Tatbestandsebene einzuordnen und sie als besonderen Zurechnungsgrund bei mittelbaren Rechtsverletzungen zu begreifen.[157] Dass im Bereich der haftungsrechtlichen Nebengebiete besondere Wertungen eine Zuordnung der Prüfungspflichten zur Ebene der Rechtswidrigkeit vorzugswürdig erscheinen ließen, ist nicht ersichtlich.[158] Kann dem mittelbaren Verletzer der Verletzungserfolg mithilfe der Prüfungspflichten mithin zugerechnet werden, dann indiziert dies die Rechtswidrigkeit der Verletzungshandlung. Damit wäre dann auch der Vorwurf widerlegt, der BGH hätte mit den Prüfungspflichten ein Verschuldenselement in die Störerhaftung eingeführt.[159]

---

153 Ahrens, WRP 2007, 1281ff.; ders. in FS Canaris 2007, 3ff.; Döring, WRP 2007, 1131ff.; ders. Haftung; Köhler, GRUR 2008, 1ff.; Leistner/Stang, WRP 2008, 533ff.; Leistner, GRUR 2010, 1ff.; Nordemann, in FS Loewenheim 2009, 215ff.; Neuhaus, Sekundäre Haftung. Schilling, Passivlegitimation; Hartmann, Unterlassungsansprüche; Döring, Haftung.

154 Vgl. hierzu Kapitel 1, S.26ff.

155 Leistner, GRUR 2010, 1ff.; Nordemann, in FS Loewenheim 2009, 215ff.; Schilling, Passivlegitimation.

156 So zuletzt auch Schilling, Passivlegitimation, S. 66f.; dagegen Hollenders, Mittelbare Verantwortlichkeit von Intermediären, S.162.

157 Für das Immaterialgüterrecht: Leistner, GRUR-Beil. 2010, 1 (31); Schilling, Passivlegitimation, S.61.

158 So aber Haedicke, vgl. Kapitel 1, S.29f.

159 So aber Fürst, vgl. Kapitel 1, S.17 Fn.66; wie hier auch Hollenders, Mittelbare Verantwortlichkeit von Intermediären, S.151.

Kapitel 2

Die mittelbare Haftung aufgrund Verkehrspflichtverletzung im Anwendungsbereich des Urheberrechts

A. Einführung

Während der BGH in jüngster Zeit noch einmal bekräftigt hat, dass er im Bereich des Immaterialgüterrechts auch weiterhin an den Grundsätzen der Störerhaftung festhalten möchte,[160] bestimmt sich nach Ansicht des BGH die Haftung des mittelbaren Verletzers im Bereich des Lauterkeitsrechts entscheidend danach, ob diesem eine Verletzung wettbewerbsrechtlich begründeter Verkehrspflichten vorzuwerfen ist. Der BGH spricht insofern von einer täterschaftlichen Haftung wegen Verletzung wettbewerbsrechtlicher Verkehrspflichten.[161] Damit löst der BGH die Fälle mittelbarer Rechtsverletzungen im Anwendungsbereich des Urheber- und Wettbewerbsrechts auf der Grundlage zweier unterschiedlicher Haftungsmodelle, die sich zumindest in ihren Rechtsfolgen erheblich unterscheiden.

Diese Entwicklung ist aus rechtsdogmatischer Sicht bedauerlich, könnte doch – wenigstens nach Auffassung des Verfassers – durch die rechtsgebietsübergreifende Anerkennung der Prüfungspflichten als Verkehrspflichten nicht nur ein einheitliches Haftungsregime für mittelbare Rechtsverletzungen im gesamten Bereich des gewerblichen Rechtsschutzes und Urheberrechts geschaffen werden, sondern auch ein effektiver Schutz der urheber- und wettbewerbsrechtlich geschützten Positionen erreicht werden. Darüber hinaus sprechen aber auch eine Vielzahl praktischer Gründe für die Anerkennung der urheberrechtlichen Prüfungspflichten als Verkehrspflichten. Dies wird im Folgenden noch nachzuweisen sein.

Doch zunächst gilt es zu klären, welche Gründe aus Sicht des BGH gegen die Anerkennung der urheberrechtlichen Prüfungspflichten als Verkehrspflichten und damit gegen die Einbettung der urheberrechtlichen Störerhaftung analog § 1004 BGB in die Dogmatik des Allgemeinen Deliktsrechts sprechen.

---

160 BGH, GRUR 2010, 633 (634) – „Sommer unseres Lebens“; BGH, GRUR 2004, 860 (864) – „Internet-Versteigerung I“.

161 BGH, GRUR 2007, 890ff. – „Jugendgefährdende Medien bei eBay“.

B. Gründe für die ablehnende Haltung des BGH

1. Die Unterscheidung zwischen erfolgs- und verhaltensbezogen formulierten Delikten

Aufschlussreich ist insofern die Entscheidung „Internet-Versteigerung I". Dort heißt es hierzu wörtlich: „Soweit in der neueren Rechtssprechung eine gewisse Zurückhaltung gegenüber dem Institut der Störerhaftung zum Ausdruck kommt und erwogen wird, die Passivlegitimation für den Unterlassungsanspruch allein nach den deliktsrechtlichen Kategorien der Täterschaft und Teilnahme zu begründen, betrifft dies Fälle des Verhaltensunrechts, in denen keine Verletzung eines absoluten Rechts in Rede steht. Im Falle der Verletzung von Immaterialgüterrechten, die als absolute Rechte auch nach den §§ 823 Abs.1, 1004 BGB Schutz genießen, sind die Grundsätze der Störerhaftung uneingeschränkt anzuwenden."[162]

Ausgangspunkt der ablehnenden Haltung des BGH gegenüber der Anerkennung der urheberrechtlichen Prüfungspflichten als Verkehrspflichten ist damit die Unterscheidung zwischen erfolgs- und verhaltensbezogen[163] formulierten Deliktstatbeständen. Nach Ansicht des BGH ist eine täterschaftliche Haftung wegen Verletzung von Verkehrspflichten allein im Rahmen der verhaltensbezogen formulierten Tatbestände des UWG denkbar. Keine Anwendung könne die Haftung wegen Verletzung von Verkehrspflichten hingegen im Immaterialgüterrecht finden, denn hier indiziere der tatbestandliche Erfolg bereits die Rechtswidrigkeit des Verhaltens, vgl. § 97 UrhG.

Das ist insofern richtig, als es grundsätzlich im Rahmen der erfolgsbezogen formulierten Deliktstatbestände nicht auf das dem tatbestandlichen Erfolg zugrunde liegende Verhalten ankommt, sondern die Passivlegitimation unmittelbar an den Erfolgseintritt anknüpft. Denn zumindest nach herrschender Ansicht indiziert in diesem Fall die tatbestandsmäßige Verletzung eines Rechtsguts die Rechtswidrigkeit des Verhaltens.[164]

Zuzustimmen ist dem BGH auch insoweit, als Verletzungen des Lauterkeitsrechts grundsätzlich dem Verhaltensunrecht zuzuordnen sind, während Verletzungen von Immaterialgüterrechten regelmäßig in den Bereich des Erfolgsun-

---

162 BGH, GRUR 2004, 860 (864) – „Internet-Versteigerung I".

163 Ausführlich zur Lehre vom Erfolgs- und Verhaltensunrecht Neuhaus, Sekundäre Haftung, S.136f.; sowie Hollenders, Mittelbare Verantwortlichkeit von Intermediären, S.51ff.

164 Bamberger/Roth/Spindler, BeckOK BGB, § 823 Rn.9 m.w.N.

rechts fallen.[165] Allerdings ist vorliegend zu berücksichtigen, dass es hier im Kern um die Haftung für mittelbare Schutzrechtsverletzungen geht. Zu klären ist daher, ob sich die Unterscheidung zwischen verhaltens- und erfolgsbezogen formulierten Tatbeständen auch bei mittelbaren Schutzrechtsverletzungen ohne Weiteres aufrechterhalten lässt. Hier bietet sich ein Rückgriff auf die Dogmatik im Allgemeinen Deliktsrechts an.

2. Die Haftung für mittelbare Rechtsverletzungen im Allgemeinen Deliktsrecht

Nach ganz herrschender Ansicht ist im allgemeinen Deliktsrecht zwischen unmittelbaren und mittelbaren Eingriffen in die von § 823 Abs.1 BGB geschützten Rechtsgüter zu differenzieren. Unmittelbare Rechtsgutverletzungen sind ohne weiteres rechtswidrig, bei ihnen indiziert der tatbestandliche Erfolg die Rechtswidrigkeit. Bei mittelbaren Eingriffen hingegen begründet erst der Verstoß gegen eine Sorgfaltspflicht die Rechtswidrigkeit.[166] Diese Verletzung einer Sorgfaltspflicht – einer Verkehrspflicht – ist dabei stets eigens festzustellen. Mittelbare Beeinträchtigungen sind mithin nur dann als rechtswidrig zu qualifizieren, wenn gleichzeitig spezifische Verhaltenspflichten verletzt werden, wohingegen die Rechtswidrigkeit unmittelbarer Eingriffe aufgrund des tatbestandlichen Erfolges der jeweiligen Handlung per se feststeht.[167] Im Ergebnis bedeutet dies, dass § 823 Abs.1 BGB „für unvorsätzliche Verhaltensweisen, die lediglich mittelbar zu einer Verletzung der dort aufgezählten Rechte und Rechtsgüter führen, einen Tatbestand des Verhaltensunrechts enthält".[168] Die Richtigkeit dieser Einordnung zeigt auch das bei *Haedicke*[169] angeführte Beispiel sehr eindrücklich: „Derjenige, der einen PKW verkauft, mit dem später ein Dritter eine Körperverletzung begeht, handelt trotz der kausal mit der seiner Handlung verknüpften Rechtsgutverletzung rechtmäßig, sofern er nicht eine Verkehrspflicht verletzt, indem er beispielsweise die ihm obliegenden Kontrollpflichten verletzt und einen fehlerhaften PKW in den Verkehr gelangen lässt."

3. Kritik an der Auffassung des BGH

Vor dem Hintergrund der Rechtswidrigkeitslehre im Bürgerlichen Recht begegnet die Rechtssprechung des BGH mithin erheblichen Bedenken. Denn jeden-

165 Ahrens, in FS Canaris 2007, 3 (14); A.A. Neuhaus, Sekundäre Haftung, S.165.
166 MüKo-Wagner, § 823 Rn.7. m.w.N.
167 Haedicke, GRUR 1999, 397 (402).
168 Ahrens, in FS Canaris 2007, 3 (14).
169 Haedicke, GRUR 1999, 397 (402).

falls bei mittelbaren Rechtsverletzungen, um die es vorliegend geht, widerspricht die Unterteilung in erfolgs- und verhaltensbezogene Tatbestände dem „Stand der dogmatischen Erkenntnisse“ im Allgemeinen Deliktsrecht.[170]

Überzeugend wäre es vielmehr, hinsichtlich der Haftung für fremde Urheberrechtsverletzungen eine Parallele zu den Grundsätzen für erfolgsbezogen formulierte Deliktstatbestände aus dem Allgemeinen Deliktsrecht zu ziehen. Warum hier ein Unterschied zwischen dem Allgemeinen und dem Sonderdeliktsrecht bestehen soll, ist nicht einleuchtend. Vielmehr erscheint es mit Blick auf die gesicherten Erkenntnisse zur Dogmatik der Verkehrspflichten im Allgemeinen Deliktsrecht folgerichtig, die mittelbare Verletzung immaterialgüterrechtlich geschützter Positionen dem „Typus des Verhaltensunrechts“[171] zuzuordnen.[172]

Die ablehnende Haltung des BGH überrascht umso mehr, wenn man sich die Ausführungen in der Urteilsbegründung zur Entscheidung „Jugendgefährdende Medien bei eBay“ näher ansieht. Überzeugend entnimmt der BGH zunächst aus seiner Rechtssprechung zu den Verkehrspflichten aus den unterschiedlichen Rechtsbereichen[173] den allgemeinen Rechtsgrundsatz, dass jeder, der in seinem Verantwortungsbereich eine Gefahrenquelle schafft oder andauern lässt, die ihm zumutbaren Maßnahmen und Vorkehrungen treffen muss, die zur Abwendung der daraus Dritten drohenden Gefahren notwendig sind.[174] Weiter führt der BGH im dann folgenden Absatz aus, dass die Verkehrspflichten zwar im Rahmen von § 823 Abs.1 BGB zur Abwendung eines Erfolgsunrechts, nämlich einer Rechtsgutsverletzung entwickelt wurden, dies einer Annahme wettbewerbsrechtlicher Verkehrspflichten aber nicht entgegenstehe - obwohl diese auf die Abwehr der Beeinträchtigung wettbewerbsrechtlich geschützter Interessen von Marktteilnehmern gerichtet seien und damit auf die Abwendung eines Verhaltens - denn der Rechtsgedanke der Verkehrspflichten, dass der Verantwortung für eine Gefahrenquelle in den Grenzen der Zumutbarkeit eine Pflicht zu gefahrverhütenden Maßnahmen entspricht, gelte unabhängig davon, ob sich die Gefahr in einem Erfolgs- oder in einem Handlungsunrecht realisiere.[175]

Ohnehin geht es – wie ein Vergleich mit den Grundsätzen zu mittelbaren Rechtsgutverletzungen im Allgemeinen Deliktsrecht gezeigt hat – bei der Zurechnung aufgrund von Verkehrspflichtverletzungen stets um die Zurechnung

170 Ahrens, in Festschrift Canaris 2007, 3 (14); Schaub, in FS Medicus 2009, 423 (435).
171 Ahrens, FS Canaris 2007, 3 (15).
172 Schaub, in FS Medicus 2009, 423 (435).
173 Hier ist insbesondere die Entscheidung „Kopierläden“ (BGH, GRUR 1984, 54ff.) zu nennen, in welcher der BGH erstmals für das Urheberrecht Verkehrspflichten angenommen hat.
174 BGH, GRUR 2007, 890 (894) – „Jugendgefährdende Medien bei eBay“.
175 BGH, GRUR 2007, 890 (894) – „Jugendgefährdende Medien bei eBay“.

einer Sorgfaltspflichtverletzung und damit um die Zurechnung von Verhaltensunrecht.

C. Zwischenergebnis

Vor dem Hintergrund der Dogmatik im Allgemeinen Deliktsrecht begegnet die neuere Rechtssprechung des BGH zur Haftung bei mittelbaren Rechtsverletzungen im gewerblichen Rechtsschutz und Urheberrecht erheblichen Bedenken. Es erscheint nicht einleuchtend, weshalb der BGH hier eine Unterscheidung zwischen dem Allgemeinen Deliktsrecht und dem Sonderdeliktsrecht treffen will.[176] Nach zutreffender Ansicht gehören vielmehr sämtliche immaterialgüterrechtlichen Rechtsverstöße durch mittelbare Verletzer zum Typus des Verhaltensunrechts.[177] Damit scheint einer Anerkennung der Prüfungspflichten als Verkehrspflichten aus rechtsdogmatischer Sicht nichts mehr im Wege zu stehen. Strukturell entsprechen die aus dem Marken- und Urheberrecht bekannten Prüfungspflichten jedenfalls den vom BGH neu eingeführten Verkehrspflichten im Wettbewerbsrecht.[178]

D. Fehlende gesetzliche Grundlage im Immaterialgüterrecht?

Die Lehre von den Verkehrspflichten als dogmatische Grundlage der Haftung für mittelbare Rechtsverletzungen im Immaterialgüterrecht ist (auch) in der Literatur nicht unbestritten geblieben. Eine sehr interessante Abhandlung zu dieser Frage, die insbesondere die dogmatischen Grundlagen der sekundären Haftung im Lauterkeits- und Immaterialgüterrecht ausführlich beleuchtet, hat nun *Stephan Neuhaus* vorgelegt. Er kommt in seiner Dissertationsschrift zu dem Ergebnis, dass es sich bei Immaterialgüterrechtsverletzung im Grundsatz zwar um Verhaltensunrecht handele, die Fälle mittelbarer Rechtsverletzungen im Bereich des Immaterialgüterrechts jedoch gleichwohl nicht über die Verkehrspflichtverletzung gelöst werden könnten. Dies überrascht angesichts der eingangs getroffenen Überlegungen. Die Begründung dieses Ergebnisses bedarf daher einer genaueren Untersuchung.

Zutreffend weist *Neuhaus* zunächst darauf hin, dass die Verkehrspflichten eng mit der Unterscheidung zwischen Erfolgs- und Verhaltensunrecht zusammen-

176 Krit. auch Lehment, WRP 2012, 149 (151).
177 Schaub, in FS Medicus 2009, 423 (435).
178 Leistner, GRUR 2010, 1 (18); Ahrens, FS Canaris 2007, 3 (15).

hängen.[179] Während im Anwendungsbereich des § 823 Abs.1 BGB bei unmittelbaren Rechtsverletzungen bereits der Erfolgseintritt die Rechtswidrigkeit indiziere, liege „der mittelbaren Rechtsverletzung ein Verhaltensunwert, nämlich die Verletzung einer Verkehrspflicht zugrunde".[180] Ein Anspruch gegen mittelbare Handlungen sei daher grundsätzlich nur dann gegeben, wenn durch die Handlung eine Verkehrspflicht verletzt werde.[181] Insoweit ergeben sich keine Abweichungen zu den bereits eingangs getroffenen Feststellungen. *Neuhaus* geht aber noch einen Schritt weiter. Entgegen der Rechtssprechung des BGH seien auch die unmittelbaren Immaterialgüterrechtsverletzungen grundsätzlich dem Verhaltensunrecht zuzuordnen,[182] denn nur die Beurteilung des Verhaltens könne bei Immaterialgüterrechtsverletzungen die Tatbestandsmäßigkeit begründen.[183] Daran ändere auch „der Charakter der Immaterialgüterrechte als absoluten Rechten [...] nichts".[184] Die dem Immaterialgüterrechtsinhaber vorbehaltenen Handlungen seien daher spiegelbildlich als Handlungsverbote für Dritte zu verstehen, da es sich bei ihnen um absolute Rechte handele.[185]

Gleichwohl sei eine Übertragung der Verkehrspflichtdogmatik auf den Bereich des Immaterialgüterrechts abzulehnen. Ausgangspunkt seiner Argumentation ist dabei folgende – in der Sache durchaus zutreffende – Überlegung: „Die Verkehrspflichten erfüllen im Rahmen des nach h.M. primär dem Erfolgsunrecht verpflichteten § 823 Abs.1 BGB grundsätzlich eine haftungsbeschränkende Funktion, indem sie bei bloß mittelbarer Kausalität für einen Verletzungserfolg die Verantwortlichkeit auf die Fälle begrenzen, in denen eine Verhaltenspflicht – eben eine Verkehrspflicht – verletzt wurde."[186] In den Fällen des Verhaltensunrechts komme es hingegen durch die Verkehrspflichten nicht zu einer Haftungsbeschränkung, sondern zu einer Ausweitung der allgemeinen Haftung. Eine solche Belastung sei aber nur auf Grundlage einer gesetzlichen Regelung zulässig.[187]

Im Lauterkeitsrecht existiere eine solche gesetzliche Grundlage mit der Vorschrift des § 3 Abs.1 UWG. Diese erlaube es, „beliebige Verhaltensweisen als unlauter zu qualifizieren".[188] So seien mit den vom BGH entwickelten wettbewerbsrechtlichen Verkehrspflichten zwar letztlich neue Wettbewerbsvorschrif-

179 Neuhaus, Sekundäre Haftung, S.136.
180 Neuhaus, Sekundäre Haftung, S.138.
181 Neuhaus, Sekundäre Haftung, S.140.
182 Neuhaus, Sekundäre Haftung, S.162.
183 Neuhaus, Sekundäre Haftung, S.164.
184 Neuhaus, Sekundäre Haftung, S.163.
185 Neuhaus, Sekundäre Haftung, S.164.
186 Neuhaus, Sekundäre Haftung, S.142.
187 Neuhaus, Sekundäre Haftung, S.145.
188 Neuhaus, Sekundäre Haftung, S.146.

ten geschaffen worden, die dadurch bewirkte Ausweitung der allgemeinen Haftung sei aber eben durch die Generalklausel des § 3 Abs.1 UWG legitimiert. *Neuhaus* kommt daher – insoweit konsequent – zu dem Ergebnis, dass die Lehre von den Verkehrspflichten im Lauterkeitsrecht eine dogmatische Grundlage der sekundären Haftung biete könne.[189]

Im Immaterialgüterrecht fehle es hingegen an einer gesetzlichen Grundlage, die eine Ausweitung der allgemeinen Haftung begründen könnte. Eine § 3 Abs.1 UWG vergleichbare Regelung, die die mit der Begründung von Verkehrspflichten einhergehende und aus der Zuordnung der Immaterialgüterrechtsverletzungen zum Verhaltensunrecht folgende Haftungsausweitung rechtfertigen könne, existiere nicht.[190] Folglich sei eine Heranziehung der Verkehrspflichten zur Begründung der Haftung des mittelbaren Verletzers im Immaterialgüterrecht abzulehnen.[191] „Mit der auf eine Verkehrspflichtverletzung gestützten sekundären Haftung im Immaterialgüterrecht würde die Rechtssprechung als 'Schutzgesetzgeber' die Grenzen richterlicher Rechtsfortbildung durch Auslegung überschreiten."[192] Im Ergebnis verbiete sich daher ein Rückgriff auf das Institut der Verkehrspflichten zur Begründung der Haftung des mittelbaren Verletzers im Immaterialgüterrecht.[193]

Diese Ansicht kann – zumindest für das Urheberrecht – nicht überzeugen. Es trifft nämlich nicht zu, dass – wie von *Neuhaus* behauptet[194] – das Urhebergesetz dem Urheber allein die in §§ 16ff. UrhG ausdrücklich normierten Verwertungshandlungen vorbehalten will. Vielmehr enthält § 15 Abs.1 S.1 UrhG eine durchaus § 3 Abs.1 UWG vergleichbare „Generalklausel", die dem Urheber das alleinige Recht zuweist, sein Werk zu nutzen und andere von der Benutzung auszuschließen.[195] Umgekehrt heißt das: Jede Verwertung eines urheberrechtlich ge-

---

189 Neuhaus, Sekundäre Haftung, S.156.
190 Neuhaus, Sekundäre Haftung, S.166f.
191 Neuhaus, Sekundäre Haftung, S.168.
192 Neuhaus, Sekundäre Haftung, S.167.
193 Neuhaus, Sekundäre Haftung, S.175.
194 Vgl. die entsprechenden Textstellen auf S.110 sowie auf S.162ff: So heißt es auf S.110: „Die Urheberrechtsverletzung verlangt folglich die widerrechtliche Vornahme einer gesetzlich vorbehaltenen Handlung. Nicht normierte, ein geschütztes Werk ausnutzende Handlungen stellen dagegen keine Verletzung dar." Auf S.162 verweist Neuhaus auf die „umfassenden immaterialgüterrechtlichen Normierungen"; auf S.164 betont er, dass die Besonderheit des immaterialgüterrechtlichen Schutzes darin bestehe, „dass die [...] Verhaltenspflichten im Immaterialgüterrecht vom Gesetzgeber kodifiziert wurden", auf S.165 bekräftigt es dies noch einmal: „Die Besonderheit liegt in der ausdrücklichen Normierung der die absoluten Rechte definierenden Verhaltenspflichten" und auf S.167 schließlich schreibt Neuhaus, dass sich eine Garantenpflicht, die jedermann zum Schutz fremder Immaterialgüterrechte verpflichte, den „detaillierten Normierungen" nicht entnehmen lasse.
195 Wandtke/Bullinger/Heerma, § 15 Rn.2.

schützten Werkes ist unzulässig, sofern der Werknutzer hierzu nicht berechtigt ist. Die Parallele zu § 3 Abs.1 UWG liegt auf der Hand.[196] Zwar gehen die Regelungen der §§ 16ff. UrhG der Generalklausel des § 15 UrhG als leges speciales grundsätzlich vor. Hierbei handelt es sich jedoch lediglich um eine beispielhafte Aufzählung der wichtigsten Verwertungsarten,[197] eine abschließende Aufzählung ist dabei nicht bezweckt. Dies folgt schon aus dem Wortlaut des § 15 UrhG, wonach „insbesondere" die in den §§ 16ff. UrhG genannten Verwertungshandlungen dem Urheber zugewiesen sind.[198] Dies folgt aber auch aus der Gesetzesbegründung, wonach der Gesetzgeber ganz bewusst eine Regelung schaffen wollte, die dem Urheber auch seinerzeit noch nicht bekannte Verwertungsrechte vorbehalten sollte.[199] Selbst wenn man also mit *Neuhaus* die Anwendbarkeit der Verkehrspflichtdogmatik zur Begründung der Haftung des mittelbaren Verletzers in den sonstigen Bereichen des gewerblichen Rechtsschutzes und des Urheberrechts vom Bestehen einer § 3 Abs.1 UWG vergleichbaren Regelung abhängig machen will,[200] so ist diese – jedenfalls für das Urheberrecht – mit § 15 Abs.1 S.1 UrhG gefunden.

E. Zwischenergebnis

Zwar ist der Ansicht *Neuhaus* im Ergebnis nicht zu folgen, gleichwohl hat die Untersuchung doch deutlich gemacht, dass jedenfalls mittelbare Rechtsverletzungen im Bereich des gewerblichen Rechtsschutzes und des Urheberrechts ohne Weiteres dem Verhaltensunrecht zuzuordnen sind. Ob man wie *Neuhaus* tatsächlich sämtliche Immaterialgüterrechtsverletzungen dem Verhaltensunrecht zuordnen will, erscheint durchaus bedenkenswert, kann aber für diese Untersuchung letztlich dahin gestellt bleiben, konzentriert sie sich doch auf die Haftung für mittelbare Rechtsverletzungen. Fest steht damit jedenfalls, dass aus rechtsdogmatischen Gründen einer Übertragung der Verkehrspflichtdogmatik auf das Urheberrecht nichts mehr im Wege steht.[201] Dies würde einen bedeutenden Schritt hin zu einer Vereinheitlichung der Rechtsordnung und damit zu mehr Rechtssicherheit und Rechtsklarheit im Urheberrecht führen.

---

196 § 3 Abs.1 UWG lautet: „Unlautere geschäftliche Handlungen sind unzulässig, wenn sie geeignet sind, die Interessen von Mitbewerbern, Verbrauchern oder sonstigen Marktteilnehmern spürbar zu beeinträchtigen."

197 Wandtke/Bullinger/Heerma, § 15 Rn.2; Möhring/Nicolini/Kroitzsch, § 15 Rn.1.

198 Wandtke/Bullinger/Heerma, § 15 Rn.11.

199 Wandtke/Bullinger/Heerma, § 15 Rn.11.

200 Ablehnend für das Wettbewerbsrecht Piper/Ohly/Sosnitza/Ohly, § 8 Rn.122 UWG, die kein Bedürfnis für einen Rückgriff auf die Generalklausel des § 3 Abs.1 UWG sehen, da die jeweilige Verkehrspflicht ohnehin auf den entsprechenden konkreten Unlauterkeitstatbestand bezogen sei.

201 Für das Markenrecht: LG Berlin MMR 2009, 348ff.

F. Entwicklungstendenzen in der Rechtssprechung

Dass die gegenwärtige Rechtssprechung des BGH zur Frage der Haftung bei mittelbaren Rechtsverletzungen im gewerblichen Rechtsschutz und Urheberrecht wenig überzeugend ist, ja mitunter gar ein wenig verworren erscheint, weshalb der Ausgang gerichtlicher Verfahren – zu Lasten von Rechtssicherheit und Rechtsklarheit - auch für den Rechtskundigen teilweise kaum vorhersehbar ist, zeigen die im Folgenden kurz darzustellenden Entscheidungen recht eindrücklich.

1. Die „Halzband"-Entscheidung des BGH

a. Sachverhalt

Die Inhaberin der Wort- und Bildmarke „Cartier" und die Designerin einer nach dem namibischen Mahango-Nationalpark benannten Schmuckmodellreihe machten marken-, urheber- und wettbewerbsrechtliche Ansprüche gegen den Inhaber eines eBay-Auktionskontos geltend. Dessen Ehefrau hatte die nahezu identische Nachahmung eines Panther-Colliers unter dem Mitgliedsnamen des Beklagten bei eBay angeboten. Die Ehefrau konnte sich den Zugang zu dem eBay-Auktionskonto ihres Ehegatten verschaffen, weil dieser sein Passwort nicht unter Verschluss gehalten, sondern in dem auch seiner Ehefrau zugänglichen Schreibtisch so verwahrt hatte, dass diese ohne Schwierigkeiten davon Kenntnis nehmen konnte.

b. Lösung des BGH

Das Berufungsgericht[202] hatte eine Haftung des Beklagten mit der Begründung verneint, dass dieser weder als Täter oder Teilnehmer, noch als Störer für die Tat seiner Ehefrau verantwortlich sei. Der BGH schloss sich dieser Begründung nicht an und hob die Entscheidung des Berufungsgerichts auf. Das Begehren der Klägerin sei sehr wohl begründet, denn derjenige, der die Zugangsdaten seines Auktionskontos nicht hinreichend vor fremdem Zugriff sichere, müsse sich rechtlich so behandeln lassen, als ob er selbst gehandelt habe.[203] Insofern stelle die sorgfaltswidrige Verwahrung der Zugangsdaten für das Mitgliedskonto einen eigenen, gegenüber den eingeführten Grundsätzen der Störerhaftung und den nach der neueren Senatsrechtssprechung gegebenenfalls bestehenden Verkehrspflichten im Bereich des Wettbewerbsrechts selbstständigen Zurechnungsgrund

---

202 OLG Frankfurt a. M., BeckRS 2008, 14862.

203 BGH, GRUR 2009, 597 (597) – „Halzband".

dar.[204] Dem Beklagten könnten daher etwaige Unklarheiten darüber, wer unter dem betreffenden Mitgliedskonto gehandelt habe und im Falle einer Vertrags- oder Schutzrechtsverletzung in Anspruch genommen werden könne, durchaus zugerechnet werden.[205] In der Sache handele es sich um eine täterschaftliche Haftung wegen Verletzung von Verkehrspflichten im Zusammenhang mit der Sicherung der Zugangdaten zu dem Mitgliedskonto. Anders als bei der Störerhaftung könne dem Beklagten daher auch bereits die erste auf der unzureichenden Sicherung der Kontaktdaten beruhende Rechtsverletzung seiner Ehefrau als eigenes täterschaftliches Handeln zugerechnet werden.[206]

c. *Bewertung der Entscheidung*

Zwar ist die „Halzband"-Entscheidung nicht unmittelbar in eine Reihe mit den vorgenannten Entscheidungen zur Haftung des mittelbaren Verletzers bei Urheber- und Wettbewerbsrechtsverletzungen Dritter einzuordnen, weil der BGH hier gleichsam einen neuen selbständigen– neben der urheberrechtlichen Störerhaftung und der Haftung wegen Verletzung wettbewerbsrechtlicher Verkehrspflichten – stehenden Haftungsgrund geschaffen hat, gleichwohl ist die Entscheidung doch insofern bemerkenswert, als der BGH hier abermals eine Haftung des mittelbaren Verletzers nicht mithilfe der zur Störerhaftung entwickelten Grundsätze begründet, sondern in der unzureichenden Sicherung der elektronischen Zugangsdaten einen Verstoß gegen bestehende Verkehrspflichten im elektronischen Bereich erblickt, welcher nach Ansicht des BGH eine täterschaftliche Haftung des Kontoinhabers zu begründen geeignet ist.

Dass damit eine sehr weitgehende Haftung des Beklagten verbunden ist, da dieser aufgrund seiner täterschaftlichen Haftung auch schadensersatzpflichtig sein kann, verkennt der BGH keineswegs. Eine unverhältnismäßige Belastung für den Beklagten bedeute dies nach Ansicht des BGH aber nicht, vielmehr werde lediglich unter Berücksichtigung der neuen technischen Entwicklungen der allgemeine Rechtsgrundsatz fortgeschrieben, dass „derjenige, dem ein rechtlich geschützter Bereich zur Nutzung und gegebenenfalls auch zur Gewinnerzielung zugewiesen ist, im Rahmen seiner Verantwortlichkeit für diesen Bereich für Rechtsverletzungen haftet, wenn er pflichtwidrig Sicherungen unterlässt, die im Interesse Dritter oder der Allgemeinheit bestehen"[207].

---

204 BGH, GRUR 2009, 597 (598) – „Halzband".
205 BGH, GRUR 2009, 597 (597) – „Halzband".
206 BGH, GRUR 2009, 597 (598) – „Halzband".
207 BGH, GRUR 2009, 597 (599) – „Halzband".

Hätte man diese Entscheidung noch als Indiz dafür werten können, dass der BGH zukünftig die Fälle mittelbarer Rechtsverletzungen rechtsgebietsübergreifend vorrangig mit Hilfe des Instituts der Verkehrspflichten lösen möchte, so hat diese Hoffnung durch die Entscheidung „Sommer unseres Lebens“[208] vom 12. Mai 2010 einen gewissen Dämpfer erfahren.

2. Die Entscheidung „Sommer unseres Lebens“[209]

a. Sachverhalt

Der Inhaber eines W-Lan-Anschlusses hatte es versäumt, seinen W-Lan-Anschluss durch ein individuelles Passwort zu schützen, sodass ein unbekannter Dritter die W-Lan-Verbindung missbräuchlich von außerhalb nutzen und über diesen Internetanschluss den Tonträger „Sommer unseres Lebens“ anderen Teilnehmern der Musiktauschbörse „eMule“ illegal zum Herunterladen anbieten konnte.[210] Die Klägerin begehrte wegen der daraus resultierenden Urheberrechtsverletzungen Unterlassung, Schadensersatz, sowie Erstattung der ihr entstandenen Abmahnkosten.

b. Lösung des BGH

Nach Ansicht des BGH haftet der Beklagte wegen dieses Versäumnisses (allein) nach den Grundsätzen der urheberrechtlichen Störerhaftung. Eine täterschaftliche Haftung wegen Verletzung von Verkehrspflichten müsse hingegen ausscheiden, denn eine solche Haftung setze stets voraus, dass die Merkmale einer täterschaftlichen Haftung nach dem maßgeblichen Haftungsregime vorlägen. Im Streitfall – so der BGH - müssten folglich für eine täterschaftlich begangene Urheberrechtsverletzung die Merkmale eines der handlungsbezogenen Verletzungstatbestände des Urheberrechts erfüllt sein. Dies wäre nach Ansicht des BGH jedoch nur der Fall, wenn man das Verhalten des Beklagten – also die Unterhaltung eines nicht ausreichend gesicherten privaten W-Lan-Anschlusses – als öffentliches Zugänglichmachen des Tonträgers „Sommer unseres Lebens“ gem. § 19a UrhG qualifizieren würde. Dies lehnte der BGH jedoch ab.[211]

Auch vor dem Hintergrund der Entscheidung „Jugendgefährdende Medien bei eBay“ ergebe sich keine andere Wertung. Denn die Annahme einer täterschaft-

208 BGH, GRUR 2010, 633ff. – „Sommer unseres Lebens“.
209 BGH, GRUR 2010, 633ff. – „Sommer unseres Lebens“.
210 BGH, GRUR 2010, 633 (633) - „Sommer unseres Lebens“.
211 BGH, GRUR 2010, 633 (634) - „Sommer unseres Lebens“.

lichen Haftung wegen Verletzung wettbewerbsrechtlicher Verkehrspflichten in der Entscheidung „Jugendgefährdende Medien bei eBay" habe der Senat nicht zu letzt mit dem eigenen geschäftlichen Interesse des Internetauktionshauses begründet, welches es rechtfertige, von diesem eine besondere Rücksichtnahme auf die rechtlich geschützten Interessen Dritter zu verlangen. Daran fehle es aber dem privaten W-Lan-Inhaber.[212]

Schließlich sei der streitgegenständliche Sachverhalt auch nicht mit dem der „Halzband"-Entscheidung[213] zugrunde liegenden Sachverhalt vergleichbar. Denn der IP-Adresse komme keine mit einem eBay-Konto vergleichbare Identifikationsfunktion zu. Es ginge deshalb zu weit, die nicht ausreichende Sicherung eines W-Lan-Anschlusses mit der unsorgfältigen Verwahrung der Zugangsdaten für ein eBay-Konto gleichzusetzen.

Insofern könne der Beklagte nicht Täter einer Urheberrechtsverletzung sein. Ferner scheide aber auch eine Teilnehmerhaftung mangels entsprechenden Gehilfenvorsatzes aus. Die Voraussetzungen der urheberrechtlichen Störerhaftung seien jedoch erfüllt, sodass der Beklagte als Störer auf Unterlassung hafte.[214]

c. Bewertung der Entscheidung

Der BGH hat es somit erneut vermieden, ein einheitliches rechtsgebietsübergreifendes täterschaftliches Haftungsregime für mittelbare Schutzrechtsverletzungen zu etablieren. Obwohl der BGH letztlich die Unterlassung ausreichender Sicherungsmaßnahmen seitens des privaten W-LAN-Inhabers rügte, verneinte er eine täterschaftliche Haftung unter dem Aspekt der Verletzung von Verkehrspflichten und stützte sich abermals auf die Grundsätze der urheberrechtlichen Störerhaftung.[215]

Dieses Ergebnis ist vor dem Hintergrund der „Halzband"-Entscheidung allerdings verwunderlich. Konnte man hier doch durchaus den Eindruck gewinnen, der I. Zivilsenat gedenke, die Fälle mittelbarer Schutzrechtsverletzungen künftig mithilfe der Verkehrspflichten erfassen zu wollen. Insbesondere überrascht mit Blick auf die „Halzband"-Entscheidung, dass der BGH nicht auch dort die

---

212 BGH, GRUR 2010, 633 (634) – „Sommer unseres Lebens".

213 BGH, GRUR 2009, 597ff. – „Halzband".

214 BGH, GRUR 2010, 633 (635) – „Sommer unseres Lebens".

215 Die Verpflichtung des W-LAN-Inhabers sein Netz gegen die unberechtigte Nutzung durch Dritte zu sichern, selbst wenn für ihn keine Anhaltspunkte für eine Fremdnutzung bestehen, erinnert in der Tat ein wenig an die rechtsfolgenmodifizierenden Vorsorgemaßnahmen, die der BGH in den Entscheidungen „Grundig-Reporter" und „Kopierläden" (vgl. hierzu Kapitel 1, S.9ff.) für zumutbar erachtet hatte. Neuhaus, Sekundäre Haftung, S.57.

Grundsätze der Störerhaftung zur Anwendung brachte, sondern ohne Not einen neuen Haftungsgrund für die Klage gegen denjenigen einführte, der elektronische Ressourcen unterhält und den Zugang zu ihnen nicht gehörig sichert. Denn wenn die Voraussetzungen der Störerhaftung in der Entscheidung „Sommer unseres Lebens“ vorlagen, dann müssten sie eigentlich erst recht auch in der „Halzband“-Entscheidung vorgelegen haben. Subsumiert man den der „Halzband“-Entscheidung zugrunde liegenden Sachverhalt unter die Grundsätze der Störerhaftung, so bestätigt sich diese Vermutung: Die nicht hinreichende Sicherung der Zugangsdaten des Auktionskontos war adäquat kausal für Schutzrechtsverletzungen, die Dritte unter Verwendung des Auktionskontos begingen. Es ist nicht gänzlich unwahrscheinlich, dass unberechtigte Dritte unzureichend gesicherte Zugangsdaten für ein Auktionskonto dazu nutzen, über dieses Konto Fälschungen marken- und urheberrechtlich geschützter Artikel zu verkaufen. Die Unterlassung ausreichender Sicherungsmaßnahmen beruht auch auf dem Willen des Kontoinhabers. Es ist dem Kontoinhaber durchaus zuzumuten, seine Zugangsdaten vor dem unberechtigten Zugriff durch Dritte zu sichern. Die Zumutbarkeit folgt schon daraus, dass es regelmäßig im wohlverstandenen eigenen Interesse des Kontoinhabers liegt, seine Daten vor unberechtigtem Zugriff durch Dritte zu schützen. Ferner besteht eine derartige Prüfungs-/ Sicherungspflicht auch im Rahmen der Störerhaftung nicht erst, nachdem es durch die unbefugte Nutzung des Kontos zu einer ersten Rechtsverletzung Dritter gekommen und diese dem Kontoinhaber bekannt geworden ist. Sie besteht vielmehr bereits ab Eröffnung des eBay-Kontos. Die Voraussetzungen der Störerhaftung wären als auch in der „Halzband“-Entscheidung durchaus erfüllt gewesen.

Doch welche Motive leiteten dann den BGH, den der „Halzband“-Entscheidung zugrunde liegenden Sachverhalt mithilfe des Instituts der Verkehrspflichten zu lösen?

Einen Hinweis liefert insofern wiederum die Entscheidung „Sommer unseres Lebens“, dort heißt es: „es ginge zu weit, die nicht ausreichende Sicherung eines W-Lan-Anschlusses mit der unsorgfältigen Verwahrung der Zugangsdaten für ein eBay-Konto gleichzusetzen. Dies würde die W-Lan-Nutzung im Privatbereich mit unangemessenen Haftungsrisiken belasten, weil der Anschlussinhaber bei Annahme einer täterschaftlichen Verantwortung unbegrenzt auf Schadensersatz haften würde, wenn außenstehende Dritte seinen Anschluss in für ihn nicht vorhersehbarer Weise für Rechtsverletzungen im Internet nutzen.“[216]

---

216 BGH, GRUR 2010, 633 (634) – „Sommer unseres Lebens“. Dem ist im Ergebnis zwar zuzustimmen, gleichwohl weist Spindler, CR 9/2010, 592 (593) doch zu Recht daraufhin, dass es wenig schlüssig erscheint, wenn der BGH einerseits die IP-Adresse ohne Weiteres als ausreichendes Indiz genügen lässt, um dem Inhaber der IP-Adresse die Darlegungs- und Beweislast dafür aufzubürden, er sei für die eingetretene Rechtsverletzung nicht verantwortlich, anderer-

Derartige Bedenken scheint der BGH in der „Halzband"-Entscheidung nicht gehabt zu haben. Das scheint in der Sache auch zutreffend. Denn wieso sollte derjenige, der seine elektronischen Passwörter und Zugangsdaten nicht gehörig vor dem Zugriff durch unberechtigte Dritte schützt, im Falle eigenen Verschuldens nicht auch auf Schadensersatz haften? Aber auch in der Entscheidung „Sommer unseres Lebens" ist dem BGH im Ergebnis zuzustimmen. Es würde in der Tat zu weit gehen, den privaten Inhaber eines W-Lan-Anschlusses im Falle einer missbräuchlichen Nutzung durch unberechtigte Dritte unbegrenzt auf Schadensersatz haften zu lassen.

Aus rechtsdogmtischer Sicht erscheint die Art und Weise wie der BGH zu diesen Ergebnissen gelangt aber nicht unproblematisch. Es drängt sich der Eindruck auf, dass der BGH mitunter weniger an Schaffung eines harmonischen Haftungssystems bei mittelbaren Rechtsverletzungen interessiert ist, als an der Erzielung von Einzelfallgerechtigkeit. Jedenfalls die Wahl des Haftungsinstituts erscheint bisweilen recht beliebig. Zwar besteht insoweit Klarheit, als der BGH unmissverständlich zum Ausdruck gebracht hat, dass er eine Haftung wegen Verletzung von Verkehrspflichten allein im Rahmen der verhaltensbezogen formulierten Tatbestände des UWG für denkbar hält, während er im Immaterialgüterrecht an der Grundsätzen der Störerhaftung festhalten will.[217] Diese vermeintlich klare – wenn auch zweifelhafte – Unterscheidung verliert jedoch wieder an Schärfe, wenn der BGH bestimmte mittelbare Verursachungsbeiträge – wie in der „Halzband"-Entscheidung geschehen – mit Hilfe des Instituts der Verkehrspflichten zu erfassen versucht (auch um dem Kläger die Geltendmachung von Schadensersatzansprüchen zu ermöglichen)[218] und hierzu kurzerhand einen neuen selbständigen, das Wettbewerbs- und Immaterialgüterrecht übergreifenden Haftungsgrund[219] entwickelt.

Zwar ist derzeit nicht zu erkennen, welche weiteren Fälle „neuer technischer Entwicklungen" den BGH zur Schaffung weiterer selbständiger Zurechnungsgründe im Rahmen der Haftung für mittelbare Rechtsverletzungen im Bereich des Wettbewerbs- und Immaterialgüterrechts motivieren könnten, vielmehr scheint es so, als habe der BGH mit dem Zurechnungsgrund der mangelnden

seits aber in Abgrenzung zu der in der „Halzband"-Entscheidung entwickelten Account-Haftung ausdrücklich feststellt, dass die IP-Adresse „bestimmungsgemäß keine zuverlässige Auskunft über die Person (gibt), die zu einem konkreten Zeitpunkt einen bestimmten Internetanschluss nutzt".

217 BGH, GRUR 2010, 633 (634) – „Sommer unseres Lebens".

218 Nach st. Rspr. des BGH können Schadensersatzansprüche nicht im Rahmen der Störerhaftung geltend gemacht werden. Vgl. BGH, GRUR 2001, 82 (83) – „Neu in Bielefeld I"; BGH, GRUR 2002, 618 (619) –„Meißner Dekor"; BGH, GRUR 2004, 704 (705) – „Verabschiedungsschreiben"; BGH, GRUR 2004, 860 (864) – „Internet-Versteigerung I".

219 So zutreffend Leistner, GRUR 2010, 1 (2).

Sicherung elektronischer Zugangsdaten die – zumindest gegenwärtig – letzte bestehende „Haftungslücke" im Bereich der Haftung für mittelbare Rechtsverletzungen geschlossen und damit ein Festhalten an der wettbewerbsrechtlichen Störerhaftung endgültig obsolet gemacht.[220] Gleichwohl ist nicht ausgemacht, dass sich nicht doch eines Tages wieder die Frage nach einer Anwendung der Störerhaftung stellt, weil neue, gegenwärtig noch unbekannte technische Entwicklungen mithilfe der bestehenden Haftungs-/Zurechungsgründe nur unbefriedigend erfasst werden können. Vor diesem Hintergrund ist es sehr bedauerlich, dass der BGH hier nicht den Weg fortgesetzt hat, den er in der „Halzband"-Entscheidung überzeugend beschritten zu haben schien.

Es sei hier noch einmal betont, dass dem BGH sowohl in der „Halzband"-Entscheidung als auch in der Entscheidung „Sommer unseres Lebens" – was das praktische Ergebnis der Entscheidungen betrifft – durchaus zuzustimmen ist, aus rechtsdogmatischer Sicht allerdings lässt die Rechtssprechung des BGH zu mittelbaren Rechtsverletzungen im gewerblichen Rechtsschutz und Urheberrecht einen gemeinsamen roten Faden vermissen. So erscheint es nicht völlig aus der Luft gegriffen, dass der BGH, hätte er den mittelbaren Verletzer in der „Halzband"-Entscheidung nur als ausreichend schutzwürdig erachtet, auf die Schaffung eines derartigen neuen Haftungsgrundes verzichtet und die Haftung des mittelbaren Verletzers mit Hilfe der Störerhaftung begründet hätte. Damit ist für den Betroffenen aber kaum noch vorhersehbar, ob er vielleicht „nur" als Störer für seinen mittelbaren Verursachungsbeitrag haftet oder als Täter vollumfänglich für seinen Tatbeitrag einzustehen hat. Der Einzelfallgerechtigkeit mag auf diese Weise Genüge getan sein, Rechtssicherheit und Rechtsklarheit lassen sich so allerdings nicht erreichen.

Überzeugend wäre es daher, wenn der BGH die Fälle mittelbarer Rechtsverletzungen im Bereich des gewerblichen Rechtsschutzes und Urheberrechts einheitlich mit Hilfe des Instituts der Verkehrspflichten lösen würde. Dann würde sich die unter dem Gesichtspunkt von Rechtssicherheit und Rechtsklarheit nicht unproblematische Frage nach einer Anwendung der Rechtsfigur des Störers oder dem Institut der Verkehrspflichten auf neue, gegenwärtig noch unbekannte technische Entwicklungen nicht (mehr) stellen. Gleichzeitig wäre die Gefahr einer weiteren „Zersplitterung"[221] der Haftungstatbestände bei mittelbaren Rechtsverletzungen im Bereich des Gewerblichen Rechtsschutzes und Urheberrechts gebannt.

---

220 In diesem Sinne, Leistner, GRUR-Beil. 2010, 1 (6).
221 Leistner, GRUR 2010, 1 (24).

Anmerkung:

Nun soll im Rahmen dieser Untersuchung der Nachweis gelingen, dass einer Anerkennung der urheberrechtlichen Prüfungspflichten als Verkehrspflichten aus rechtsdogmatischer Sicht nichts im Wege steht. Insofern interessiert hier weniger das Ergebnis einer bestimmten Entscheidung, als die dogmatische Begründung derselben. Gleichwohl ist nicht zu bestreiten, dass das Ergebnis einer Entscheidung stets die Nagelprobe für die Tragfähigkeit eines bestimmten theoretischen Konzepts bildet. Insofern erscheint es auf den ersten Blick widersprüchlich, wenn vorliegend einerseits die rechtsgebietsübergreifende Anerkennung der Prüfungspflichten als Verkehrspflichten gefordert wird (was grundsätzlich auch die Geltendmachung von Schadensersatzansprüchen ermöglichen würde), gleichzeitig aber die Entscheidung „Sommer unseres Lebens" gerade deshalb als im Ergebnis zutreffend bezeichnet wird, weil eine Schadensersatzhaftung hier ausgeschlossen sein soll. Zutreffend weisen *Stang/Hühner* allerdings darauf hin, dass eine Schadensersatzverpflichtung des W-Lan-Betreibers ohne Weiteres auch durch eine analoge Anwendung des § 8 TMG hätte abgewendet werden können,[222] sodass dieses (ohnehin wenig schlagkräftige) Argument gegen eine Anerkennung der Prüfungspflichten als Verkehrspflichten hier nicht verfängt.[223]

G. Vorteile einer Anerkennung der Prüfungspflichten als Verkehrspflichten im Bereich des Urheberrechts

Trotz der ablehnenden Haltung des BGH, haben sich erst in jüngster Vergangenheit wieder gewichtige Stimmen in der Literatur[224] für eine Abkehr von der Störerhaftung analog § 1004 BGB auch im Immaterialgüterrecht bzw. einer Anerkennung der Prüfungspflichten als Verkehrspflichten und damit einer (Rück-) Einbettung derselben in die Dogmatik des Bürgerlichen Rechts ausgesprochen. Doch welche Vorteile sprechen für einen solchen Schritt?

---

222 Stang/Hühner, GRUR 2010, 636 (637); Ebenso Spindler, CR 9/2010, 592 (596); Gietl, MMR 2007, 630 (631) will die §§ 7ff. TMG sogar unmittelbar auf den Betreiber eines offenen Funknetzes anwenden.

223 Vgl. zur Funktion und den Voraussetzungen des § 8 TMG: Kapitel 4, S.97ff.

224 Leistner, GRUR 2010, 1 (21); Nordemann in FS Loewenheim 2009, 215 (225).; Schaub in FS Medicus 2007, 423 (434); Schilling, Passivlegitimation, S.66; Ahrens in FS Canaris 2007, 3 (5); Volkmann, CR 4/2008, 232 (232); Lehment, WRP 2012, 149 (156).

1. Rechtsdogmatische Erwägungen

Die vorliegende Arbeit soll einen Beitrag dazu leisten, die Grundlagen der Haftung für mittelbare Rechtsverletzungen im Einklang mit der allgemeinen Zivilrechtsdogmatik zu entwickeln. Die Bedeutung einer rechtsdogmatischen Einordnung der Haftung für Rechtsverletzungen Dritter wurde bereits eingangs hervorgehoben. So müssen gerichtliche Entscheidungen im Interesse der Rechtssicherheit – wenigstens – für den Rechtskundigen nachvollziehbar und vorhersehbar sein.[225] Dies ist aber nur dann gewährleistet, wenn auch die gewählte Begründung für die getroffene Entscheidung zu überzeugen vermag.[226] Insofern kann nicht allein deshalb auf eine dogmatische Einordnung der Grundlagen verzichtet werden, weil auch die Anwendung der Störerhaftung vertretbare Ergebnisse gewährleistete. Die wohlbekannten „Bedürfnisse der Praxis", nach einem effektiven Rechtsschutz lassen sich rechtsstaatlich nur auf dem Boden und im Rahmen eines dogmatisch fundierten Konzepts zur Geltung bringen.[227] Es sollte daher im Interesse eines überzeugenden Rechtsschutzes das Ziel sein, durch die Anerkennung der Prüfungspflichten als Verkehrspflichten (auch) im Urheberrecht und einer darauf gestützten täterschaftlichen Haftung für fremde Rechtsverletzungen ein einheitliches rechtsgebietsübergreifendes Haftungssystem zu schaffen. Es ist unbestreitbar, „dass ein verlässlicher, in Ergebnis und Begründung konstanter Rechtsschutz dieser Positionen unverzichtbar ist".[228] Dies wird besonders deutlich, wenn man sich die Bedeutung eines effektiven Rechtsschutzes im Bereich des geistigen Eigentums als zwingende Voraussetzung für Investitionen und Innovationen im Bereich der Kreativ- und Kulturwirtschaft und damit als Grundlage für jedes künstlerische Schaffen vor Augen führt. Aber auch vor dem Hintergrund einer fortschreitenden Internationalisierung des Rechts, wie sie gerade im Bereich des Geistigen Eigentums zu beobachten ist, erscheint es äußerst sinnvoll, sich der gemeinsamen Grundstrukturen im nationalen (Haftungs-) Recht zu vergewissern.[229]

2. Rückgriff auf die Kasuistik im Allgemeinen Deliktsrecht

Die Einordnung der Prüfungspflichten als Verkehrspflichten erschiene auch insoweit vorteilhaft, als die Rückeinbindung der Prüfungspflichten in das System des Allgemeinen Deliktsrechts einen Rückgriff auf die zu den deliktsrechtlichen Verkehrspflichten ergangene Kasuistik im Bürgerlichen Recht erlaubt.[230] Durch

225 Kotz, Grundlagen negatorischer und quasi-negatorischer Haftung, S.4.
226 Kotz, Grundlagen negatorischer und quasi-negatorischer Haftung, S.7.
227 Schünemann, WRP 1998, 120 (121).
228 Kotz, Grundlagen negatorischer und quasi-negatorischer Haftung, S.6.
229 Schaub, in FS Medicus 2009, 423 (423).
230 Leistner, GRUR-Beil. 2010, 1 (8) m.w.N.

diesen Brückenschlag können die Prüfungspflichten eine weitere Konkretisierung erfahren, denn im Allgemeinen Deliktsrecht haben sich bereits zahlreiche Fallgruppen zur Bestimmung etwaiger Verkehrspflichten herausgebildet.[231] Insofern dient die Anerkennung der urheberrechtlichen Prüfungspflichten als Verkehrspflichten auch deren besserer Konturierung. Letztlich lassen sich auf diese Weise interessengerechte Kriterien zur Bestimmung der Haftung des mittelbaren Verletzers im gewerblichen Rechtsschutz und Urheberrecht entwickeln, die allgemeine Zumutbarkeitserwägungen im Einzelfall überflüssig machen.[232] Durch eine Rückeinbindung der Prüfungspflichten in das Allgemeine Deliktsrecht und der damit verbundenen Harmonisierung des Haftungsrechts können folglich gewisse Synergieeffekte erzielt werden. Im Ergebnis bedeutet dies für den Einzelnen vor allem ein Mehr an Rechtssicherheit und Rechtsklarheit.[233]

3. Keine Gefahr von Rechtsschutzlücken

Dabei steht nicht zu befürchten, dass durch eine Abkehr von der Störerhaftung im Urheberrecht Rechtsschutzlücken entstehen könnten.[234] Dieser aus dem Wettbewerbsrecht bekannte Einwand gegen eine Aufgabe der wettbewerbsrechtlichen Störerhaftung, verfängt hier nicht. Denn das Urheberrecht setzt – anders als das Wettbewerbsrecht – keine besondere Täterqualifikation voraus. Nach § 97 Abs.1 UrhG ist derjenige passiv legitimiert, der ein Urheberrecht oder ein anderes nach dem UrhG geschütztes Rechtsgut verletzt hat. Die Einführung des Instituts der Verkehrspflichtverletzung würde mithin nicht zu einer Einschränkung des tauglichen Täterkreises bzw. einer Beschränkung der Haftung für mittelbare Urheberrechtsverletzungen führen. Insofern würde die Einführung des Instituts der Verkehrspflichten jedenfalls aus Sicht der Rechteinhaber keine Verschlechterung der bestehenden Rechtslage bedeuten.

4. Haftung auf Schadensersatz

Die Anerkennung der Prüfungspflichten als Verkehrspflichten würde den Rechteinhabern vielmehr die Möglichkeit eröffnen, im Falle eines schuldhaften Verstoßes des mittelbaren Verletzers gegen eine ihm obliegende Verkehrspflicht diesem gegenüber auch Schadensersatzansprüche geltend zu machen. Dies ist den Rechteinhabern in den „klassischen" Fällen der Störerhaftung bislang verwehrt, führt der BGH die Störerhaftung doch bekanntermaßen auf die Regel-

231 Schilling, Passivlegitimation, S.64.
232 Freytag, Haftung im Netz, S.75.
233 Schilling, Passivlegitimation, S.64; Dagegen Hollenders, Mittelbare Verantwortlichkeit von Intermediären, S.196ff.
234 Nordemann, in FS Loewenheim 2009, 215 (223).

ungen über die Besitz- und Eigentumsstörung der §§ 862, 1004 BGB zurück,[235] die nach Ansicht des BGH grundsätzlich nur Abwehransprüche, jedoch keine Schadensersatzansprüche vermitteln können. Für einen Schadensersatzanspruch gegen den Störer fehlt es nach Auffassung des BGH gegenwärtig an einer gesetzlichen Grundlage.[236]

Es erscheint allerdings wenig einleuchtend, warum der mittelbare Verletzer im Bereich des Immaterialgüterrechts bei einem Verstoß gegen ihm obliegende Prüfungspflichten zwar unterlassungspflichtig sein soll, im Falle eigenen Verschuldens jedoch nicht auch schadensersatzpflichtig.[237] Vielmehr sollten gerade die Immaterialgüterrechte, die naturgemäß besonders leicht verletzbar sind, einen umfassenden Rechtsschutz erfahren, wie er auch für die sonstigen durch § 823 Abs.1 BGB geschützten Rechtsgüter anerkannt ist.[238] Die damit einhergehende Haftungsverschärfung ist schließlich auch nicht unangemessen. Insofern ist zu bedenken, dass man dem mittelbaren Verletzer einer immaterialgüterrechtlich geschützten Position einen Verschuldensvorwurf regelmäßig ohnehin nur dann wird machen können, wenn dieser zuvor von Seiten des Rechteinhabers auf die Rechtsverletzung hingewiesen wurde und er trotz Kenntnis von der Rechtsverletzung keine ihm zumutbaren Schutzmaßnahmen ergriffen hat, um diese abzustellen bzw. zukünftige Rechtsverletzungen zu verhindern.[239] D.h. wird beispielsweise der Betreiber einer Online-Auktionsplattform auf ein rechtsverletzendes Angebot hingewiesen, so trifft ihn in aller Regel zunächst nur die Verpflichtung, das betreffende Angebot zu löschen und dafür Sorge zu tragen, dass es nicht zu weiteren gleichartigen und bekannten konkreten Rechtsverletzungen kommt. Insoweit ergeben sich erstmal keine Abweichungen gegenüber der bestehenden Rechtslage. Die Frage nach einer Schadensersatzhaftung stellt sich grundsätzlich erst dann, wenn der Internetprovider schuldhaft gegen die ihm obliegenden und aus der Unterlassungsverpflichtung herrührenden Prüfungspflichten verstößt.[240] Anschaulich sprechen *Krüger/Apel* insofern von einem „Schonmal-Störer".[241]

---

235 BGH, GRUR 2002, 618ff. – „Meißner Dekor"; kritisch Döring, Haftung, S.33; Schaub in FS Medicus 2009, 423 (433f.); Ahrens, in FS Canaris 2007, 3 (5).

236 BGH, GRUR 2002, 618 (619) – „Meißner Dekor".

237 Schaub, in FS Medicus 2009, 423 (434); zumindest im Ergebnis auch Fürst, WRP 2009, 378 (388). Ferner Döring, WRP 2007, 1131 (1134), der selbst im Anwendungsbereich des § 1004 BGB analog bei schuldhaftem Verhalten des Störers die Geltendmachung von Schadensersatz gem. § 823 Abs.2 BGB i.V.m. § 1004 BGB für denkbar hält. Dies ist jedoch abzulehnen. Zutreffend Hollenders, Mittelbare Verantwortlichkeit von Intermediären, S.97f.

238 Schapiro, Unterlassungsansprüche, S.156.

239 Krüger/Apel, MMR 2012, 144 (149).

240 Ebenso Ensthaler/Heinemann, GRUR 2012, 433 (439); Krüger/Apel, MMR 2012, 144 (149).

241 Krüger/Apel, MMR 2012, 144 (149).

Die rechtsgebietsübergreifende Anerkennung der Prüfungspflichten als Verkehrspflichten erscheint ferner aus folgendem Grund sinnvoll: So blieb der BGH bisher eine Antwort schuldig, wie der offensichtlichen Gefahr von Wertungswidersprüchen zu begegnen ist, wenn der schuldhafte Verstoß gegen wettbewerbsrechtliche Prüfungspflichten, die der BGH bekanntermaßen als Verkehrspflichten anerkennt hat, nicht nur die Geltendmachung von Unterlassungs- und Beseitigungsansprüchen, sondern darüber hinaus auch von Schadensersatzansprüchen ermöglichen soll, während im Anwendungsbereich des Urheberrechts bei ansonsten völlig gleichgelagerten Sachverhaltskonstellationen allein Unterlassungs- und Beseitigungsansprüche in Betracht kommen sollen.[242]

Außerdem ist davon auszugehen, dass im Falle einer Anerkennung der Prüfungspflichten als Verkehrspflichten potentielle mittelbare Verletzer von gefahrerhöhenden Verhaltensweisen Abstand nehmen und unter Umständen darüber hinaus präventive gefahrvermeidende Maßnahmen ergreifen werden, um einer drohenden Schadensersatzpflicht zu entgehen.[243] Diese, den Verkehrspflichten innewohnende „präventive Komponente",[244] hebt auch der BGH in der Entscheidung „Jugendgefährdende Medien bei eBay" hervor, wenn er die Haftung des Internetauktionshauses eBay damit begründet, „dass es zum Schutz des Rechtsguts nicht ausreichen könne, nur die konkreten Anbieter in Anspruch zu nehmen, weil das eine Vielzahl von Verfahren erfordern würde, die Identifizierung der einzelnen Anbieter kaum möglich sei und die negativen Folgen der Rechtsverletzungen bis zur Inanspruchnahme bereits wirken würden".[245] Auch dieser Gedanke ist dem Bereich der Verkehrspflichten entlehnt. Dort ist allgemein anerkannt, dass allein der Umstand, dass die Rechtsverletzung von einem eigenverantwortlich handelnden Dritten vorgenommen wird, den Kausalzusammenhang zwischen dem Verhalten des Störers und der Rechtsverletzung des Dritten nicht zu durchbrechen vermag.[246]

5. Europarechtliche Vorgaben

Schließlich könnte die konsequente Übertragung der neueren Rechtssprechung des BGH zu den Verkehrspflichten auf den sonstigen Bereich des gewerblichen Rechtsschutzes und des Urheberrechts einen wichtigen Beitrag zu einem effektiven Rechtsschutz der Rechteinhaber beitragen und so den Regelungen der EU-

242 Kritisch auch Schapiro, Unterlassungsansprüche, S.105f.; Lehment, WRP 2012, 149 (151).
243 Nordemann in FS Loewenheim 2009, 215 (224).
244 Bodewig/Wandtke, GRUR 2008, 220 (221).
245 Nordemann in FS Loewenheim 2009, 215 (224) m.w.N.
246 Rössel/Kruse, CR 1/2008, 35 (36).

Durchsetzungsrichtlinie[247] und der EU-Richtlinie zur Harmonisierung bestimmter Aspekte des Urheberrechts und der verwandten Schutzrechte in der Informationsgesellschaft[248] Rechnung tragen.[249]

H. Fazit

Festzuhalten bleibt damit, dass nicht nur die vom BGH behauptete Unterscheidung zwischen den dem Verhaltensunrecht zuzuordnenden Tatbeständen des Wettbewerbsrechts und den dem Erfolgsunrecht zuzuordnenden Tatbeständen des Immaterialgüterrechts bei der hier in Rede stehenden Haftung für mittelbare Rechtsverletzungen nicht überzeugen kann, sondern auch eine Vielzahl verschiedener Gründe - rechtsdogmatischer, wie praktischer Natur - für eine rechtsgebietsübergreifende Anerkennung der Prüfungspflichten als Verkehrspflichten sprechen. Ein sachliches Bedürfnis für ein Festhalten an den Grundsätzen der Störerhaftung analog § 1004 BGB ist damit weder im Wettbewerbsrecht,[250] noch im Bereich des Urheberrechts erkennbar.[251] Die klassischen Fälle der Störerhaftung analog § 1004 BGB sind vielmehr nach richtiger Auffassung mithilfe des aus dem Allgemeinen Deliktsrecht bekannten Instituts der Verkehrspflichten zu lösen. Fraglich ist hingegen, ob man an dem Begriff der Störerhaftung trotz neuer dogmatischer Grundlage festhalten will.[252] Da nach der hier vertretenen Ansicht ein Restanwendungsbereich für die Störerhaftung analog § 1004 BGB im Bereich des geistigen Eigentums nicht verbleibt,[253] vielmehr die Störerhaftung

247 Richtlinie 2004/48/EG, GRUR Int. 2004, 615ff. Vgl. hierzu noch ausführlich Kapitel 4, S.84f.

248 Richtlinie 2001/29/EG, GRUR Int. 2001, 745ff.

249 Nordemann, in FS Loewenheim 2009, 215 (224f.). Auch die neueste EuGH-Rechtssprechung scheint dieses Ergebnis zu tragen. So stellt der EuGH in der Entscheidung L'Oréal/eBay, GRUR 2011, 1025 ausdrücklich klar, dass sich ein Diensteanbieter dann nicht auf die haftungsprivilegierenden Vorschriften der ECRL – hier Art.14 – berufen kann, wenn er sich nicht wie ein „sorgfältiger Wirtschaftsteilnehmer" verhält. Wie Nordemann zutreffend anmerkt, sind hier deutliche Parallelen zu den aus dem deutschen Recht bekannten „Prüfungspflichten" zu erkennen. Wenn aber die Verletzung von „Prüfungspflichten" stets auch zu einem Wegfall der in Art.14 ECRL vorgesehenen Haftungsprivilegierung führt, würde das grundsätzlich die Geltendmachung von Unterlassungs- und Beseitigungsansprüchen einerseits und (im Falle eines Verschuldens) von Schadensersatzansprüchen andererseits ermöglichen. Nun ist die Störerhaftung bekanntermaßen nur auf Unterlassung und Beseitigung gerichtet. Schadensersatzansprüche vermag das Institut der Störerhaftung nach st. Rspr. nicht zu begründen. Mithin scheitert (trotz Entfall der Haftungsprivilegierung) die Geltendmachung von Schadensersatz gegenüber einer Mittelsperson im deutschen Recht daran, dass es (bislang) an einem Rechtsinstitut fehlt, das einen solchen Anspruch vermitteln könnte. Ob eine derartige Rechtspraxis vor dem Hintergrund der neuesten Rechtssprechung des EuGH noch als richtlinienkonform anzusehen ist, erscheint in der Tat höchst fraglich. Ausführlich hierzu Nordemann, GRUR 2011, 977 (978f.).

250 Köhler, GRUR 2008, 1 (5).

251 Für das Markenrecht: LG Berlin, MMR 2009, 348ff.

252 Dafür wohl Ahrens, FS Canaris, passim.

253 Ebenso Neuhaus, Sekundäre Haftung, S.151; Nordemann in FS Loewenheim 2009, 215 (225).

analog § 1004 BGB durch das Institut der Verkehrspflichten vollständig abgelöst wird und somit eine Verwechslungsgefahr grundsätzlich nicht besteht, kann nach der hier vertretenen Ansicht aus Praktikabilitätsgründen und dem anerkanntermaßen bestehenden Gleichlauf von Prüfungspflichten und Verkehrspflichten[254] am Begriff der Störerhaftung festgehalten werden. Ein Bezug zur herkömmlichen Störerhaftung lässt sich gegebenenfalls unproblematisch durch einen Verweis auf § 1004 BGB analog erreichen.

254 Nordemann in FS Loewenheim 2009, 215 (217).

Kapitel 3

Spezialgesetzliche Regelungen für mittelbare Rechtsverletzungen im Bereich des Immaterialgüterrechts

A. Einführung

Die Frage der Verantwortlichkeit Dritter für die Verletzung von Rechten des geistigen Eigentums stellt sich selbstverständlich nicht allein im Bereich des Urheber- und Wettbewerbsrechts, sondern ist auch im Marken- und insbesondere im Patentrecht von großer Bedeutung. Anders als im Lauterkeits- und Urheberrecht finden sich im Marken- und Patentrecht jedoch mehr oder weniger umfangreiche Regelungen zur Haftung des mittelbaren Marken- bzw. Patentverletzers. Insofern ist zu prüfen, ob und inwieweit sich diese spezialgesetzlichen Regelungen in das in den vorangegangenen Kapiteln entwickelte Haftungssystem bei mittelbaren Rechtsverletzungen einfügen. Sollte dies nämlich der Fall sein, so wäre das ein weiteres Indiz für die Richtigkeit der hier vertretenen Ansicht. Darüber hinaus ist zu untersuchen, ob und inwieweit sich die Rechtssprechung der für Patentsachen zuständigen Senate am BGH mit den gefundenen Ergebnissen in Einklang bringen lässt.

B. Patentrecht

1. Die Haftung für mittelbare Patentverletzungen

Der für das Patentrecht zuständige X. Zivilsenat, sowie der zu dessen Entlastung gebildete Xa.-Senat judizieren, wie *Ahrens*[255] treffend feststellt, „unter günstigeren Voraussetzungen", weil die mittelbare Patentverletzung seit Einführung des § 10 PatG durch das GPatG[256] mit Wirkung zum 01.01.1981 gesetzlich geregelt ist. Nach § 10 PatG ist es jedem Dritten verboten, ohne Zustimmung des Patentinhabers anderen als zur Benutzung der patentierten Erfindung berechtigten Personen Mittel, die sich auf ein wesentliches Element der Erfindung beziehen, zur Benutzung der Erfindung anzubieten oder zu liefern. In subjektiver Hinsicht setzt § 10 Abs.1 PatG voraus, dass der Dritte weiß oder wissen muss, dass diese

---

255 Ahrens, in FS Canaris 2007, 3 (6).

256 Gesetz über das Gemeinschaftspatent und zur Änderung patentrechtlicher Vorschriften (Gemeinschaftspatentgesetz – GpatG) vom 26.07.1979. Inkraftgetreten am 01.01.1981.

Mittel geeignet und bestimmt sind, für die Benutzung der Erfindung benutzt zu werden. Darüber hinaus verlangt der BGH als weitere subjektive Tatbestandsvoraussetzung, dass der Lieferant weiß, dass der Abnehmer das gelieferte Mittel in einer Weise verwenden wird, die – objektiv gesehen – eine Benutzung der geschützten Erfindung bedeutet, wobei auch eine insoweit hinreichend sichere Erwartung des Lieferanten ausreichen kann.[257]

Bei der Vorschrift des § 10 PatG handelt es sich um einen eigenständigen Patentgefährdungstatbestand,[258] der nicht in einem Akzessorietätsverhältnis[259] zu einer nachfolgenden unmittelbaren Patentverletzung steht.[260] Der mittelbare Verletzer haftet nach § 10 PatG also selbst dann, wenn der Dritte das ihm gelieferte Mittel später gar nicht in patentverletzender Weise benutzt.[261] Insofern begründet die Vorschrift des § 10 PatG zugunsten des Patentinhabers einen weitreichenden Vorfeldschutz.[262]

Die Vorschrift des § 10 PatG regelt die Fälle mittelbarer Patentrechtsverletzungen jedoch keineswegs abschließend. Vielmehr finden außerhalb des Anwendungsbereichs des § 10 PatG die allgemeinen Grundsätze zur Haftung Dritter bei (nur) mittelbaren Rechtsverletzungen im Bereich des Geistigen Eigentums Anwendung.[263] Dabei dürfen die Wertungen des § 10 PatG jedoch nicht unterlaufen werden.[264] Das praktische Bedürfnis hierfür ist jedoch wegen der Vorschrift des § 10 PatG ohnehin deutlich reduziert.[265]

Umstritten ist allerdings die rechtliche Ausgestaltung einer derartigen Haftung für mittelbare Patentverletzungen außerhalb des Anwendungsbereichs des § 10 PatG:

---

257 Benkard/Scharen, PatG, § 10 Rn.19.

258 Scharen, GRUR 2008, 944 (944) m.w.N.

259 Dies unterscheidet die mittelbare Patentverletzung gem. § 10 PatG von der Störerhaftung, die streng akzessorisch ausgestaltet ist, vgl. Kapitel 1, S.13.

260 Schadensersatz kann der Verletzte im Einklang mit der Dogmatik im Bürgerlichen Recht jedoch erst verlangen, wenn sich die durch die Lieferung des Mittels begründete Gefährdung des Patents auch tatsächlich in einer Patentverletzung realisiert hat, vgl. BGH, GRUR 2006, 848 (854) – „Antriebsscheibenaufzug“ m.w.N.

261 Vgl. Busche, GRUR 2009, 236 (238); Haedicke, GRUR 2009, 273 (273); ders. Anm. zu BGH, JZ 2010, 146 (151); ders. Europäische Perspektiven des Geistigen Eigentums, 229 (235); Leistner, GRUR 2010, 1 (10), Benkard/Scharen, PatG, § 10 Rn.3; Ahrens, FS Canaris 2007, 3 (7).

262 Busche, GRUR 2009, 236 (238), Leistner, GRUR 2010, 1 (6).

263 Haedicke, Europäische Perspektiven des Geistigen Eigentums, 229 (240).

264 Haedicke, Anm. zu BGH, JZ 2010, 146 (151) - „MP3-Player-Import“, Leistner, GRUR 2010, 1 (14).

265 Schaub, in FS Medicus 2009, 423 (437).

a. Patentrechtliche Störerhaftung analog § 1004 BGB

Teilweise wird vertreten, dass auch im Patentrecht derjenige, der willentlich und adäquat kausal zur Patentrechtsverletzung beiträgt, ohne jedoch Täter oder Teilnehmer zu sein, - wie im Marken- und Urheberrecht - als Störer auf Unterlassung und Beseitigung in Anspruch Genommen werden kann.[266]

b. Keine patentrechtliche Störerhaftung analog § 1004 BGB

Eine derartige patentrechtliche Störerhaftung wird von anderen Autoren jedoch abgelehnt. Passiv legitimiert für die Ansprüche aus § 139 PatG sei allein der „Verletzer" als Täter oder Teilnehmer einer Patentverletzung im Sinne des allgemeinen Deliktsrechts.[267]

2. Die Rechtssprechung des X.-Zivilsenats und des Xa.-Zivilsenats zur Haftung bei mittelbaren Rechtsverletzungen im Bereich des Patentrechts

a. „Räumschild"-Entscheidung

In Richtung der zuletzt genannten Ansicht deutet auch die Rechtssprechung des X. Zivilsenats: So ist seit der „Räumschild"-Entscheidung[268] anerkannt, dass Schuldner der Ansprüche auf Unterlassung, Schadensersatz, Auskunft und Vernichtung der verletzten Gegenstände nicht nur der unmittelbare Verletzer sein kann, sondern auch derjenige, der lediglich eine weitere mittelbare Ursache für die Patentverletzung setzt, indem er eine von ihm ermöglichte Rechtsverletzung durch einen Dritten nicht unterbindet, obwohl dies von ihm im Rahmen des Möglichen und Zumutbaren zu erwarten war.[269] So genüge für eine täterschaftliche Schadensersatzverpflichtung grundsätzlich jede vorwerfbare Verursachung der Rechtsverletzung einschließlich der ungenügenden Vorsorge gegen solche Verstöße.[270]

b. „MP3-Player-Import"

Dem hat sich auch der Xa.-Zivilsenat in dem Urteil „MP3-Player-Import"[271] vom 17. September 2009 angeschlossen. Danach kann auch derjenige Schuldner des Unterlassungs- und Vernichtungsanspruchs sein, der die Verwirklichung

---

266 Mes, PatG, § 139 Rn.61f.

267 Benkhard/Rogge/Grabinski, PatG, § 139 Rn.19.

268 BGH, GRUR 1999, 977 – „Räumschild".

269 Leistner/Stang, LMK 2010, 297473.

270 BGH, GRUR 2002, 599 (599) – „Funkuhr I".

271 BGH, JZ 2010, 146 (146) – „MP3-Player-Import".

eines der Benutzungstatbestände des § 9 PatG durch einen Dritten nur ermöglicht oder fördert, wenn er sich mit zumutbarem Aufwand die Kenntnis verschaffen kann, dass die von ihm unterstützte Handlung das absolute Recht des Patentinhabers verletzt.[272]

Die Entscheidung „MP3-Player-Import“ ist insofern bemerkenswert, als sich der Xa.-Zivilsenat hier erstmals ausführlich mit den einzelnen Auffassungen zur Verantwortlichkeit Dritter für mittelbare Rechtsverletzungen im geistigen Eigentum und Wettbewerbsrecht auseinandersetzt und dabei zu dem Ergebnis kommt, dass den neueren hierzu ergangenen höchstrichterlichen Entscheidungen gemeinsam ist, dass als haftungsbegründendes Element stets die Verletzung einer Rechtspflicht - im Sinne der aus dem Wettbewerbs- und Urheberrecht wohl bekannten Prüfungspflicht - verlangt wird. Das Bestehen und der Umfang einer derartigen Rechtspflicht zur Vermeidung eines schutzrechtsverletzenden Erfolgs richte sich im Einzelfall nach der Abwägung aller betroffenen Interessen und relevanten rechtlichen Wertungen. Maßgeblich sei insoweit, ob und inwieweit dem in Anspruch Genommenen nach den Umständen des Falls ein Tätigwerden zuzumuten sei. Dabei bestehe eine Wechselwirkung zwischen der Schutzbedürftigkeit des Verletzten und der Zumutbarkeit von Prüfungs- und Handlungspflichten, die von Dritten zu beachten sind. Je schutzwürdiger der Verletzte sei, desto mehr Rücksicht auf seine Interessen könne dem Dritten zugemutet werden. Je geringer andererseits das Schutzbedürfnis, desto kritischer sei zu prüfen, ob von dem Dritten erwartet werden könne, Schutzrechtsverletzungen aufzuspüren und gegebenenfalls abzustellen und zu verhindern.[273]

Gleichzeitig weist der Xa-Zivilsenat jedoch ausdrücklich daraufhin, dass die Rechtssprechung des I. Zivilsenats und des X. Zivilsenats insoweit voneinander abweichen, als nach ständiger Rechtssprechung des X. Zivilsenats die Verletzung einer solchen Rechtspflicht den Handelnden nicht nur zum Verletzer im Sinne der §§ 139 Abs.1, 140a PatG macht, sondern auch den Vorwurf fahrlässigen Handelns zu begründen geeignet ist, sodass – bei Vorliegen eines Verschuldens des mittelbaren Verletzers – grundsätzlich auch Schadensersatzansprüche nach § 139 Abs.2 PatG in Betracht kommen sollen. Hier liegt der wesentliche Unterschied in der Rechtssprechung der jeweiligen Senate, denn nach ständiger Rechtssprechung des I. Zivilsenats soll der als Störer qualifizierte Beteiligte bekanntermaßen gerade nicht zum Schadensersatz verpflichtet sein.[274]

---

272 BGH, JZ 2010, 146 (148) – „MP3-Player-Import“.
273 BGH, JZ 2010, 146 (149) – „MP3-Player-Import“.
274 BGH, JZ 2010, 146 (149) - „MP3-Player-Import“.

Auch nach Auffassung des Xa.-Zivilsenats ist somit die Verantwortlichkeit des „mittelbaren“ Verletzers nach allgemeinen Grundsätzen nicht auf Unterlassung beschränkt, sondern kann darüber hinaus auch auf Schadensersatz, Auskunft und Vernichtung gerichtet sein. Er schließt sich damit der auf täterschaftlicher Basis erfolgenden Haftungszurechnung an und begründet diese – wie Haedicke zutreffend feststellt - mit Grundsätzen, „die der Zurechnung über Verkehrspflichten entsprechen.“[275]

3. Konsequenzen für die hiesige Diskussion

Es liegt auf der Hand, dass diese Erkenntnisse in der Diskussion um die Anerkennung der urheberrechtlichen Prüfungspflichten als Verkehrspflichten mit dem Ziel der Schaffung eines einheitlichen Haftungsregimes im gewerblichen Rechtsschutz und Urheberrecht nicht unberücksichtigt bleiben können.

a. Gemeinsamkeiten mit der urheber- und markenrechtlichen Störerhaftung analog § 1004 BGB

Denn zum einen weist die mittelbare Patentverletzung im Sinne von § 10 PatG – trotz zweifellos bestehender Unterschiede[276] – einige bedeutende Gemeinsamkeiten mit der urheber- und markenrechtlichen Störerhaftung analog § 1004 BGB auf:

Beide Rechtsfiguren vermögen die Verantwortlichkeit Dritter zu begründen, die zwar nicht selbst Täter oder Teilnehmer im Sinne von § 830 BGB einer unmittelbaren Schutzrechtsverletzung sind, deren Verhalten aber gleichwohl geeignet ist, das jeweilige Schutzrecht zu gefährden. Ihnen geht es darum, einen geeigneten Vorfeldschutz zu etablieren. Dies wird besonders bei § 10 PatG deutlich. Denn nicht selten sind die von § 10 PatG erfassten Verhaltensweisen nicht minder geeignet, das geschützte Recht zu gefährden, wie die spätere unmittelbare Rechtsverletzung selbst.[277] Nicht zuletzt aus diesem Grund, ist es für eine Haftung nach § 10 PatG – anders als bei der Störerhaftung, bei der es sich letztlich um eine besondere Form der Beteiligtenhaftung handelt[278] – nicht Voraussetzung, dass es tatsächlich auch zu einer unmittelbaren Patentverletzung kommt. Es handelt sich bei § 10 PatG vielmehr um ein abstraktes Gefährdungsdelikt.[279]

275 Haedicke, Anm. zu BGH JZ 2010, 146 (151f.) - „MP3-Player-Import“.

276 Vgl. hierzu Haedicke Europäische Perspektiven des Geistigen Eigentums, 229 (235).

277 Busche, GRUR 2009, 236 (236).

278 Haedicke, Europäische Perspektiven des Geistigen Eigentums, 229 (236); Fürst, WRP 2009, 378 (379).

279 Haedicke, Europäische Perspektiven des Geistigen Eigentums, 229 (235).

Folgerichtig ist der Tatbestand des § 10 PatG - anders als die zuweil uferlos erscheinende Störerhaftung analog § 1004 BGB – daher aber auch recht eng gefasst. § 10 PatG regelt einen insbesondere im Patentrecht virulenten[280] und in der Praxis besonders wichtigen Fall einer mittelbaren Schutzrechtsverletzung.

Trotz der Besonderheiten des § 10 PatG kann letztlich aber doch kein Zweifel daran bestehen, dass es sich bei § 10 PatG um einen gesetzlich normierten Anwendungsfall der Störerhaftung handelt.[281] Der mittelbaren Patentverletzung im Sinne des § 10 PatG geht es nämlich– wie auch der Störerhaftung analog § 1004 BGB - um die Überwindung der klassischen Kategorien von Täterschaft und Teilnahme.[282] Funktionell legt die Vorschrift des § 10 PatG für bestimmte Personengruppen konkrete Verkehrspflichten fest, um bereits im Vorfeld einer drohenden unmittelbaren Patentverletzung entgegen zu wirken.[283]

b. Anerkennung der Verkehrspflichten im Patentrecht

Zum anderen ist zu begrüßen, dass sowohl der X.-Zivilsenat, als auch der Xa.-Zivilsenat soweit eine Verantwortlichkeit Dritter außerhalb des Anwendungsbereichs des § 10 PatG in Betracht kommt, nicht auf die aus dem Marken- und Urheberrecht bekannten Grundsätze der Störerhaftung analog § 1004 BGB zurückgreifen, sondern im Ergebnis – ähnlich der Rechtssprechung des I.-Zivilsenats im Wettbewerbsrecht seit der Entscheidung „Jugendgefährdende Medien bei eBay“ – eine täterschaftliche Haftung des Dritten wegen Verletzung von Rechtspflichten befürworten. Damit findet in der Sache aber eine Haftungszurechnung nach den Grundsätzen der Verkehrspflichtverletzung statt.[284] Denn zweifellos wollen die beiden Patentrechtssenate dem Verletzten auch Schadensersatzansprüche zuerkennen.[285]

4. Zwischenfazit

Sowohl die Vorschrift des § 10 PatG, als auch die Rechtssprechung des BGH zur Haftung Dritter bei mittelbaren Patentrechtsverletzungen außerhalb des Anwendungsbereichs des § 10 PatG streiten letztlich für eine rechtsgebietsübergreifende Anerkennung der Prüfungspflichten als Verkehrspflichten. Denn es be-

---

280 Vgl aber auch für das Urheberrecht BGH, GRUR 1965, 104 – „Personalausweise“ (vgl. Kapitel 1, S.10).
281 Busche, GRUR 2009, 236 (239).
282 Ahrens, in FS Canaris 2007, 3 (6).
283 Haedicke, Europäische Perspektiven des Geistigen Eigentums, 229 (244).
284 Haedicke, Anm. zu BGH, JZ 2010, 146 (151) – „MP3-Player-Import“.
285 Vgl. nur BGH, GRUR 1999, 977 – „Räumschild“.

steht kein Zweifel, dass der BGH im Bereich des Patentrechts die Haftung des mittelbaren Verletzers mit dem aus dem Wettbewerbsrecht und der „Halzband“-Entscheidung bekannten Institut der Verkehrspflichten zu begründen sucht.

C. Markenrecht

Obwohl die Haftung für mittelbare Rechtsverletzungen im Markenrecht – insbesondere im Online-Bereich[286] – eine bedeutende Rolle spielt, soll hier auf eine tiefergehende Untersuchung verzichtet werden. Dies hat den einfachen Grund, dass der I.-Zivilsenat am BGH, der nicht nur für urheberrechtliche, sondern gleichfalls auch für markenrechtliche Streitigkeiten zuständig ist, bekannterweise geäußert hat, dass er im Falle der Verletzung von Immaterialgüterrechten (und damit auch im Bereich des Markenrechts), die als absolute Rechte auch nach den §§ 823 Abs.1, 1004 BGB Schutz genießen, an den Grundsätzen der Störerhaftung uneingeschränkt festhalten möchte.[287] Insofern kann hier auf eine Darstellung der Diskussion um die Rückeinbindung der markenrechtlichen Störerhaftung analog § 1004 BGB in die Dogmatik des Allgemeinen Deliktsrechts bzw. eine Anerkennung der markenrechtlichen Prüfungspflichten als Verkehrspflichten verzichtet werden,[288] da sich insoweit keine Besonderheiten gegenüber der Diskussion im Urheberrecht ergeben.

Einzig auf die Vorschrift des § 14 Abs.4 MarkenG soll hier kurz eingegangen werden. Strukturell vergleichbar der Vorschrift des § 10 PatG,[289] erfasst § 14 Abs.4 MarkenG markenrechtsverletzende Vorbereitungshandlungen im Vorfeld bestimmter Benutzungshandlungen im Sinne von § 14 Abs.3 MarkenG.[290] Es handelt sich damit bei § 14 Abs.4 MarkenG – vergleichbar der Vorschrift des § 10 PatG - um einen kodifizierten Anwendungsfall mittelbarer Schutzrechtsverletzungen,[291] ohne dass die Vorschrift diese Fallgruppe abschließend regeln will.[292] Ebenso wie bei § 10 PatG setzt eine Haftung nach § 14 MarkenG nicht voraus, dass die Markenrechtsverletzung durch den Dritten später auch eintritt. Auch hier handelt es sich also um einen eigenständigen (Marken-) Gefährdungs-

---

286 Vgl. nur die Entscheidungen: BGH, GRUR 2008, 702 – „Internetversteigerung III“; BGH, GRUR 2007, 708 – „Internetversteigerung II“; BGH, GRUR 2004, 860 – „Internetversteigerung I“.

287 BGH, GRUR 2004, 860 (864) – „Internetversteigerung I“.

288 Vgl. hierzu Schilling, Passivlegitimation, S.114, der zu dem Ergebnis kommt, dass das Institut der Verkehrspflichten auch im Markenrecht eine tragfähige dogmatische Grundlage bilden kann.

289 Leistner, GRUR-Beil. 2010, 1 (17).

290 Fezer/Fezer, § 14 MarkenG, Rn.964.

291 Fezer/Fezer, § 14 MarkenG, Rn.965; Ingerl/Rohnke, MarkenG, § 14 Rn.260.

292 Ingerl/Rohnke, MarkenG, § 14 Rn.264.

tatbestand.[293] Damit aber legt die Vorschrift des § 14 MarkenG – ebenso wie § 10 PatG - für bestimmte Personengruppen konkrete Verkehrspflichten fest, um bereits im Vorfeld einer drohenden unmittelbaren Markenverletzung entgegen zu wirken. Im Falle einer schuldhaften Zuwiderhandlung gegen die Vorschrift des § 14 Abs.4 MarkenG ist der mittelbare Verletzer gem. § 14 Abs.6 MarkenG gegebenenfalls auch zur Zahlung von Schadensersatz verpflichtet.

Nun lässt sich daraus noch nicht zwingend die Schlussfolgerung ziehen, dass auch die sonstigen Fälle mittelbarer Markenrechtsverletzungen mit Hilfe der Verkehrspflichten gelöst werden müssten. Dem Gesetzgeber bleibt es schließlich unbenommen, bestimmte Fallgruppen eigens gesetzlich zu regeln. Gleichwohl ist es doch ein weiteres Indiz für die Richtigkeit der hier vertretenen Ansicht, würde sich doch die Regelung des § 14 Abs.4 MarkenG nahtlos in ein Haftungsregime einfügen, das eine Haftung des mittelbaren Verletzers an die Verletzung ihm obliegender Verkehrspflichten knüpft.[294]

D. Fazit

Der vorstehende Überblick über die spezialgesetzlichen Regelungen zur Haftung für mittelbare Rechtsverletzungen im Bereich des Immaterialgüterrechts, sowie die Rechtssprechung der für Patentsachen zuständen Zivilsenate am BGH stützen die eingangs aufgeworfene These, dass eine rechtsgebietsübergreifende Anerkennung der Prüfungspflichten als Verkehrspflichten die Schaffung eines harmonischen Haftungsregime für den gesamten Bereich des gewerblichen Rechtsschutzes und Urheberrechts ermöglichen würde. Auch die spezialgesetzlich normierten Fälle mittelbarer Schutzrechtsverletzungen – insbesondere die §§ 10 PatG und 14 Abs.4 MarkenG – würden sich nahtlos in ein solches Haftungssystem einfügen. Für den sonstigen Bereich mittelbarer Patentverletzungen scheinen die für Patentsachen zuständigen Senate am BGH diesen Weg ohnehin bereits beschritten zu haben,[295] begründen sie doch die Haftung des mittelbaren Verletzers außerhalb des Anwendungsbereichs des § 10 PatG mit Grundsätzen, die der Dogmatik zu den Verkehrspflichten entsprechen.

Es sei hier daher noch einmal daran erinnert, dass der I. Zivilsenat am BGH eine Haftungszurechnung nach den Grundsätzen der Verkehrspflichtverletzung im Bereich des Urheber- und Markenrechts entscheidend mit dem Argument ab-

---

293 Schaub, in FS Medicus 2009, 423 (437).

294 Für eine Übertragung des Instituts der Verkehrspflichten in das Markenrecht auch Schapiro, Unterlassungsansprüche, S.184f.

295 Ebenso Leistner, GRUR 2010, 1 (16).

lehnt, dass es sich hierbei – anders als bei den dem Verhaltensunrecht zuzuordnenden lauterkeitsrechtlichen Vorschriften - um absolute Rechte handelt. Dass eine solche Differenzierung zwischen dem Immaterialgüterrecht einerseits und dem Lauterkeitsrecht andererseits jedenfalls bei mittelbaren Rechtsverletzungen nicht überzeugen kann, wurde bereits ausführlich erörtert. Einen weiteren Beweis für die Richtigkeit dieser These liefern nun ausgerechnet die für Patentsachen zuständigen Senate am BGH. Schließlich gehört das Patentrecht nicht nur zu den Immaterialgüterrechten,[296] sondern zweifellos auch zu den absoluten Schutzrechten des Geistigen Eigentums.[297] Wenn die für Patentsachen zuständigen Zivilsenate am BGH dennoch bei mittelbaren Patentrechtsverletzungen eine täterschaftliche Haftung wegen Verletzung von Verkehrspflichten für möglich halten, dann zeigt dies nur einmal mehr, dass sich der I. Zivilsenat hier auf dem Holzweg befindet.

296 Bamberger/Roth/Fritzsche, BeckOK BGB, § 90 Rn.19; MüKo-Stresemann, § 90 Rn.6 m.w.N.

297 Piper/Ohly/Sosnitza/Ohly, A. Entwicklung, Rechtsquellen und allgemeine Grundlagen des Lauterkeitsrechts, Rn.3; Fezer/Fezer, § 13 MarkenG, Rn.6.

Kapitel 4

Die Bedeutung der gefundenen Ergebnisse für die Internet-Provider

Das Ergebnis des ersten Teils dieser Arbeit legt den Schluss nahe, dass die Einführung eines einheitlichen rechtsgebietsübergreifenden Instituts der Verkehrspflichten bei mittelbaren Rechtsverletzungen durchaus wünschenswert erscheint. Im zweiten Teil dieser Arbeit soll dieses Ergebnis nun an einem Beispiel überprüft werden, bei welchem sich die Frage der Verantwortlichkeit für mittelbare Rechtsverletzungen besonders dringend stellt. Gemeint ist – wie der Titel dieser Arbeit bereits zu erkennen gibt - die Haftung von Internet-Providern für durch Dritte begangene Urheberrechtsverletzungen im Internet.

A. Einleitung

Die Entwicklung neuer Medien wie beispielsweise der CD und DVD, die weite Verbreitung von Computern und insbesondere die Möglichkeit der Digitalisierung[298] von Daten, macht es möglich, „Bild- und Tonträger ohne Qualitätsverlust, mit geringer technischer Kenntnis und wenig Zeitaufwand, selbst zu vervielfältigen". Gleichzeitig hat eine Vielzahl der Menschen in Deutschland heute Zugang zum Internet, wo die einmal digitalisierten Werke weltweit weitergegeben und mit beliebig vielen Personen getauscht werden können.[299] Diese Entwicklung führt zu einem massiven „Kontrollverlust der Rechteinhaber über ihre Werke".[300]

Das lässt sich kaum plastischer als am Beispiel der Musik verdeutlichen. Musik ist heute der begehrteste Inhalt im Netz. Im Jahr 2009 haben 12 Millionen Menschen in Deutschland kostenpflichtige, kostenlose oder illegale Musik aus dem Internet heruntergeladen. Das sind 1,6 Millionen mehr als noch im Jahr 2008. Dabei war die Zahl der illegalen Downloads 2009 erstmals seit Jahren – dank des konsequenten juristischen Vorgehens der Rechteinhaber gegen die illegale Verbreitung urheberrechtlich geschützter Werke im Internet– rückläufig. Gleichwohl wurden auch im Jahr 2009 immer noch 258 Millionen urheberrecht-

298 Digitalisierung meint „die Umwandlung von analogen Informationen wie Schrift, Bild und Ton in eine elektronische Form, die sich beliebig und ohne Qualitätsverlust speichern und verarbeiten lässt", vgl. Frech, Haftung von Internet-Providern, S.15.

299 Roßnagel, Jandt, Schnabel, Yliniva-Hoffmann, Kurzgutachten zur Zulässigkeit einer Kulturflatrate nach nationalem und europäischem Recht, S.3. Online abrufbar unter: http://www.gruene-bundestag.de/cms/netzpolitik/dokbin/278/278059.kurzgutachten_zur_kulturflatrate.pdf.

300 Frech, Haftung von Internet-Providern, S.15.

lich geschützte Werke illegal in Deutschland heruntergeladen![301] Es überrascht angesichts dieser Zahlen nicht, dass die Rechteinhaber seit Jahren unter Verweis auf das unter anderem in Art.20 Abs.3 GG verankerte Rechtsstaatsprinzip[302] die Gewährung eines effektiven Rechtsschutzes einfordern, um auf diese Weise der massenhaften illegalen Weitergabe und Vervielfältigung von digitalen, urheberrechtlich geschützten Werken, insbesondere von Musik, Filmen, Software und E-Books über das Internet entgegen zu wirken.

Als mögliche Verletzer kommen dabei grundsätzlich zwei Rechtssubjekte in Betracht. Zum einen der unmittelbare Verletzer selbst, der das urheberrechtlich geschützte Werk rechtswidrig vervielfältigt oder verbreitet, zum anderen aber auch der Intermediär – der Internetprovider - über dessen Plattform die rechtsverletzenden Handlungen vorgenommen werden. Ihn könnte ebenfalls eine (Mit-) Verantwortlichkeit an der Urheberrechtsverletzung treffen, die es rechtfertigt, Ansprüche auch gegen ihn zuzuerkennen. Dies soll im Folgenden eingehend untersucht werden.

B. Arten von Internetprovidern

Zunächst gilt es festzuhalten, dass sich die verschiedenen Arten von Internetprovidern in ihrer Funktion bei der Informationsvermittlung – insbesondere in technischer Hinsicht – erheblich unterscheiden, sodass auch die Frage der Verantwortlichkeit nicht einheitlich beurteilt werden kann. Seit dem Beginn des Internetzeitalters werden die Internetprovider im Wesentlichen in drei Bereiche eingeteilt. Man unterscheidet zwischen dem Content-Providing, dem Host-Providing sowie dem Access-Providing.[303]

1. Content-Provider

In den Bereich des Content-Providing fallen diejenigen Internetprovider, die eigene Inhalte (engl. „content“) zur Nutzung im Netz bereit halten, die also eigene digitalisierte Daten wie beispielsweise Musik, Filme oder Software technisch selbständig für das Internet etwa auf einem eigenen Server verfügbar machen oder halten, sodass diese von den Internetnutzern angesehen, angehört oder her-

---

301 Vgl. hierzu die Kompaktversion der GfK Brennerstudie von 2010, Folie 21. Online abrufbar unter: http://www.musikindustrie.de/uploads/media/Brennerstudie_2010_Presseversion_FINAL.pdf.

302 Epping/Hillgruber/Huster/Rux, BeckOK GG Art.20, Rn.127.

303 Keine Berücksichtigung finden hingegen Fragen der Verantwortlichkeit von Suchmaschinenbetreibern und Linksetzern, da weder die „E-Commerce“-Richtlinie noch das TMG diese Regelungsmaterie zum Gegenstand haben, sodass sich hier keine Besonderheiten ergeben.

untergeladen werden können.[304] Ein Bereitstellen zur Nutzung liegt darüber hinaus auch dann vor, wenn ein Anbieter einen Dritten, beispielsweise einen Serviceanbieter, für die Veröffentlichung der eigenen Inhalte in Anspruch nimmt und auf diese Weise selbst für die Bereitstellung sorgt.[305] Content-Provider ist somit derjenige, der unmittelbar eigene Inhalte im Internet bereitstellt. Es versteht sich von selbst, dass der Content-Provider für seine eigenen Inhalte voll verantwortlich ist. Unterlassungs-, Beseitigungs- und Schadensersatzansprüche wegen etwaiger rechtswidriger Inhalte richten sich daher stets unmittelbar gegen den Content-Provider selbst. Insofern kommt dem Content-Provider im Rahmen der hier zu untersuchenden Fragestellung praktisch keine Bedeutung zu.

2. Host-Provider

In der Regel werden die Content-Provider die von ihnen bereitgestellten Inhalte nicht auf einem eigenen Server speichern, sondern die Dienste eines Dritten in Anspruch nehmen, der die notwendige „Infrastruktur", wie beispielsweise ausreichenden Speicherplatz auf einem Server zur Verfügung stellt, damit die Inhalte auch von den Internet-Nutzern angesehen, angehört oder heruntergeladen werden können. Den Server, auf dem diese Inhalte gespeichert sind und von dem aus die Inhalte an die Internetnutzer übermittelt werden, bezeichnet man als „Host" (dt. „Gast"). Host-Provider ist somit derjenige, der einem Content-Provider auf seinem Server ausreichend Speicherplatz zur Verfügung stellt und auch die insoweit erforderlichen Dienste anbietet. Der Host-Provider stellt folglich fremde Inhalte im Netz zur Nutzung bereit.[306] In den Bereich des „Hosting" fällt damit auch das Bereitstellen von Plattformen wie eBay[307], youtube[308] oder myspace. Diesen Diensteanbietern ist gemein, dass sie fremde Informationen für ihre Kunden speichern und Dritte über diese Plattformen auf die jeweiligen Informationen zugreifen können.

---

304 Spindler/Schuster/Zimmermann/Stender-Vorwachs, Recht der elektronischen Medien, 1. Aufl. 2008, elfter Teil, Rn.58.

305 Spindler/Schuster/Zimmermann/Stender-Vorwachs, Recht der elektronischen Medien, 1. Aufl. 2008, elfter Teil, Rn.59.

306 Spindler/Schuster/Zimmermann/Stender-Vorwachs, Recht der elektronischen Medien, 1. Aufl. 2008, elfter Teil, Rn.60.

307 Vgl. BGH, NJW 2004, 3102 (3102) – „Internet-Versteigerung I".

308 Str.: Das LG Hamburg hat in einer jüngst ergangenen Entscheidung eine täterschaftliche Haftung des Videoportals angenommen, da sich Youtube als Betreiber der Plattform die von den Nutzern eingestellten urheberrechtsverletzenden Videos zu eigen mache. LG Hamburg, MMR 2010, 833 mit krit. Anm. Christiansen. Vgl. zur Rechtsfigur des „Zu-eigen-machens": Kapitel 4, S.92ff.

3. Access-Provider

Derjenige Provider, der dem Internet-Nutzer den Zugang zum Internet erst ermöglicht, wird als Access-Provider bezeichnet.[309] Dieser Zugangsvermittler stellt weder eigene noch fremde Inhalte zur Nutzung bereit.[310] Access-Providing ist als Dienst mithin inhalteunabhängig und beschränkt sich auf die Übermittlung von Daten, sog. IP-Paketen auf der Internetschicht des TCP/IP-Protokolls.[311] Die Rolle des Access-Providers ist damit eine primär technische.[312] Gelegentlich findet sich für den Access-Provider auch die weite Bezeichnung als „Internet-Service-Provider".

4. Zwischenergebnis

Diese bis heute vorherrschende Unterscheidung darf jedoch nicht darüber hinweg täuschen, dass insbesondere die neueren, innovativen Webangebote keineswegs mehr ohne weiteres einer der drei Kategorien zugeordnet werden können. Hier verwischen die auf den ersten Blick doch recht klaren Grenzen zunehmend. Dies gilt speziell für die Betreiber sog. Social Media Seiten[313], deren Webangebote sich deutlich von den herkömmlichen Provider-Kategorien unterscheiden.[314] Aber auch die Zuordnung von Social-Networking-Sites[315], Internet-Auktionsbörsen, Suchmaschinen, Weblog-Dienstleistern, Video-Portalen, „Wikis" und Gesprächsforen bereitet teils erhebliche Schwierigkeiten.[316] Nichts desto trotz kann eine Kategorisierung mitunter nicht unterbleiben, denn gesetzliche Vorschriften wie beispielsweise das Telemediengesetz nehmen ausdrücklich auf diese Terminologie Bezug und sehen für bestimmte Provider-Typen teils sehr weitgehende Haftungsprivilegierungen vor. Jedoch kann die angedeutete Schwierigkeit der eindeutigen Zuordnung neuerer Webangebote zu den herkömmlichen Provider-Kategorien für diese Untersuchung ausgeklammert werden. Es fehlt der Raum dies angemessen zu untersuchen und berührt die eigent-

---

309 Lippert, CR 2001, 478 (481).

310 Spindler/Schuster/Zimmermann/Stender-Vorwachs, Recht der elektronischen Medien, 1. Aufl. 2008, elfter Teil, Rn.62.

311 Spindler/Schuster/Zimmermann/Stender-Vorwachs, Recht der elektronischen Medien, 1. Aufl. 2008, elfter Teil, Rn.63. Vgl. zu den technischen Grundlagen des Internets: Kapitel 4, S.69ff.

312 Ingerl/Rohnke, MarkG, nach § 15, Rn.222.

313 Vgl. zu den Social Media Seiten: Kapitel 4, 78f.

314 Frech, Haftung von Internet-Providern, S.8.

315 Das soziale Netzwerk Facebook hat allein in Deutschland mehr als 11 Millionen Nutzer. Das VZ-Netzwerk (StudiVZ, MeinVZ, SchülerVZ) sogar mehr als 17 Mill. Nutzer. Vgl. Leitfaden Social Media 2010 (BITKOM). Online abrufbar unter: http://www.bitkom.org/files/documents/Leitfaden_Social_Media.pdf.

316 Frech, Haftung von Internet-Providern, S.26.

liche Fragestellung nur am Rande. Erforderlich, aber auch ausreichend ist insoweit, zwischen Host-, Access- und Content-Providern im herkömmlichen Sinne zu unterscheiden.

Der Begriff „Internetprovider" wiederum wird im Folgenden stets als Oberbegriff für die verschiedenen Providertypen verwendet. Wann immer eine Differenzierung zwischen den einzelnen Providertypen erforderlich erscheint, wird auf die obigen Kategorien Bezug genommen. Ruft man sich die Ausgangsfrage dieser Untersuchung noch einmal in Erinnerung, so wird deutlich, dass sich die Untersuchung auf die Host- und Accessprovider konzentrieren muss. Es geht nicht um die Haftung für eigene Inhalte[317] der Internetprovider, sondern um die Haftung für fremde Informationen, die die Provider durchleiten, speichern oder zum Abruf für die Internetnutzer bereithalten.

5. Hinweise zur Terminologie

a. Internetprovider / Diensteanbieter

Im Rahmen dieser Untersuchung wird anstelle des Begriffs des „Internetproviders" häufig der des „Diensteanbieters" benutzt. Eine inhaltliche Differenzierung ist damit nicht beabsichtigt. Die unterschiedliche Terminologie ist allein dem Umstand geschuldet, dass das Telemediengesetz, das ausführliche Regelungen zur Verantwortlichkeit der Internetprovider vorsieht, den Begriff des „Diensteanbieters" verwendet.[318] Im allgemeinen Sprachgebrauch findet sich hingegen eher der Begriff des „Internetproviders".

b. Inhalte / Informationen

Gleiches gilt soweit im Rahmen dieser Untersuchung beispielsweise von „eigenen Inhalten" bzw. „eigenen Informationen" die Rede ist. Auch hier ist eine inhaltliche Differenzierung zwischen „Inhalten" und „Informationen" nicht beabsichtigt.

C. Technische Grundlagen

Bereist dieser kurze einleitende Überblick über die verschiedenen Arten von Internetprovidern zeigt, dass eine rechtliche Beurteilung der hier zu diskutierenden

317 Vgl. zur Rechtsfigur des „Zu-eigen-machens": Kapitel 4, 92ff.
318 Vgl. zu den entsprechenden Regelungen des TMG noch: Kapitel 4, S.88ff.

Fragestellung ein grundlegendes Verständnis von den technischen Besonderheiten des Internets und den in diesem Kontext verwendeten Begrifflichkeiten voraussetzt. So bestimmt sich die Verantwortlichkeit der Internetprovider bei fremden Rechtsverletzungen maßgeblich danach, ob der Internetprovider ihm zumutbare Prüfungspflichten verletzt hat. Dies wird in der Regel eine umfassende Prüfung der technischen Möglichkeiten des Internetproviders zur Verhinderung fremder Rechtsverletzungen voraussetzen.[319] Das heißt, ob dem Internetprovider ein rechtlicher Vorwurf gemacht werden kann, bestimmt sich entscheidend nach Art und Funktion des Internetproviders und den damit verbundenen technischen Möglichkeiten zur Kontrolle fremder Informationen. Aus diesem Grund bedarf es einer kurzen Darstellung der hier maßgeblichen technischen Grundlagen des Internets.

1. Die technischen Grundlagen des Internets

Das Internet ist – sehr vereinfacht dargestellt - ein weltweiter Verbund verschiedener Computernetzwerke, das der elektronischen Kommunikation und dem Austausch von Daten dient.[320] Dabei wird der Versender eines Datenpakets als „Server" und der Empfänger als „Client" bezeichnet, wobei jedes Computersystem gleichzeitig „Server" und „Client" sein kann.[321] Damit eine solche Datenübertragung zwischen „Server" und „Client" gelingen kann, ist es erforderlich, dass beide die gleichen Regeln bei der Datenübertragung einhalten. Diese Regeln bezeichnet man als sog. Netzwerkprotokolle.[322] Sie legen letztlich einen einheitlichen Standard für die Kommunikation und den Datenaustausch zwischen den einzelnen Computern und Netzwerken fest.[323] Die verschiedenen Netzwerkprotokolle wiederum sind sog. Schichten zugeordnet, die jeweils einen notwendigen Teil des Kommunikationsprozesses zwischen „Client" und „Server" beschreiben. Nach dem maßgebenden TCP/IP-Referenzmodell[324] werden vier aufeinander aufbauende Schichten unterschieden. Das sind in entsprechender Reihenfolge die Anwendungs-, Transport-, Internet- und Verbindungsschicht.[325] Die Transportschicht bzw. das sog. TCP-Protokoll (Transmission Control Protocol) dient der Herstellung einer Verbindung zwischen „Client" und

---

319 OLG, Düsseldorf, ZUM-RD 2010, 599.

320 Kilian/Heussen/Wißner/Jäger, Computerrecht, Technisches Lexikon – Internet.

321 Hoeren/Sieber/Sieber, Multimedia-Recht, Teil 1, Rn.20.

322 Matthies, Providerhaftung, S.27.

323 Kilian/Heussen/Wißner/Jäger, Computerrecht, Technisches Lexikon – Internet.

324 Nach dem detaillierteren ISO/OSI-Referenzmodell wären ferner die Physikalische Schicht, die Darstellungs- und die Sitzungsschicht zu nennen. Die Darstellung beschränkt sich hier auf das TCP/IP-Referenzmodell, vgl. hierzu Hoeren/Sieber/Sieber, Multimedia-Recht, Teil 1, Rn.43.

325 Matthies, Providerhaftung, S.27.

„Server", sodass ein Datenaustausch zwischen diesen möglich wird. Dabei werden die Daten nicht als Ganzes verschickt, sondern aufgeteilt in kleinere Datenpakete, die sog. TCP-Pakete. Die nachgeordnete Internetschicht ist dann für das sog. Routing zuständig, also die Wegewahl und Weiterleitung der zu übermittelnden Daten. Dazu werden die TCP-Pakete erneut in kleinere IP-Pakete aufgeteilt, die dann auch die für die Adressierung notwendigen IP-Adressen[326] als Absende- und Zielinformation enthalten. Die Aufgabe eines Paketauslieferungsdienstes erfüllt nun das sog. Internetprotokoll, indem es die tatsächliche Versendung der Pakete über die der Verbindungsschicht zugeordneten Netzwerkprotokolle einleitet. Diese legen letztlich die für die Datenübertragung erforderlichen elektrischen und mechanischen Parameter zwischen Versender und Empfänger fest. Schließlich kann der Empfänger mithilfe der in der Anwendungsschicht zusammengefassten Netzwerkprotokolle (z.B. http) die Daten in der im TCP-Protokoll festgelegten Reihenfolge wieder zusammensetzen und auf seinem Computer darstellen. Fehlt eines der gesendeten Pakete, wird dies automatisch gemeldet und das betreffende Paket neu angefordert.[327]

2. Die wichtigsten Dienste des Internets

Damit ist allerdings bisher nur erklärt, wie der Datenaustausch zwischen „Server" und „Client" in technischer Hinsicht funktioniert. Um die übermittelten Daten aber auch weltweit verarbeiten und darstellen zu können, war es wiederum erforderlich, einheitliche Maßstäbe für das Format der Daten festzulegen, sodass die in der Datei abgelegten Informationen auch mithilfe einer entsprechenden Software ausgelesen werden können. Diese Aufgabe erfüllen die sog. Internet-Dienste bzw. die von ihnen verwendeten spezifischen Protokolle.[328] Die heute bekanntesten Internetdienste sind dabei wohl das World Wide Web (www) und der Internetdienst E-Mail. Daneben gibt es aber zahlreiche weitere Internet-Dienste, wie bspw. den FTP-Dienst, Peer-to-Peer-Dienste oder das Usenet.[329]

326 Die IP-Adresse besteht dabei in der Regel aus 4 Dezimalzahlen im Bereich von 0 bis 255, die durch einen Punkt von einander getrennt werden, Beispiel: 255.100.95.130. Diese Adresse entspricht quasi der Telefonnummer des einzelnen mit einem Netzwerk verbundenen Computers. Damit sich der einzelne User nicht eine große Anzahl verschiedener solcher Nummern merken muss, wurde das sog. Domain Name System (DNS) entwickelt. Gibt ein User bspw. den Domainnamen hu-berlin.de in seinem Webbrowser ein, übersetzt das DNS diesen automatisch in die numerische IP-Adresse, sodass eine Verbindung zu dem unter dieser Nummer angemeldeten Computer hergestellt und die entsprechende Website aufgerufen werden kann. Vgl. Hoeren/Sieber/Sieber, Multimedia-Recht, Teil 1, Rn.52ff.

327 Matthies, Providerhaftung, S.27f.

328 Hoeren/Sieber/Sieber, Multimedia-Recht, Teil 1, Rn.79.

329 Ufer, Haftung, S.9.

a. World Wide Web (www)

Das World Wide Web ist der heute wohl populärste Internetdienst, der aufgrund seiner großen Bekanntheit häufig mit dem Internet gleich gesetzt wird.[330] Es beruht auf dem sog. Hypertext Transfer Protokoll (http), das der Koordinierung einer Vielzahl verschiedener www-Seiten oder Websites[331] dient. Diese Websites bzw. die einzelnen Dokumente können untereinander verknüpft („verlinkt") werden. Auf diese Art und Weise sind unzählige Dokumente weltweit miteinander verbunden und können mittels der entsprechenden Client-Software – dem sog. Browser[332] – von den einzelnen Usern aufgerufen werden,[333] ohne dass diese Kenntnis von der jeweiligen Adresse des verlinkten Dokuments haben müssten.[334] Eine ähnliche Funktion erfüllen auch die sog. Suchmaschinen, die es dem User erlauben durch die Eingabe bestimmter Schlagworte gezielt nach Informationen bzw. Websites zu suchen. Letztlich sind es genau diese Funktionen, die dem World Wide Web und damit auch dem Internet zum Durchbruch und seiner explosionsartigen Verbreitung verholfen haben, denn plötzlich war eine schier unbegrenzte Masse an Dokumenten weltweit jederzeit verfügbar.

b. E-Mail

Der neben dem World Wide Web wohl bedeutendste Internetdienst ist die E-Mail (electronic mail). Erforderlich zur Nutzung dieses Dienstes ist die Einrichtung eines E-Mail-Accounts. Jedem E-Mail-Account ist wiederum eine individuelle E-Mail-Adresse zugewiesen. Dies ermöglicht es den sog. Mail-Servern, die Nachricht an den „richtigen" Empfänger zu übermitteln. Auch beim Mailversand, -transport und –abruf werden bestimmte Protokolle (SMTP, POP3) verwendet. Mail-Server können dabei sowohl die Access-Provider, als auch spezielle Service-Provider sein.[335]

c. File Transfer Protocol („FTP")

Das sog. File Transfer Protocol dient in erster Linie dem Transfer von Dateien zwischen verschiedenen Computern oder Netzwerken. Dabei wird der Empfänger der Dateien als „Client", der Versender als „Server" bezeichnet. Einen Da-

---

330 Hartmann, Unterlassungsansprüche, S.8.

331 Als Website wird ein Dokument im World Wide Web bezeichnet, das mithilfe eines Browsers unter Eingabe der entsprechenden Internetadresse, der sog. „URL" (Uniform Resource Locator) aufgerufen werden kann. Ein „Browser" ist ein Computerprogramm zur Darstellung von Websites.

332 Vgl. Fn.331.

333 Hoeren/Sieber/Sieber, Multimedia-Recht, Teil 1, Rn.80.

334 Hartmann, Unterlassungsansprüche, S.13.

335 Hartmann, Unterlassungsansprüche, S.14.

tentransfer vom Server zum Client bezeichnet man als „Download“, einen Datentransfer vom Client zum Server hingegen als „Upload“. Daneben ist auch ein clientgesteuerter Datentransfer zwischen zwei Servern möglich.[336] Darüber hinaus dient FTP der Verwaltung von Verzeichnissen und Dateien im Internet. Hierzu gehören bspw. Dokumentenserver für Digitale Bibliotheken, Online-Datenbanken und Webarchive.

d. Peer-to-Peer („P2P“)

In einem P2P-Netzwerk sind alle teilnehmenden Computer grundsätzlich[337] einander gleichgestellt, d.h. sie sind alle gleichermaßen Client wie Server.[338] Da sie alle die gleiche Dienstsoftware verwenden, können sie sowohl Dienste in Anspruch nehmen, als auch Dienste zur Verfügung stellen.[339] Auf diese Weise entsteht ein dezentrales Datenverteilsystem, bei dem die relevanten Dateien auf einer Vielzahl von Computern zur Verfügung stehen.[340]

Maßgebliche Bedeutung haben die P2P-Netzwerke im Rahmen der sog. File-Sharing-Systeme erlangt, bei denen jeder Teilnehmer des Netzwerks (sog. Peer) Dateien auf seinem Computer freigeben und den anderen Teilnehmern zum Kopieren zur Verfügung stellen kann. Die Dateien werden dabei unmittelbar zwischen den teilnehmenden Computern und damit ohne Zwischenschaltung eines zentralen Speichers auf einem Server ausgetauscht.[341] Die Dateien befinden sich auf den teilnehmenden Computern des P2P-Netzwerkes oder dedizierten Servern[342]. Letztere stellen lediglich die automatisch generierten und sich fortlaufend aktualisierenden Verzeichnisse aller im jeweiligen Netzwerk verfügbaren Dateien bereit, nicht jedoch die Dateien selbst.[343] Auch in diesem Fall werden die Dateien direkt von Peer zu Peer übertragen.

---

336 Ufer, Haftung, S.11.

337 Insbesondere bei einer großen Zahl teilnehmender Computer an einem P2P-Netzwerk werden die einzelnen Netzwerkteilnehmer allerdings häufig zur besseren Strukturierung des Netzwerks entsprechend ihrer Leistungsfähigkeit in verschiedene Gruppen eingeteilt, sog. Overlay-Netzwerke.

338 Hoeren/Sieber/Sieber, Multimedia-Recht, Technische Grundlagen, Teil 1, Rn.139.

339 Hartmann, Unterlassungsansprüche, S.14.

340 Hoeren/Sieber/Sieber, Multimedia-Recht, Technische Grundlagen, Teil 1, Rn.139.

341 Verweyen, MMR 2009, 590 (592).

342 Das berühmteste Beispiel eines solchen zentral bzw. hierarchisch organisierten Servers war wohl die Musiktauschbörse „Napster“.

343 Verweyen, MMR 2009, 590 (592).

Es ist nicht zu bestreiten,[344] dass derartige Systeme auch zur Verletzung von Rechten Dritter, insbesondere zum illegalen Austausch urheberrechtlich geschützter Dateien missbraucht werden. Dabei bereitet die Identifizierung der unmittelbaren Verletzer insbesondere in dezentral organisierten Netzwerken, die ohne einen zentralen Server auskommen, erhebliche Schwierigkeiten.[345] Gleichwohl ist bei der rechtlichen Beurteilung zu berücksichtigen, dass P2P-Systeme in nicht unerheblichem Maße auch zu legalen Zwecken verwendet werden.[346]

e. Sharehoster

In den letzten Jahren hatten die Gerichte[347] immer wieder auch über die rechtliche Zulässigkeit der Angebote sog. Sharehoster zu entscheiden. Auch diese werden zum (illegalen) Austausch von Dateien, wie Musik, Filmen, Software, usw. verwendet.[348] Anders als in den eben beschriebenen File-Sharing-Systemen sind hier die einzelnen User aber nicht miteinander in einem Netzwerk verbunden, vielmehr kann jeder Internetnutzer Dateien auf dem Server eines solchen Sharehosters speichern.[349] Dieser teilt dem Nutzer dann die Adresse („URL") der Datei in Form eines Links mit. Mithilfe dieses Links kann die Datei dann abgerufen und anderweitig gespeichert werden. Der Internetnutzer kann den Link geheim halten oder mit beliebig vielen Dritten teilen. Ein Verzeichnis der auf dem Server gespeicherten Dateien bieten die Sharehoster in der Regel nicht an. Häufig gibt es jedoch im Internet Webangebote Dritter, die die Links sammeln, kategorisieren und mittels Index- und Suchfunktion identifizierbar machen.[350]

---

344 Vgl. aber Verweyen, MMR 2009, 590 (592), der auf verschiedene emprirische Studien verweist, die einen wirtschaftlichen Schaden auf Seiten der Musikindustrie durch „Filesharing" in Abrede stellen.

345 Hartmann, Unterlassungsansprüche, S.15.

346 Hoeren/Sieber/Sieber, Multimedia-Recht, Technische Grundlagen, Teil 1, Rn.140f.

347 Vgl. zuletzt OLG Düsseldorf, ZUM 2011, 252; OLG Düsseldorf, MMR 2010, 483; OLG Hamburg, MMR 2010, 51; LG Hamburg, ZUM 2009, 863.

348 Nach einer vom BDWI veröffentlichten Statistik von OpSec Security, IVD wurden zwischen Januar und August 2010 ca. 190 Millionen Filme allein über Sharehosting-Angebote illegal verbreitet. Vgl. http://www.bundesverband-dienstleistungswirtschaft.de/positionen/stellungnahmen /stellungsnahmen /article/454/20.html.

349 Das Zugänglichmachen urheberrechtlich geschützter Werke verstößt gegen § 19a UrhG. Dabei ist unerheblich, ob der Link später auch von Dritten aufgerufen wird. Ausreichend ist insofern, dass Dritten die Möglichkeit eröffnet wird, auf das rechtsverletzende Angebot zuzugreifen. Gabriel/Albrecht, ZUM 2010, 392 (392).

350 Vgl. instruktiv OLG Köln, MMR 2007, 786.

f. Streaming Media

Insbesondere das sog. „Streaming" ist zuletzt vermehrt in den Blickpunkt einer breiten Öffentlichkeit gerückt. Unter „Streaming" wird das gleichzeitige Empfangen und Wiedergeben von Audio- und Videodaten (sog. Streaming Media) aus einem Rechnernetz verstanden. Dabei unterscheidet man grundsätzlich zwischen dem sog. Live-Streaming und dem sog. On-Demand-Streaming.[351] Anders als beim klassischen „Download", müssen die Dateien beim „Streaming" nicht zuerst vollständig auf dem Rechner des Client gespeichert werden, ehe die Dateien angezeigt werden können, vielmehr erfolgt die Übertragung mittels eines kontinuierlichen „Datenstroms" vom Server zum Client, sodass eine Wiedergabe der Audio- oder Videodateien bereits (und grundsätzlich ausschließlich)[352] während des Übertragungsvorgangs möglich ist. Hierzu werden die empfangenen Dateien im Puffer des Computers zwischengespeichert.[353] Nach Abschluss des „Streams" werden die Dateien automatisch aus dem Zwischenspeicher gelöscht. Dabei werden die Audio- oder Videodateien selten in ihrer ursprünglichen Form übertragen, vielmehr verwenden nahezu alle Streaming-Media-Technologien bestimmte Kompressionstechniken (z.B. „MP3"), mithilfe derer die Größe der Dateien erheblich verringert werden kann.[354] Auf diese Weise können auch große Multimedia-Dateien wie beispielsweise Videodateien unmittelbar angezeigt bzw. angesehen werden, ohne dass es zuvor eines zeitaufwendigen „Downloads" bedürfte. Die Übertragung von Audio- und Videodateien im Wege des „Streaming" ist dabei keineswegs stets illegal. Im Gegenteil. Man denke hier nur an legale Musik-Streaming-Plattformen wie „simfy", „myspace", „steereo" oder „last.fm". Gleiches gilt für das Webangebot von ARD und ZDF, die auf ihren Internetseiten zahlreiche aktuelle und archivierte Beiträge und Sendungen kostenlos online zum Abruf bereit halten. Auch rechtmäßige Live-Übertragungen von Konzerten oder Sportereignissen mittels Internetradio oder –fernsehen gehören hierzu. So werden beispielsweise die Abonnementkonzerte der Berliner Philharmoniker stets live im Internet gegen Gebühr übertragen.[355]

Neben der Frage, welche Rechte der Urheber und ausübenden Künstler bei einer derartigen legalen Nutzung des „Streamings", insbesondere des „Live-Streamings" betroffen sind,[356] zeigt sich in den letzten Jahren eine Tendenz, dass das „Streaming" in zunehmenden Maße auch für die illegale Verbreitung urhe-

---

351 Büscher/Müller, GRUR 2009, 558 (558).

352 Allerdings gibt es verschiedene Software, mittels derer auch Streaming-Angebote auf dem jeweiligen Rechner dauerhaft gespeichert werden können.

353 Hoeren/Sieber/Sieber, Multimedia-Recht, Technische Grundlagen, Teil 1, Rn.134.

354 Hoeren/Sieber/Sieber, Multimedia-Recht, Technische Grundlagen, Teil 1, Rn.137.

355 http://www.digitalconcerthall.com/de/.

356 Vgl. hierzu instruktiv Büscher/Müller, GRUR 2009, 585.

berrechtlich geschützter Inhalte im Internet genutzt wird.[357] Stellvertretend für diese Entwicklung steht zweifellos der „Erfolg“ des Raubkopier-Portals „kino.to“[358], über dessen Film-Verzeichnis[359] die Internetnutzer auf zigtausende Kinofilme und Serien zugreifen können, die illegal auf Servern Dritter gespeichert sind. Dabei dürfte kein Zweifel bestehen, dass ein derartiges Geschäftsmodell rechtswidrig ist. Allerdings bereitet die Rechtsverfolgung und Rechtsdurchsetzung mitunter erhebliche rechtliche[360] und tatsächliche Schwierigkeiten.[361] Strittig ist hingegen, wie das „bloße“ Anschauen bzw. das Abrufen derartiger „Streams“ rechtlich zu beurteilen ist.[362] Dabei wird es entscheidend darauf ankommen, ob man das Zwischenspeichern der Dateien im Arbeitsspeicher des Rechners als unrechtmäßige Vervielfältigung gem. § 16 UrhG und damit als Herstellen einer Kopie bewertet bzw. ob man diese als zulässige, weil nur „vorübergehende Vervielfältigung“ im Sinne von § 44a UrhG ansieht.[363]

g. Usenet/ Newsgroups

Auch das sog. Usenet war zuletzt wieder Gegenstand einiger aufsehenerregender Gerichtsentscheidungen[364]. Während das Usenet in der Vergangenheit klassischerweise eine Art Sammlung von Diskussionsforen darstellte, an denen grundsätzlich jeder teilnehmen konnte, weshalb es häufig mit den bekannten „Schwarzen Brettern“ verglichen wurde,[365] rückt das Usenet jüngst in einer anderen Funktion in den Blickpunkt des rechtswissenschaftlichen Diskurses. So ist den letzten Jahren zu beobachten, dass das Usenet verstärkt auch zum Tausch von Audio- und Video-Dateien genutzt wird. Ein solches spezielles Usenet be-

---

357 Im Dezember 2009 waren 151.657 Kinofilme illegal im Internet auf Streaming-Portalseiten verfügbar. Quelle: GVU-Jahresbericht 2009. Online abrufbar unter: http://www.gvu.de/media/pdf/653.pdf.

358 Heute: kinox.to, vgl. hierzu noch Kapitel 7, S.168.

359 Die Filmdateien selbst sind nicht auf dem Server von „kino.to“ gespeichert. Bei einem „Klick“ auf den entsprechenden Filmtitel („Link“) werden die Nutzer auf die Webseiten Dritter geleitet. Es handelt sich dabei in der Regel um illegale Streaming-Angebote.

360 Vgl. GVU-Jahresbericht 2009, S.8. Online abrufbar unter: http://www.gvu.de/media/pdf/653.pdf.

361 Vgl. WirtschaftsWoche vom 17.02.2010 „Erfolglose Jagd auf die deutschen Raubkopierkönige“. Online abrufbar unter: http://www.wiwo.de/unternehmen-maerkte/erfolglose-jagd-auf-die-deutschen-raubkopierkoenige-421953/2/.

362 Radmann, ZUM 2010, 387ff.; Fangerow/Schulz, GRUR 2010, 677ff.; Koch, GRUR 2010, 574ff.; Hullen, ITRB 2008, 230ff. Gerichtsurteile zu dieser Frage sind bisher nicht ergangen. Es scheint bisher (noch) keine technischen Möglichkeiten zu geben, die Nutzer derartiger Streaming-Angebote gerichtssicher zu identifizieren.

363 Es fehlt hier allerdings der Raum dies angemessen zu beurteilen, zumal sich die Untersuchung auf die Haftung der Internetprovider konzentriert.

364 Vgl. nur OLG Hamburg, ZUM-RD 2009, 246ff. – „Usenet I“.

365 Vgl. zum „Usenet“ in dieser Funktion Hartmann, Unterlassungsansprüche, S.14; Ufer, Haftung, S.11.

zeichnet man als Binary Usenet, denn die sog. binary files (Binärdateien) erlauben nicht nur die Übermittlung von reinen Textdateien, sondern auch den Austausch von Dateien jeder Art und damit auch von urheberrechtlich geschützten Inhalten wie Musik, Filmen oder Software. Insofern stellt sich inzwischen auch bei zahlreichen Usenet-Anbietern eine ähnliche rechtliche Problematik wie sie sich seit vielen Jahren bei den klassischen File-Sharing-Systemen zeigt.

h. Zusammenfassung

Die verschiedenen Internetdienste haben maßgeblich zum Erfolg des Internets beigetragen. Insbesondere der Entwicklung des World Wide Webs kommt hierbei entscheidende Bedeutung zu, denn es ermöglichte erstmals ein unkompliziertes „Surfen" im Netz. Daneben haben sich im Laufe der Jahre eine Reihe weiterer Internetdienste etabliert. Diese noch immer fortschreitende Entwicklung stellt aber auch die Rechtwissenschaft vor immer neue Herausforderungen. Die technischen Besonderheiten des Internets – insbesondere die Möglichkeit der weltweiten Verbreitung digitalisierter Daten, die weitgehende Anonymität im Netz und das Fehlen weltweit einheitlicher Rechtsstandards bzw. wirksamer Möglichkeiten zur Rechtsverfolgung und Rechtsdurchsetzung – zwingen zur Auseinandersetzung mit neuen, schwierigen rechtlichen Fragesellungen.[366]

D. Die Internetprovider im „Fadenkreuz" der Rechteinhaber

Seit einigen Jahren zeichnet sich bei Rechtsverletzungen im Internet die Tendenz ab, dass die Rechteinhaber nicht mehr allein gegen die unmittelbaren Verletzer - die jeweiligen Internetnutzer – rechtlich vorgehen, sondern zivilrechtliche Ansprüche (auch) gegenüber den Internetprovidern geltend machen. Welche Ursachen diese Entwicklung hat und welche Vorteile dieses Vorgehen den Rechteinhabern bietet, soll im Folgenden näher erläutert werden.

Das Internet hat seit den 90er Jahren des letzten Jahrhunderts den privaten wie den geschäftlichen Lebensbereich revolutioniert. Es ist heute als Kommunikations- und Informationsplattform für weite Teile der Bevölkerung nicht mehr wegzudenken. Das Internet ist inzwischen die praktisch wichtigste Informationsressource unserer Gesellschaft. Es ist „Marktplatz für Geschäftstreibende und Tummelplatz für die Freizeitgestaltung einer breiten Bevölkerungsschicht".[367] Auf diese Weise ist das Internet für die soziale und wirtschaftliche Entwicklung weltweit zu einer Schlüsseltechnologie geworden. Dabei bildet die schnelle,

366 Hoeren/Sieber/Sieber, Multimedia-Recht, Technische Grundlagen, Teil 1, Rn.1ff..
367 Frech, Haftung von Internet-Providern, S.13.

preiswerte und universelle Verfügbarkeit von Informationen inzwischen einen wesentlichen Produktions- und Standortfaktor.[368] Denn mit dem elektronischen Austausch von Informationen und dem direkten Vertrieb von Waren und Dienstleistungen über das Internet ist eine erhebliche Reduktion von Transaktionskosten verbunden.[369] Gleichzeitig führt das Internet mit seinen technischen Neuerungen zu einer immer engeren Verflechtung der weltweiten Marktstrukturen, in denen regionale Standortfaktoren nur noch eine untergeordnete Rolle spielen.[370] Das Internet hat aber nicht nur bestehende Unternehmensstrukturen nachhaltig beeinflusst und verändert, sondern zur Entwicklung einer Reihe neuer Unternehmen im Onlinebereich geführt, deren Geschäftstätigkeit sich ausschließlich auf das Internet beschränkt.[371] Man denke nur an den Handel mit Waren und Dienstleistungen im Internet (sog. E-Commerce), der immer mehr an Bedeutung gewinnt.[372] Der mit dem E-Commerce gerierte Umsatz kann dabei seit Jahren zweistellige Zuwachsraten verzeichnen. Damit bleibt das Internet auch weiterhin der Vertriebsweg mit der größten Wirtschaftsdynamik.[373]

Die Bedeutung des Internets ist aber keineswegs auf den wirtschaftlichen Bereich beschränkt, vielmehr hat das Internet auch maßgeblichen Einfluss auf den privaten Lebensbereich vieler Menschen. Die Kommunikation via E-Mail und Internet-Telefonie, die Lektüre von Online-Zeitungen und Zeitschriften, der Kauf von Theater- und Kinotickets über das Internet ist für eine überwältigende Mehrheit der Menschen in Deutschland inzwischen schlicht selbstverständlich. Damit ist das Internet heute ein integraler Bestandteil unserer Gesellschaft.

Dies spiegelt sich auch in dem fulminanten Erfolg von Social Media Seiten in Deutschland wider. Nach einer Forsa-Erhebung im Auftrag des Brachenverbandes BITKOM nutzten im Jahr 2010 bereits mehr als 30 Millionen Deutsche regelmäßig Social Media Seiten, um mit ihren Freunden und Bekannten in Kontakt zu bleiben, sich über gemeinsame Interessen und Erlebnisse auszutauschen und in zunehmendem Maße auch zu beruflichen Zwecken.[374] Es überrascht daher nicht, dass sieben der zwanzig meist besuchten Webseiten in Deutschland

---

368 Holznagel/Enaux/Nienhaus, Telekommunikationsrecht, Erster Teil, §1 Rn.1.

369 Donges/Mai, E-Commerce und Wirtschaftspolitik, S.191ff.

370 Hoeren/Sieber/Picot/Neuburger, Multimedia-Recht, Wirtschaftliche Grundlagen, Teil 2, Rn.145.

371 Frech, Haftung von Internet-Providern, S.14.

372 Der im Jahr 2009 mit dem Online- und Versandhandel erzielte Umsatz belief sich auf 29,9 Mrd. Euro; Quelle: Newsdienst MMR-Aktuell 2010, 306027.

373 Vgl. GFK-Studie zum Kaufverhalten der Deutschen im Internet (3/2010), S.1. Online abrufbar unter: http://www.gfk.com/imperia/md/content/presse/pressemeldungen2010/100303_webscope_dfin.pdf.

374 Vgl. hierzu die Presseinformation vom 14. März 2010, S.1. Online abrufbar unter: http://www.bitkom.org/files/documents/BITKOM-Presseinfo_Communitys_14_03_2010.pdf.

den Social Media Seiten zuzurechnen sind.[375] Diese zeichnen sich dadurch aus, dass die Nutzer nicht mehr nur passiv mediale Informationen konsumieren, sondern Inhalte einzeln oder gemeinsam erstellen, bearbeiten und im Netz verbreiten.[376] Social Media Seiten entstehen maßgeblich durch den interaktiven Austausch der jeweiligen Nutzer der Social-Media-Plattform.[377] Dabei erfreuen sich insbesondere Social-Networking-Seiten einer enormen Beliebtheit. Allein die ca. 400 Millionen Facebook-Nutzer weltweit, davon ca. 11 Millionen in Deutschland,[378] verbreiten jede Woche etwa dreieinhalb Milliarden Links, Fotos, Filme und Kommentare.[379]

Diese vielfältigen positiven Aspekte des Internets beschreiben allerdings nur eine Seite der Medaille. Denn auf der Schattenseite der Medaille schlägt die massive Verletzung von Rechten des geistigen Eigentums zu buche, von der insbesondere die Kultur- und Kreativwirtschaft besonders betroffen ist.[380] Ursächlich für diesen massiven „Kontrollverlust der Rechteinhaber über ihre Werke“[381] sind eine Reihe verschiedener Faktoren, von denen die Folgenden besonders ins Gewicht fallen:

- ein fehlendes Bewusstsein breiter Bevölkerungsschichten für die Bedeutung des Schutzes von Rechten des geistigen Eigentums,[382]
- eine deutlich herabgesetzte Hemmschwelle zur Begehung rechtswidriger Taten durch die im Internet weitgehend gewährleistete Anonymität[383] und die folglich ausbleibende Sanktionierung des Rechtsbruchs,
- sowie in technischer Hinsicht die (auch für den Laien) einfache Möglichkeit zur Verbreitung digitalisierter Werke mittels entsprechender Internetdienste und -anwendungen, die Entwicklung effizienter Programme zur

375 YouTube, Facebook, Wikipedia, StudiVZ, Twitter, Blogger, Xing. Vgl. Leitfaden Social Media (BITKOM), S.4. Online abrufbar unter: http://www.bitkom.org/files/documents/Leitfaden_Social_Media.pdf.

376 Hartmann, Unterlassungsansprüche, S.18.

377 Frech, Haftung von Internet-Providern, S.20.

378 Vgl. Leitfaden Social Media (BITKOM), S.4. Online abrufbar unter: http://www.bitkom.org/files/documents/Leitfaden_Social_Media.pdf.

379 Lobo, c`t 2010, 188 (188). Online abrufbar unter http://heise.de/-939907.

380 Vgl. hierzu Kapitel 4, S.65ff.

381 Frech, Haftung von Internet-Providern, S.15.

382 Vgl. die Stellungnahme von Prof. Schwartmann zur Entwicklung des Urheberrechts in der digitalen Wirtschaft vom 24. November 2010, S.5ff.; Online abrufbar unter: http://www.bundestag.de/internetenquete/dokumentation/2010/Sitzungen/20101129/A-Drs__17_24_009_H-_Stellungnahme_Prof__Schwart-mann.pdf. Auf der anderen Seite wären aber nach eine Erhebung des Instituts Aris im Auftrag des Branchenverbandes BITKOM fast 40 % der Internetnutzer durchaus bereit, für kulturelle Inhalte, insbesondere Qualitäts-Journalismus zu bezahlen. Online abrufbar unter: http://www.bitkom.org/de/ presse/66442_63489.aspx.

383 Vgl. BGH-GRUR 2007, 890 (892) – „Jugendgefährdende Medien bei eBay“.

Komprimierung auch größerer Dateien und die Bereitstellung immer schnellerer, kostengünstigerer und leistungsstärkerer Internetverbindungen.[384]

Um die illegale Verbreitung ihrer Werke zu verhindern bzw. wenigstens einzudämmen, haben die Rechteinhaber in den letzten Jahren zahlreiche, zum Teil nicht unumstrittene Maßnahmen ergriffen.[385] Zu nennen sind hier insbesondere breit angelegte Aufklärungs- und Informationskampagnen, beispielsweise der deutschen Filmindustrie, die mit dem Slogan „Raubkopierer sind Verbrecher" zuletzt eine große mediale Aufmerksamkeit erregt hat, zweitens die verstärkte Einführung von Kopierschutzsystemen,[386] um die Verbreitung und Verwendung digitaler Medien besser kontrollieren zu können und drittens – insbesondere in jüngster Zeit – der Aufbau neuer legaler Absatzmodelle im Internet[387]. Trotz dieser Bemühungen liegt die Zahl der im Internet begangenen Rechtsverletzungen im Bereich des geistigen Eigentums weiterhin auf hohem Niveau.[388] Es verwundert daher nicht, dass die Rechteinhaber nach anderen Wegen suchen, um der illegalen Verbreitung ihrer Werke wirkungsvoll entgegentreten zu können. Ein vielversprechendes Mittel zur Erreichung dieses Ziels scheint dabei aus Sicht der Rechteinhaber die zivilrechtliche Inanspruchnahme der Internetprovider zu sein.

1. Erleichterte Rechtsdurchsetzung gegenüber den Internetprovidern

Ein großer Vorteil den ein solches Vorgehen in sich birgt, liegt in der erleichterten Rechtsdurchsetzung gegenüber den Internetprovidern. Nicht selten bereitet es große Schwierigkeiten die Identität des direkten Verletzers zu ermitteln. Nicht zuletzt wenn dieser aus dem Ausland tätig wird. Aber auch im Inland ist die Rechtsverfolgung und -durchsetzung durch die Verwendung von Pseudony-

---

384 Frech, Haftung von Internet-Providern, S.15f..

385 Vgl. zur Einführung technischer Schutzmaßnahmen, Rigamonti, GRUR Int. 2005, 1ff.

386 Sog. Digitales Rechtemanagment („DRM"). Eine Zusammenstellung der wesentlichen Kritikpunkte gegen den Einsatz von DRM findet sich im dritten Zwischenbericht der Enquete-Kommission „Internet und digitale Gesellschaft", BT-Drucksache 17/7899, S.47. Online abrufbar unter: http://dip21.bundestag.de/ dip21/btd/17/078/1707899.pdf.

387 Zu nennen ist hier bspw. der „iTunes Music Store" (http://www.apple.com/de/itunes/). Als neuestes Absatzmodell für die Musikindustrie wird zurzeit das „On-Demand-Streaming" heiß diskutiert. Vgl. Süddeutsche.de vom 28.06.2010. Online abrufbar unter: http://www.sueddeutsche.de/digital/musik-im-internet-strom-der-zukunft-1.966429.

388 Vgl. GFK-Brennerstudie 2010, Folie 10. Online abrufbar unter: http://www.musikindustrie.de/uploads/media/Brennerstudie_2010_Presseversion_FINAL.pdf

men und Kürzeln häufig erschwert. Dies gilt erst recht, wenn lediglich die meist dynamische IP-Adresse des Computers des Nutzers übermittelt wird.[389]

2. Finanzielle Leistungsfähigkeit der Internetprovider

Ein weiterer Vorteil liegt in der zumindest bei gewerbsmäßig handelnden Plattformbetreibern zu erwartenden größeren finanziellen Leistungsfähigkeit der Internetprovider. Zwar ist zu berücksichtigen, dass die Rechtssprechung - jedenfalls bei urheber- und markenrechtlichen Sachverhalten – zur Begründung der Haftung der Internetprovider bei fremden Rechtsverletzungen auf die Grundsätze der Störerhaftung rekurriert, die eine Geltendmachung von Schadensersatz nicht erlauben[390] und auch zuzugestehen, dass sich daran auch dann nichts grundlegend ändern würde, wenn man derartige Sachverhalte – wie hier befürwortet und auch von der Rechtssprechung[391] bei wettbewerbsrechtlichen Sachverhalten vertreten - mithilfe des Instituts der Verkehrspflichten lösen möchte. Schließlich schließen die haftungsprivilegierenden Vorschriften des TMG die Geltendmachung von Schadensersatzansprüchen weitgehend aus.[392] Eine Schadensersatzhaftung kommt jedoch zumindest dann in Betracht, wenn die Internetprovider „regelrecht die Augen vor weiteren (gleichartigen und bekannten konkreten) Rechtsverletzungen verschließen“ oder mit den Nutzern kollusiv zusammenwirken, was insbesondere bei besonders „gefahrgeneigten Geschäftsmodellen bzw. entsprechender Widmung in der Werbung“ denkbar ist.[393]

Der Gedanke der größeren finanziellen Liquidität als Motiv für eine zivilrechtliche Inanspruchnahme der Internetprovider gewinnt darüber hinaus auch insofern an Bedeutung, als die Rechtssprechung unter Rückgriff auf die Rechtsfigur des „Zu-eigen-machens“ unter bestimmten Voraussetzungen ursprünglich fremde Inhalte, als eigene Inhalte des Internetproviders qualifiziert, mit der Folge, dass die Internetprovider für diese Informationen voll verantwortlich und damit gegebenenfalls auch schadensersatzpflichtig sind, weil sich die Haftung der Internetprovider für eigene Informationen, die sie zur Nutzung bereithalten, gem. § 7 Abs.1 TMG nach den allgemeinen Gesetzen bestimmt.[394]

---

389 Frech, Haftung von Internet-Providern, S.16f.
390 Vgl. hierzu Kapitel 1, S.6.
391 BGH, GRUR 2011, 152 (156) – „Kinderhochstühle im Internet“; BGH, GRUR 2010, 633 (634) – „Sommer unseres Lebens“; BGH, GRUR 2007, 890 (894) – „Jugendgefährdende Medien bei eBay“; BGH, GRUR 2004, 860 (864) – „Internet-Versteigerung I“.
392 Vgl. hierzu noch Kapitel 4, S.98ff.
393 Leistner, GRUR-Beil. 2010, 1 (28).
394 Vgl. hierzu noch Kapitel 4, S.92ff.

3. Kontrollmöglichkeiten der Internetprovider

Als weiteres Argument für die zivilrechtliche Inanspruchnahme der Internetprovider wird von Seiten der Rechteinhaber angeführt, dass diese durch den Einsatz automatischer Filtertechnologien und/oder einer händischen (Nach-)kontrolle der bereits vorgefilterten Informationen die Verbreitung rechtsverletzender Informationen effektiv verhindern oder wenigstens eindämmen könnten.[395] Hierfür spricht, dass es angesichts der Masse der im Internet verbreiteten Informationen kaum denkbar erscheint, dass die Rechteinhaber all diese Informationen selbst überprüfen können. Die Access-Provider hingegen könnten mithilfe entsprechender Filtertechnologien[396] durchaus den Zugang zu bestimmten, rechtswidrigen Angeboten sperren.[397] Und auch die Host-Provider könnten die auf ihren Servern gespeicherten Informationen kontrollieren und rechtsverletzende Informationen sperren beziehungsweise löschen. Der Einsatz derartiger Filtertechniken könnte den Internetprovidern insbesondere deshalb zumutbar sein, weil die Zahl der im Internet begangenen Rechtsverletzungen seit Jahren kontinuierlich zunimmt und sich eigene Maßnahmen der Rechteinhaber gegen die illegale Verbreitung rechtsverletzender Inhalte häufig als nicht besonders effektiv[398] erwiesen haben.[399] Hält man den Einsatz entsprechender Filtertechnologien daher grundsätzlich für verpflichtend, könnte das Nicht-Verwenden derartiger Schutztechniken durchaus eine Haftung der Internetprovider begründen.[400]

---

395 Vgl. hierzu noch ausführlich Kapitel 6, S.129ff.

396 Vgl. hierzu noch ausführlich Kapitel 7, S.146ff.

397 So setzen die Access-Provider seit Jahren erfolgreich zur Bekämpfung der Verbreitung unerwünschter E-Mail-Nachrichten (sog. Spam) entsprechende Internetfilter ein. Vgl. den dritten Bericht der Europäischen Agentur für Netz- und Informationssicherheit (ENISA) zur Vermeidung von Spam-Mails; online abrufbar unter: http://europa.eu/agencies/community_agencies/enisa/index_de.htm.

398 Insbesondere die sog. DRM-Systeme konnten sich letztlich nicht durchsetzen. Vgl. hierzu heise online vom 02. April 2007. Online abrufbar unter: http://www.heise.de/-164307.

399 Es sei hier aber nicht verschwiegen, dass die Rechteinhaber, insbesondere die Musikindustrie, es lange Zeit versäumt haben, auf die technologischen Entwicklungen des Internets effizient zu reagieren und die sich bietenden Chancen eines weltweiten digitalen Vertriebsnetzes zu nutzen. So haben sie auf die zunehmenden Rechtsverletzungen im Internet lange Zeit lediglich repressiv reagiert ohne sich um den Aufbau attraktiver legaler Alternativangebote zu kümmern. Dabei sind viele illegale Angebote im Netz häufig von minderer Qualität und geringer Benutzerfreundlichkeit, sodass hier durchaus ein „Markt" besteht, den die Rechteinhaber erst nach und nach zu erschließen beginnen.

400 Vgl. zum Einsatz von Internetfiltern, Kapitel 6, S.129ff.

4. Zentrale Stellung der Internetprovider

Ferner ist zu berücksichtigen, dass die Internetprovider eine zentrale Stellung in unserer Informationsgesellschaft einnehmen.[401] So setzt das „Surfen" im Netz denklogisch einen Zugang zum Internet voraus und damit eine Dienstleistung, die die Access-Provider erbringen. Ohne die Webangebote der Host- und Content-Provider wiederum wäre das Internet praktisch inhaltsleer. Erst sie erfüllen das Internet mit „Leben", in dem sie eigene oder fremde Inhalte im Netz zum Abruf bereithalten. Angesichts dieser herausragenden Stellung der Internetprovider in unserer Informationsgesellschaft scheint es folgerichtig, dass diese – je nach Funktion und Rolle in der Informationsvermittlung – auch eine gewisse (Mit-)Verantwortlichkeit dafür tragen, dass Rechte Dritter auch im Internet gewahrt werden.

5. Zusammenfassung

Das Internet hat die Rechteinhaber vor neue Herausforderungen gestellt. Während es einerseits neue legale Vertriebswege eröffnete, wurde und wird es andererseits in nicht unerheblichem Maße zu rechtswidrigen Handlungen missbraucht. So werden über Sharehosting-Plattformen massenhaft digitalisierte urheberrechtlich geschützte Werke verbreitet, ohne dass die Nutzer hierzu berechtigt wären. Gleiches gilt für Video-Plattformen wie Youtube.com, auf denen Nutzer eigene, aber eben auch fremde Videos einstellen können, die nicht selten urheberrechtlich geschützt sind. Online-Handelsplattformen wie EBay.de wiederum, wurden als „idealer" Vertriebsweg für gefälschte Markenprodukte ausgemacht. Um die Kontrolle über ihr geistiges Eigentum zurück zu gewinnen, versuchen die Rechteinhaber daher zunehmend auch die Internetprovider in die Pflicht zu nehmen. Diese haben nicht nur die Möglichkeit, den potentiellen Rechtsverletzer gerichtssicher zu identifizieren, sondern – in gewissem Umfang - auch die von ihnen übermittelten oder gespeicherten Informationen auf ihre Rechtmäßigkeit hin zu überprüfen. Gleichwohl ist die Forderung nach mehr Kontrolle durch die Internetprovider ein zweischneidiges Schwert. Aus verfassungsrechtlicher Sicht sind hier durchaus Bedenken angezeigt. Auch könnte die Auferlegung weitgehender Prüfungs- und Überwachungspflichten die Existenz und das Entstehen insbesondere kleinerer, nicht-professioneller Webangebote gefährden, da die effektive Umsetzung einer solchen Verpflichtung mitunter mit erheblichen sachlichen, personellen und finanziellen Kosten verbunden sein wird. Ferner ist zu berücksichtigen, dass die Internetprovider eine herausragende Funktion in unserer Informationsgesellschaft erfüllen. Sie stellen die gesamte

401 Frech, Haftung von Internet-Providern, S.17f..

Infrastruktur zur Verfügung ohne die das Internet, wie wir es heute kennen, nicht existieren würde. Um die dynamische Entwicklung des Internets nicht zu ersticken, haben sich sowohl der nationale, als auch der europäische Gesetzgeber bemüht, ausdifferenzierte Regelungswerke zu schaffen, die teils recht weitgehende Haftungsprivilegierungen für Internetprovider vorsehen.

E. Rechtliche Grundlagen

1. Europäische Regelungen

Von großer Bedeutung für die vorliegende Untersuchung sind zunächst einmal die verschiedenen europarechtlichen Regelungen im Bereich des (Tele-) Medienrechts. Dies gilt in erster Linie für die Richtlinie 2000/31/EG[402] über den elektronischen Geschäftsverkehr („E-Commerce"-Richtlinie), sowie die Richtlinie 2004/48/EG[403] zur Durchsetzung der Rechte des Geistigen Eigentums („Enforcement"-Richtlinie).[404]

a. Die Richtlinie 2000/31/EG („E-Commerce"-Richtlinie)[405]

Am 4. Mai 2000 wurde die Richtlinie 2000/31/EG („E-Commerce"-Richtlinie) vom Europäischen Parlament verabschiedet. Ziel der Richtlinie war es, bestehende und sich entwickelnde Unterschiede in den Rechtsvorschriften und der Rechtssprechung der Mitgliedstaaten hinsichtlich der Verantwortlichkeit von Diensteanbietern zu verhindern, um ein reibungsloses Funktionieren des Binnenmarktes zu ermöglichen.[406] Zu diesem Zweck trifft die „E-Commerce"-Richtlinie in ihrem 4. Abschnitt mit den Art.12 bis 15 detaillierte Regelungen zur Verantwortlichkeit der Diensteanbieter. Der europäische Richtliniengeber trägt damit den Besonderheiten des Mediums Internet Rechnung, das angesichts seiner Ubiquität an den Landesgrenzen der Nationalstaaten keinen Halt macht.

---

402 Richtlinie 2000/31/EG des Europäischen Parlaments und des Rates vom 8. Juni 2000 über bestimmte rechtliche Aspekte der Dienste der Informationsgesellschaft, insbesondere des elektronischen Geschäftsverkehrs im Binnenmarkt, GRUR Int. 2000, 1004ff.

403 Richtlinie 2004/48/EG des Europäischen Parlaments und des Rates vom 29. April 2004 zur Durchsetzung der Rechte des geistigen Eigentums, GRUR Int. 2004, 615ff.

404 Auf die Regelungen der Richtlinie 2001/29/EG des Europäischen Parlaments und des Rates vom 22. Mai 2011 zur Harmonisierung bestimmter Aspekte des Urheberrechts und der verwandten Schutzrechte in der Informationsgesellschaft, GRUR Int. 2001, 745ff. wird an entsprechender Stelle im Rahmen dieser Untersuchung noch einzugehen sein.

405 Im Folgenden „ECRL", sofern auf einen bestimmten Artikel der Richtlinie Bezug genommen wird.

406 Vgl. Erwägungsgrund 40 der Richtlinie 2000/31/EG, GRUR Int. 2000, 1004 (1007f.).

Die Richtlinienbestimmungen über die Verantwortlichkeit von Diensteanbietern sind grundsätzlich, soweit sie Haftungserleichterungen vorsehen, als Vollharmonisierung gedacht. Dass heißt die Mitgliedsstaaten dürfen weder weitere noch engere Regelungen im nationalen Recht treffen.[407] Der deutsche Gesetzgeber hat diesen Vorgaben mit den §§ 7-10 TMG Rechnung getragen. Da die haftungsprivilegierenden Vorschriften des TMG im Rahmen dieser Untersuchung noch ausführlich beleuchtet werden und im Zuge dessen auf die jeweiligen Vorgaben der ECRL hingewiesen wird, soll hier zur Vermeidung von Redundanzen auf eine Darstellung der entsprechenden europarechtlichen Regelungen verzichtet werden.

b. Die Richtlinie 2004/48/EG („Enforcement"-Richtlinie)

Während die „E-Commerce"-Richtlinie darauf abzielt, eine weitgehende Haftungsfreistellung der Internetprovider zu erreichen, soweit deren Tätigkeit „rein technischer, automatischer und passiver Art ist",[408] betont der europäische Richtliniengeber mit der „Enforcement"-Richtlinie die Bedeutung eines wirksamen Schutzes der Rechte des geistigen Eigentums, die er auch durch die neuen Dienste der Informationsgesellschaft bedroht sieht. Ziel der Richtlinie ist es insoweit, bestimmte Mindestanforderungen an einen effektiven Rechtsschutz zugunsten der Inhaber von Rechten des geistigen Eigentums festzulegen, denn „ohne wirksame Instrumente zur Durchsetzung der Rechte des Geistigen Eigentums werden Innovation und kreatives Schaffen gebremst und Investitionen verhindert".[409] Deshalb müssten „Rechteinhaber die Möglichkeit haben, eine gerichtliche Anordnung gegen eine Mittelsperson zu beantragen, deren Dienste von einem Dritten dazu genutzt werden, das gewerbliche Schutzrecht des Rechtsinhabers zu verletzen".[410] Dies könne auch den Einsatz von Maßnahmen rechtfertigen, „die eine erneute Verletzung von Rechten des Geistigen Eigentums verhindern".[411] Dieses klare Bekenntnis des europäischen Richtliniengebers zu den Rechten des geistigen Eigentums ist zu begrüßen, ist doch ein effektiver Schutz des geistigen Eigentums und die damit einhergehende wirtschaftliche Beteiligung der Schutzrechtsinhaber an der Verwertung ihrer Werke zwingende Voraussetzung für Investitionen und Innovationen im Bereich der Kreativ- und Kulturwirtschaft und damit für jedes künstlerische Schaffen.

Konsequenterweise nimmt die „Enforcement"-Richtlinie explizit auf die Regelungen der „E-Commerce"-Richtlinie Bezug. So heißt es in Art.2 Abs.3 der

---

407 BT-Drucks. 14/6098, 22.

408 Vgl. Erwägungsgrund 42 der Richtlinie 2000/31/EG, GRUR Int. 2000, 1004 (1008).

409 Vgl. Erwägungsgrund 3 der Richtlinie 2004/48/EG, GRUR Int. 2004, 615 (615).

410 Vgl. Erwägungsgrund 23 der Richtlinie 2004/48/EG, GRUR Int. 2004, 615 (616).

411 Vgl. Erwägungsgrund 24 der Richtlinie 2004/48/EG, GRUR Int. 2004, 615 (616f.).

Richtlinie: „Diese Richtlinie berührt nicht (...) die Richtlinie 2000/31/EG im Allgemeinen und insbesondere deren Artikel 12-15.“[412] Scheint dies noch für einen Vorrang der haftungsprivilegierenden Vorschriften der „E-Commerce“-Richtlinie gegenüber den Regelungen der „Enforcement“-Richtlinie zu sprechen, so stellt Art.11 der „Enforcement“-Richtlinie doch unmissverständlich klar, „dass die zuständigen Gerichte bei Feststellung einer Verletzung eines Rechts des geistigen Eigentums eine Anordnung gegen den Verletzer erlassen können, die ihm die weitere Verletzung des betreffenden Rechts untersagt.“ Und schließlich ausdrücklich im Hinblick auf die Verantwortlichkeit der Diensteanbieter: „Unbeschadet des Artikel 8 Absatz 3 der Richtlinie 2001/29/EG[413] stellen die Mitgliedstaaten ferner sicher, dass die Rechteinhaber eine Anordnung gegen Mittelspersonen beantragen können, deren Dienste von einem Dritten zwecks Verletzung eines Rechts des geistigen Eigentums in Anspruch genommen werden.“[414] Damit besteht kein Zweifel, dass nach dem Willen des europäischen Richtliniengebers die Rechteinhaber einen wirksamen Schutz ihrer rechtlich geschützten Interessen beanspruchen können sollen. Auf das komplexe Spannungsverhältnis der beiden Richtlinien wird im Rahmen dieser Untersuchung noch ausführlich einzugehen sein.[415] Dabei wird es stets darum gehen, einen bestmöglichen Ausgleich zwischen den legitimen Interessen der Diensteanbieter, der Allgemeinheit (sowohl an technischem Fortschritt, als auch an kreativem Schaffen) und der Rechteinhaber zu erzielen. Dass die Frage nach einem gerechten Ausgleich der widerstreitenden Interessen gleichsam die Gretchen-Frage für die Ausgestaltung eines überzeugenden Haftungsregimes im Bereich des Telemedienrechts bildet, liegt auf der Hand. Dies zumal es sich sowohl bei den Technologieanbietern im Bereich der Telemedien als auch bei der Kreativ- und Kulturwirtschaft um Wirtschaftszweige handelt, deren herausragende Bedeutung für den europäischen Binnenmarkt unbestritten ist.[416]

---

412 Richtlinie 2004/48/EG, GRUR Int. 2004, 615 (617).

413 Art. 8 Abs.3 der Richtlinie 2001/29/EG lautet: „Die Mitgliedstaaten stellen sicher, dass die Rechteinhaber gerichtliche Anordnungen gegen Vermittler beantragen können, deren Dienste von einem Dritten zur Verletzung eines Urheberrechts oder verwandter Schutzrechte genutzt werden.“, GRUR Int. 2001, 745 (753).

414 Richtlinie 2004/48/EG, GRUR Int. 2004, 615 (620).

415 Vgl. hierzu noch Kapitel 6, S.123ff.

416 Vgl. zur volkswirtschaftlichen Bedeutung der Kreativwirtschaft in Deutschland den dritten Zwischenbericht der Enquete-Kommission „Internet und digitale Gesellschaft“, BT-Drucksache 17/7899, S.9ff. Online abrufbar unter: http://dip21.bundestag.de/dip21/btd/17/078/1707899.pdf. Ferner das im Jahr 2009 vom Bundesministerium für Wirtschaft und Technologie veröffentlichte Forschungsgutachten „Gesamtwirtschaftliche Perspektiven der Kultur- und Kreativwirtschaft in Deutschland“. Online abrufbar unter: http://www.bmwi.de/Dateien/KuK/PDF/doku-577-gesamtwirtschaftliche-perspektiven-kultur-und-kreativwirtschaft-kurzfassung,property=pdf,bereich=bmwi,sprache=de,rwb=true.pdf. Und schließlich auf europäischer Ebene das Grünbuch der Europäischen Kommission zur „Erschließung des Potenzials

2. Nationale Regelungen

a. Anwendbarkeit deutschen Rechts

Bei Rechtsverletzungen im Internet ist häufig zunächst zu klären, welches Recht überhaupt zur Anwendung kommt. Stellt ein Dritter beispielsweise auf einem ausländischen Server ein urheberrechtlich geschütztes Werk im Internet zum Abruf bereit und will der Urheber die weitere rechtswidrige Verbreitung seines Werkes dadurch verhindern, dass er den ausländischen Host-Provider vor einem deutschen Gericht auf Unterlassung und Beseitigung in Anspruch nimmt, so ist in einem ersten Schritt zu prüfen, ob überhaupt deutsches Recht zur Anwendung kommt. Maßgeblich ist in insoweit Art.40 EGBGB. Nach Art.40 Abs.1 S.1 EGBGB unterliegen Ansprüche aus unerlaubter Handlung dem Recht des Staates, in dem der Ersatzpflichtige gehandelt hat. Nach Art.40 Abs.1 S.2 EGBGB kann der Verletzte ferner verlangen, dass anstelle dieses Rechts das Recht des Staates angewandt wird, in dem der Erfolg eingetreten ist.[417] Im Ausgangsfall ist das Recht der Bundesrepublik Deutschland also nur dann anwendbar, wenn die Verbreitung der in Rede stehenden Inhalte (auch) in Deutschland erfolgt ist und die unerlaubte Handlung somit (auch) in Deutschland begangen worden ist, jedenfalls aber der Erfolg im Sinne des Art.40 Abs.1 S.2 EGBGB in Deutschland eingetreten ist.[418] Eine Einschränkung ist allerdings insoweit geboten, als die urheberrechtlich geschützten Inhalte auch „bestimmungsgemäß" in Deutschland zu sehen sein müssen.[419] Die Rechtssprechung trägt damit dem Umstand Rechnung, dass sich grundsätzlich sämtliche im Netz verfügbaren Inhalte auch in Deutschland abrufen lassen. Damit wäre aber die deutsche Rechtsordnung stets anwendbar.

---

der Kultur- und Kreativindustrien", KOM (2010) 183/3. Online abrufbar unter: http://ec.europa.eu/culture/documents/greenpaper_creative_industries_de.pdf.

417 Auch die Frage, welches nationale Urheberrecht anzuwenden ist, beurteilt sich nach dem deutschen internationalen Privatrecht. Die Rechtssprechung stützt sich dabei auf das sog. Schutzlandprinzip. Maßgeblich für die Frage, ob dem Kläger Ansprüche wegen Verletzung urheberrechtlicher Nutzungsrecht zustehen, ist mithin das Recht des Staates, für dessen Gebiet Urheberrechtsschutz beansprucht wird. St. Rspr. vgl. nur BGH, GRUR 2007, 691 (692) m.w.N. Allerdings ist die Anknüpfung an das Schutzlandprinzip in der Literatur nicht unumstritten, vgl. Wandtke/Dietz, Urheberrecht, S.417ff. m.w.N.

418 Vgl. LG Hamburg, BeckRS 2009, 23814.

419 OLG Hamburg, GRUR 2010, 628 (629).

b. Das Telemediengesetz

aa. Entstehungsgeschichte

Der deutsche Gesetzgeber hat sich bereits sehr früh bemüht, einheitliche wirtschaftliche Rahmenbedingungen für die verschiedenen Nutzungsmöglichkeiten der elektronischen Informations- und Kommunikationsdienste zu schaffen[420] um auf diese Weise die Entwicklung des Internets seit Anfang der 1990er Jahre rechtlich nachzuvollziehen.

Bereits im Jahre 1997 erließ er mit dem Teledienstegesetz (TDG)– als Teil des Informations- und Kommunikationsgesetzes (IUKDG) – und auf Länderebene mit dem Medienstaatsvertrag (MDStV) wegweisende Gesetzeswerke zu den Telemedien[421], die unter anderem auch schon erste Regelungen zur Verantwortlichkeit von Internetprovidern enthielten.[422]

Mit dem Erlass der Richtlinie 2000/31/EG („E-Commerce-Richtlinie")[423] wurde eine Novellierung des TDG sowie des MDStV erforderlich. Letztlich blieben die Regelungen über die Verantwortlichkeit der Provider für von ihnen vermittelte oder bereitgehaltene Informationen inhaltlich aber weitgehend unberührt, wobei die Privilegierungstatbestände in Anlehnung an die ECRL deutlich ausführlicher gefasst und ausdifferenzierter gestaltet wurden. Das modifizierte TDG trat am 21. Dezember 2001 gleichzeitig mit dem novellierten MDStV in Kraft.

Im Jahr 2007 schließlich verabschiedete der Bundestag – mit Zustimmung des Bundesrates – das Telemediengesetz (TMG). Das Telemediengesetz bildet das Kernstück des Gesetzes zur Vereinheitlichung von Vorschriften über bestimmte elektronische Informations- und Kommunikationsdienste[424]. Es löste die bis dahin maßgeblichen Regelungswerke zu den Telemedien – das Teledienstegesetz, das Teledienstedatenschutzgesetz (TDDSG) und weitestgehend auch den Medienstaatsvertrag – ab. Ziel des TMG ist die Regelung der rechtlichen Anforderungen für elektronische Informations- und Kommunikationsdienste, wie sie

---

420 Vgl. Art.1 Gesetz über die Nutzung von Telediensten v. 22.07.1997, BGBl. I, S.1870.

421 Das Teledienstegesetz galt nur für Teledienste, nicht für Mediendienste im Sinne des Staatsvertrags über Mediendienste, nicht für Rundfunk im Sinne des Rundfunkstaatsvertrags und nicht für Telekommunikationsdienstleistungen im Sinne des Telekommunikationsgesetzes. Presserechtliche Vorschriften blieben unberührt (vgl. § 2 Abs.4 und Abs.5 TDG). Erst im Rahmen des TMG wurde einheitlich der Begriff der Telemedien eingeführt, womit sich die in der Praxis schwierige Abgrenzung zwischen Telediensten und Mediendienste erübrigte.

422 Hoeren, NJW 2007, 801 (801).

423 Richtlinie 2000/31/EG, GRUR Int. 2000, 1004.

424 Elektronischer-Geschäftsverkehr-Vereinheitlichungsgesetz – ElGVG, BGBl I, S. 179.

durch die „E-Commerce"-Richtlinie vorgegeben sind und vormals im TDG und MDStV enthalten waren. Das TMG richtet sich an die Anbieter von Telemedien. § 1 Abs.1 TMG definiert den Begriff der Telemedien lediglich negativ. Erfasst werden alle elektronischen Informations- und Kommunikationsdienste, soweit es sich hierbei nicht um reine Telekommunikationsdienste, telekommunikationsgestützte Dienste oder Rundfunk handelt.[425] Das TMG gilt für alle Diensteanbieter im Sinne § 2 Nr.1 TMG einschließlich der öffentlichen Stellen und unabhängig davon, ob für die Nutzung ein Entgelt erhoben wird, vgl. § 1 Abs.1 S.2 TMG. Diensteanbieter im Sinne des TMG ist gem. § 2 Nr.1 TMG jede natürliche oder juristische Person, die eigene oder fremde Telemedien zur Nutzung bereithält oder den Zugang zur Nutzung vermittelt. Das TMG trifft recht umfangreiche Regelungen zur Verantwortlichkeit der Diensteanbieter, zu den allgemeinen Informationspflichten beim „E-Commerce" sowie zum Datenschutz im Internet.[426] Keine wesentliche Neuerung bedeutet das TMG jedoch hinsichtlich des hier interessierenden Bereichs der Verantwortlichkeit von Diensteanbietern für Rechtsverletzungen Dritter. Im Zuge der Umsetzung der „E-Commerce"-Richtlinie hatten sowohl der Bund wie auch die Länder ihre entsprechenden Rechtsvorschriften an die Richtlinienbestimmungen angepasst. Insofern führt das TMG diese beiden Regelungswerke zwar zusammen, an der inhaltlichen Ausgestaltung der entsprechenden Vorschriften rührt es jedoch nicht.[427] Um Redundanzen zu vermeiden, wurde daher eingangs auch darauf verzichtet, die einzelnen Regelungen zur Verantwortlichkeit der Internet-Provider im TDG und MDStV näher zu beleuchten, da die einschlägigen Vorschriften zweckmäßig anhand der aktuellen Regelungen im TMG erläutert werden können.

bb. Die Verantwortlichkeit der Diensteanbieter nach dem Telemediengesetz

(1) Die Verantwortlichkeit nach §§ 7ff. TMG

Das TMG trifft in seinem 3. Abschnitt („Verantwortlichkeit der Diensteanbieter") mit den §§ 7ff. TMG Regelungen zur Verantwortlichkeit der Dienstanbieter. Diese Regelungen entsprechen inhaltsgleich den §§ 8-11 TDG 2001 und setzen die in den Artikeln 12 bis 15 ECRL vorgesehenen Beschränkungen der Verantwortlichkeit der „Vermittler elektronischer Kommunikation" in innerstaatliches Recht um.

---

425 Spindler/Schuster/Holznagel/Ricke, Recht der elektronischen Medien, 2. Aufl. 2011, zwölfter Teil, § 1 Rn.2.

426 Hoeren, NJW 2007, 801 (801).

427 Döring, Haftung, S.111; Hollenders, Mittelbare Verantwortlichkeit von Intermediären, S.105f.

Anders als die den Regelungen des TMG zugrundeliegenden Bestimmungen der „E-Commerce“-Richtlinie beginnt der 3. Abschnitt des TMG allerdings mit einer Festlegung „Allgemeiner Grundsätze“, die in § 7 TMG normiert wurden und den haftungserleichternden Vorschriften der §§ 8ff. TMG vorangestellt sind.

(2) § 7 Abs.1 TMG

Nach § 7 Abs.1 TMG sind Diensteanbieter für eigene Informationen, die sie zur Nutzung bereithalten, nach den allgemeinen Gesetzen verantwortlich. Diese Vorschrift weist im Grunde keine medienspezifischen Besonderheiten auf. Sie dient vielmehr allein Klarstellungsgründen und trägt dem Grundsatz Rechnung, dass „was offline illegal ist, auch online illegal ist“[428]. Durch die Voranstellung des § 7 Abs.1 TMG wird aber noch einmal besonders deutlich, dass der Abgrenzung zwischen eigenen und fremden Informationen eine zentrale Bedeutung bei der Bestimmung der Verantwortlichkeit der Diensteanbieter zukommt.[429] Denn sofern es sich bei den rechtsverletzenden Informationen um fremde Informationen handelt, kann die Verantwortlichkeit der Diensteanbieter nach den §§ 8-10 TMG beschränkt sein.[430]

(3) Filterfunktion der §§ 8-10 TMG

Die Haftungsprivilegierungen der §§ 8-10 TMG sind nach herrschender Ansicht als Filter konzipiert, d.h. sie können eine Verantwortlichkeit im zivil- oder strafrechtlichen Bereich nicht begründen oder erweitern.[431] Vielmehr muss sich eine solche aus den allgemeinen Vorschriften ergeben.[432] Es handelt sich somit bei den §§ 8-10 TMG um haftungsbeschränkende Bestimmungen. Folglich ist eine Haftung nach den allgemeinen Vorschriften zumindest stets dann ausgeschlossen, wenn die Voraussetzungen der §§ 8 -10 TMG erfüllt sind.[433] Eine Haftungsprivilegierung kommt allerdings nur dann in Betracht, wenn es sich um „fremde“ Informationen handelt.

---

428 Heß, Verantwortlichkeit von Diensteanbietern, S.169, Fn.504.

429 Frech, Haftung von Internet-Providern, S.110.

430 Heß, Verantwortlichkeit von Diensteanbietern, S.170.

431 BT-Drucks. 14/6098, 23. Str.: So wird insbesondere in der jüngeren Literatur vertreten, dass es sich bei den Haftungsprivilegierungen letztlich um eine gesetzliche Fixierung von Verkehrspflichten handelt, vgl. zum Meinungsstand Hartmann, Unterlassungsansprüche, S.125. Der Streit ist für die vorliegende Untersuchung allerdings nur von geringer Bedeutung, und auch in der Praxis kaum von Relevanz, weshalb er hier nicht weiter vertieft werden soll.

432 Heß, Verantwortlichkeit von Diensteanbietern, S.170.

433 Hartmann, Unterlassungsansprüche, S.123.

(4) Die Abgrenzung zwischen eigenen und fremden Informationen

Insofern kommt der Abgrenzung zwischen eigenen und fremden Informationen eine entscheidende Bedeutung bei der Bestimmung der Verantwortlichkeit der Diensteanbieter zu. Gleichwohl ist sie in der Praxis bisweilen mit erheblichen Schwierigkeiten verbunden. Dies betrifft weniger die Vorschriften der §§ 8 und 9 TMG, hier sind die betreffenden Informationen in der Regel eindeutig einer der beiden Kategorien zuzuordnen, sondern insbesondere die Vorschrift des § 10 TMG, die sich an den Host-Provider richtet. Hier stellt sich eine vergleichbare Problematik, wie sie bereits zu Beginn dieses Kapitels bei der Kategorisierung der verschiedenen Providertypen angedeutet wurde. Die Nutzung und Wahrnehmung des Internets durch den Einzelnen hat sich in den letzten Jahren erheblich verändert. Die Benutzer erstellen, bearbeiten und verteilen Inhalte zunehmend in quantitativ und qualitativ entscheidendem Maße selbst. Diese unter dem Stichwort Web 2.0 beschriebene Entwicklung hat auch Folgen für die Abgrenzung von „eigenen“ und „fremden“ Informationen, denn nicht selten ist nicht mehr auf den ersten Blick erkennbar, wer für welchen Inhalt verantwortlich zeichnet.

(5) Keine entsprechende Differenzierung in ECRL angelegt

Bemerkenswert ist, dass die für den Rechtsanwender mit erheblichen Schwierigkeiten verbundene Differenzierung zwischen eigenen und fremden Informationen im Grunde in der den deutschen Regelungen zur Verantwortlichkeit der Diensteanbieter zugrundeliegenden „E-Commerce“-Richtlinie nicht angelegt ist. Die Art. 12 und 13 der „E-Commerce“-Richtlinie sprechen vielmehr von Informationen, die „von einem Nutzer“ eingegeben wurden, während es bei Art.14 der „E-Commerce“-Richtlinie darauf ankommen soll, ob die Informationen „durch einen Nutzer“ eingegeben wurden. Das Kriterium der „Fremdheit“ der Information, das das deutsche TMG für das Eingreifen der haftungsprivilegierenden Vorschriften der §§ 8-10 TMG voraussetzt, findet sich in den Regelungen der „E-Commerce“-Richtlinie nicht.

Zumindest terminologisch hat der deutsche Gesetzgeber mithin auf eine identische Umsetzung der Regelungen der „E-Commerce“-Richtlinie zur Verantwortlichkeit der Diensteanbieter im TMG verzichtet. Nun ist der deutsche Gesetzgeber aber nicht verpflichtet, die der Umsetzung einer europäischen Richtlinie dienenden gesetzlichen Regelungen auch terminologisch identisch an die jeweiligen Vorgaben der Richtlinie anzupassen.[434] Eine wortwörtliche Transformation

---

434 Spindler, MMR 2004, 440 (441).

ist nicht erforderlich.[435] Entscheidend im Sinne der effet utile-Rechtssprechung des EuGH ist vielmehr die Erreichung des Regelungsziels der Richtlinie.[436] Dabei sind die nationalen Vorschriften stets im Lichte der Richtlinie zu beurteilen.[437] Das bedeutet, dass aufgrund der Vollharmonisierung der Verantwortlichkeitsregeln ein nationales Vorverständnis von eigenen und fremden Inhalten nicht den Wertungen der „E-Commerce"-Richtlinie vorangestellt werden kann, vielmehr die haftungserleichternden Bestimmungen des TMG soweit wie möglich richtlinienkonform auszulegen sind.[438] Folglich verbleibt den Mitgliedsstaaten ein gewisser Gestaltungsspielraum bei der Umsetzung einer Richtlinie in innerstaatliches Recht, weshalb es auch dem deutschen Gesetzgeber unbenommen blieb, bei den Verantwortlichkeitsregelungen des TMG eine Unterscheidung in „eigene" und „fremde" Informationen zu Grunde zu legen, sofern nur in der Rechtsanwendungspraxis – und dies betrifft insbesondere die Gerichte – die maßgeblichen europarechtlichen Wertungen Beachtung finden. Ob es angesichts der schwierigen Abgrenzungsfragen nicht angezeigt gewesen wäre, bei der Novellierung des TDG bzw. der Einführung des TMG auf diese Unterscheidung zu verzichten und die Vorschriften des TMG zur Verantwortlichkeit der Diensteanbieter auch terminologisch enger an die europarechtlichen Vorgaben zu knüpfen, steht auf einem anderen Blatt. Jedenfalls aber kommt nach geltendem Recht der „richtigen" Abgrenzung zwischen „eigenen" und „fremden" Informationen eine entscheidende Bedeutung zu.

(6) Eigene Informationen

Dabei sind eigene Informationen zunächst einmal all diejenigen Informationen, bei denen es sich um originär eigene Informationen handelt.[439] Das sind insbesondere vom Internet-Provider selbst erstellte und auch selbst im Netz verbreitete Inhalte. Insoweit bereitet die Zuordnung keine Schwierigkeiten.

(7) Zu-eigen-gemachte Informationen

Damit scheint die Abgrenzung eigentlich recht leicht, müssten doch dann konsequenterweise all diejenigen Informationen, die nicht eigene Informationen im Sinne der obigen Begriffsbestimmung sind, fremde Informationen sein. Die Rechtssprechung hat den Begriff des eigenen Inhalts aber bereits zu Zeiten des TDG weit ausgelegt und eine weitere Kategorie der „zu eigen" gemachten Inhal-

---

435 EuGH, Slg. 1992, I-3265, Rn.17 – Kommission/Niederlande; EuGH, Slg. 1987, 1733, Rn.15 – Kommission/Italien.
436 Hartmann, Unterlassungsansprüche, S.107.
437 Hartmann, Unterlassungsansprüche, S.107.
438 Spindler, MMR 2004, 440 (441).
439 Heise Online-Recht – Wimmers/Schulz, Kapitel III, B.III.5.

te entwickelt. Es handelt sich bei den „zu eigen“ gemachten Inhalten um eigentlich fremde Inhalte, die aber aufgrund bestimmter Umstände den eigenen Inhalten gleich zu stellen sind, [440] sodass der Diensteanbieter für diese auch wie für seine eigenen Inhalte haftet.[441] Diese haftungsrechtliche Zurechnung erklärt, warum der BGH auch nach Einführung des TMG unverändert an dem Institut des „Zu-eigen-machens“ festhalten möchte,[442] denn für seine eigenen Inhalte haftet der Dienstenabieter nach den allgemeinen Vorschriften (vgl. § 7 Abs.1 TMG), eine Haftungsprivilegierung nach den Vorschriften des TMG kommt nicht in Betracht. Insofern wird auf diese Weise der Anwendungsbereich der als zu starr und weitgehend empfundenen haftungserleichternden Vorschriften des TMG zurückgedrängt.[443] Ob diese Rechtssprechung in Einklang mit den Vorgaben der dem TMG zugrundeliegenden „E-Commerce“-Richtlinie zu bringen ist, bedarf einer gründlichen Untersuchung.[444] Eine Stütze findet diese Rechtssprechung jedenfalls in der Begründung zum Gesetzentwurf zum EGG. Dort heißt es: „Wie der bisherige § 5 TDG a.F. differenzieren (auch) die §§ 8 bis 11 TDG n.F. zwischen eigenen und fremden Informationen. Dabei gehören zu den eigenen Informationen auch Informationen Dritter, die sich der Diensteanbieter zu eigen macht.“[445] Der Gesetzgeber trifft jedoch keine Aussage dazu, auf Grundlage welcher Kriterien eine Abgrenzung zwischen „eigenen“ und „fremden“ Informationen vorzunehmen ist bzw. wann es sich um Informationen handelt, die sich der Diensteanbieter zu eigen macht.

Allerdings hatte die Rechtssprechung[446] in den vergangenen Jahren wiederholt die Gelegenheit, Stellung zu der Frage zu nehmen, wann sich ein Diensteanbieter fremde Informationen zu eigen macht,[447] sodass inzwischen ein ganzes Bündel an Kriterien besteht, die dem Rechtsanwender dabei helfen, im Einzelfall eine trennscharfe Unterscheidung zu treffen. Die Rechtssprechung hat sich dabei vielfach Kriterien bedient, die dem Bereich des Presserechts entlehnt sind. Dies erscheint angesichts der im Ausgangspunkt durchaus vergleichbaren Fragestel-

---

440 Spindler/Schuster/Hoffmann, Recht der elektronischen Medien, 2. Aufl. 2011, zwölfter Teil, § 7 Rn.15.

441 Hartmann, Unterlassungsansprüche, S.111; BGH, NJW 2008, 1882 (1883f.) – „ueber18.de“.

442 Vgl. nur BGH, NJW 2004, 3102 (3103) – „Internet-Versteigerung I“.

443 Leistner, GRUR Beil. 2010, 1 (27).

444 Vgl. hierzu Kapitel 4, S.95ff.

445 BT-Drucks. 14/6098, S.23.

446 Ein Überblick über die verschiedenen in der Literatur unterbreiteten Vorschläge zur Abgrenzung von „eigenen“ und „fremden“ Informationen findet sich bei Hartmann, Unterlassungsansprüche, S.108ff.

447 Vgl. BGH, MMR 2010, 556ff. – „marions-kochbuch.de“; BGH, MMR 2009, 752ff.; BGH, MMR 2008, 400ff. – „ueber18.de“; BGH, MMR 2004, 668 – „Internet-Versteigerung I“; OLG Hamburg, MMR 2011, 49; OLG Hamburg, ZUM 2009, 642; OLG Hamburg, GRUR-RR 2008, 230.

lung nachvollziehbar. So hatten sich die Gerichte im Bereich des Presserechts sehr früh mit der Frage zu befassen, in welchem Umfang die Presse für Aussagen Dritter, über die sie berichtet oder die sie in Form von Leserbriefen oder Interviews veröffentlicht, haftbar ist. Maßgeblich soll dabei sein, ob das Presseunternehmen die Aussage lediglich „verbreitet“ oder sich diese „zu eigen“ macht, in dem es sich mit dem Inhalt der Aussage identifiziert, anstatt sich ernsthaft und deutlich davon zu distanzieren.[448]

In Anlehnung an diese Grundsätze ist die Abgrenzung im Bereich des Telemedienrechts auf der Grundlage einer Gesamtbetrachtung aller relevanten Umstände vorzunehmen, wobei insofern maßgeblich ist, ob der Diensteanbieter tatsächlich und nach außen sichtbar die inhaltliche Verantwortung für die auf seiner Internetseite veröffentlichten fremden Informationen übernimmt.[449] Abzustellen ist hierbei auf die Sichtweise eines „verständigen Internetnutzers”.[450] Ein „Zu-eigen-machen“ der fremden Informationen durch den Diensteanbieter ist insbesondere dann zu bejahen, wenn die fremden Informationen den redaktionellen Kerngehalt der Webseite bilden und der Diensteanbieter die von Nutzern hochgeladenen Inhalte im Rahmen einer redaktionellen Kontrolle vor ihrer Freischaltung auf Vollständigkeit und Richtigkeit überprüft.[451] Ein weiteres Indiz für ein „Zu-eigen-machen“ durch den Diensteanbieter ist ferner die thematische und optische Einbettung der fremden Information in das sonstige Angebot des Diensteanbieters, beispielsweise durch die Veröffentlichung der Information unter dem „Emblem“ des Diensteanbieters.[452] Gleiches gilt, wenn der Diensteanbieter einen wirtschaftlichen Nutzen aus den fremden Inhalten zieht, indem er sich umfassende Nutzungs- und Verwertungsrechte an diesen einräumen lässt und Dritten anbietet, die Inhalte kommerziell zu nutzen.[453] Allein der Umstand, dass der Betreiber einer Plattform ein Entgelt für die Nutzung seines Dienstes erhebt, führt aber nicht dazu, dass sich der Diensteanbieter die Inhalte eines Nutzers zu eigen macht.[454]

---

448 MüKo-Wagner, § 824, Rn.33.

449 BGH, MMR 2010, 556 (557) m.w.N. – „marions-kochbuch.de“.

450 BGH, MMR 2010, 556 (557) – „marions-kochbuch.de“; OLG Hamburg, MMR 2011, 49 (50).

451 BGH, MMR 2010, 556 (557) – „marions-kochbuch.de“; OLG Hamburg, MMR 2011, 49 (50). Der Diensteanbieter macht sich fremde Informationen folgerichtig nicht zu eigen, wenn er sie in einem automatischen Verfahren ohne eigene Prüfung ins Internet stellt. (BGH, MMR 2004, 668 [670] – „Internet-versteigerung I“).

452 Wobei allein der Umstand, dass der Diensteanbieter einen bestimmten, einheitlichen Rahmen vorgibt, beispielsweise in Form einer Eingabemaske, die den Nutzern das Einstellen und Verbreiten der Informationen auf der Plattform erleichtern soll, nicht ausreichen dürfte, um ein „Zueigenmachen“ zu bejahen. (Heß, Verantwortlichkeit von Dinesteanbietern, S.183). Auch die Strukturierung der Inhalte durch den Anbieter dürfte für sich betrachtet noch nicht genügen, um dem Diensteanbieter die Informationen zuzurechnen. (OLG Hamburg, MMR 2011, 49 [50]).

453 BGH, MMR 2010, 556 (557) – „marions-kochbuch.de“.

454 Ensthaler/Heinemann, WRP 2010, 309 (311).

Ein „Zu-eigen-machen“ fremder Inhalte ist mithin stets dann zu bejahen, wenn der Diensteanbieter den zurechenbaren Anschein erweckt, sich mit dem fremden Inhalt zu identifizieren,[455] weil er es an einer aus der Sicht eines objektiven Nutzers ernsthaften und genügenden Distanzierung von den auf seiner Seite eingestellten Inhalten vermissen lässt.[456] Allein die Kenntlichmachung eines Inhalts als „fremd“ ist jedoch nicht ausreichend, um eine Zurechnung des Inhalts zu dem betreffenden Anbieter auszuschließen.[457] Andernfalls würde ein Anbieter bei nur hinreichend deutlicher Erklärung, der betreffende Inhalt sei nicht sein eigener, stets von den Haftungsprivilegierungen des TMG profitieren.[458] Dies würde aber Sinn und Zweck der haftungsprivilegierenden Vorschriften des TMG zuwiderlaufen. Maßgeblich ist daher nicht, ob der Diensteanbieter einen Inhalt als fremd kennzeichnet oder nicht, sondern wie sich das Angebot für einen objektiven Nutzer darstellt. Muss dieser aufgrund der eingangs genannten Anhaltspunkte davon ausgehen, dass der Anbieter sich mit dem betreffenden Inhalt identifiziert, dann kann eine bloße Kenntlichmachung als fremder Inhalt seitens des Anbieters nicht ausreichen, seine Haftung auszuschließen. Sonst könnten sich Diensteanbieter auch in denjenigen Fällen von Ansprüchen wegen Verletzung von Urheber-, Marken- oder sonstigen Schutzrechten weitgehend frei zeichnen, in denen der betreffende Inhalt augenscheinlich als Teil des Angebots des Diensteanbieters erscheint. In diesen Fällen übt der Diensteanbieter aber nicht mehr bloß eine rein technische Vermittlerrolle im Sinne der „E-Commerce“-Richtlinie aus, sodass in der Konsequenz auch eine Haftungsprivilegierung nach den Vorschriften des TMG nicht in Betracht kommt.[459]

Vor dem Hintergrund des Regelungsziels der „E-Commerce“-Richtlinie ist die Rechtsfigur des „Zu-eigen-machens“ aber äußerst restriktiv anzuwenden, da andernfalls durchaus eine schleichende Aushöhlung der Haftungsprivilegierungen der „E-Commerce“-Richtlinie zu befürchten ist.[460] Es besteht jedenfalls kein Zweifel, dass dem Richtliniengeber bei Erlass der „E-Commerce“-Richtlinie ein technisch geprägtes Verständnis zu Grunde lag, das in erster Linie auf die Herrschaftsmacht über eine Information und deren Auswahl oder die Auswahl der

---

455 BGH, MMR 2009, 752 (753).

456 Spindler/Schuster/Hoffmann, Recht der elektronischen Medien, 2. Aufl. 2011, zwölfter Teil, § 7 Rn.18 mit Verweis auf OLG Brandenburg, MMR 2004, 330ff.

457 BGH ZUM-RD 2010, 456 (459) – „Chefkoch“; OLG Hamburg, ZUM 2009, 642 (644).

458 Freytag, Haftung im Netz, S.173.

459 Engels, MMR 2010, 558 (559).

460 Vgl. hierzu die Kritik von Grübler/ Jürgens in GRUR-RR 2008, 230 (235), die in ihrer Anmerkung zu OLG HH – GRUR-RR 2008, 230 die massive Aushöhlung der Haftungsprivilegierungen durch Rechtsfiguren wie der des „Zu-Eigen-Machens“ beklagen und in dieser Rechtsfigur den „ewigen Notnagel“ des deutschen Internetrechts erblicken, der im Ergebnis die Regelungsziele der ECRL konterkariere. Die Rechtsfigur des „Zu-eigen-machens“ ablehnend auch Schapiro, Unterlassungsansprüche, S.361ff.

Adressaten der Information abstellt, nicht aber darauf, wie eine Information sich gegenüber Dritten darstellt.[461] Illustrativ für dieses technisch geprägte Verständnis kann der das gesamte System der Haftungsprivilegierungen leitende Erwägungsgrund 42 der „E-Commerce"-Richtlinie herangezogen werden, wonach diese nur Fälle abdeckt: „in denen die Tätigkeit des Anbieters von Diensten der Informationsgesellschaft auf den technischen Vorgang beschränkt ist, ein Kommunikationsnetz zu betreiben und den Zugang zu diesem zu vermitteln, über das von Dritten zur Verfügung gestellte Informationen übermittelt oder zum alleinigen Zweck vorübergehend gespeichert werden, die Übermittlung effizienter zu gestalten. Diese Tätigkeit ist rein *technischer*, *automatischer* und *passiver* Art, was bedeutet, dass der Anbieter eines Dienstes der Informationsgesellschaft *weder Kenntnis noch Kontrolle* über die weitergeleitete oder gespeicherte Information besitzt."[462]

Insofern kann auch nicht die Auffassung überzeugen, dass die „E-Commerce"-Richtlinie zwar nicht expressis verbis, aber ihrer ratio legis entsprechend von einer Unterscheidung zwischen eigenen und fremden Informationen ausgeht.[463] Denn normative Wertungen, wie sie auch nach der hier vertretenen Auffassung bei der Differenzierung zwischen eigenen und fremden Inhalten Berücksichtigung finden, sind der „E-Commerce"-Richtlinie zunächst einmal fremd.[464] Insofern bedarf es einer genauen Prüfung im Einzelfall, ob die betreffenden Informationen „eigene" oder „fremde" Informationen des Diensteanbieters sind, denn nach dem Willen des europäischen Richtliniengebers sollen die Diensteanbieter in aller Regel haftungsrechtlich privilegiert werden, wenn sie bei der Informationsvermittlung eine rein technische Aufgabe erfüllen. Dies trifft in erster Linie auf den Access-Provider zu, der in der Tat lediglich seinen Kunden den Zugang zum Internet eröffnet. Die hinter dem Erwägungsgrund stehenden Wertungen des Richtliniengebers können aber auch bei der Beurteilung der Dienstleistungen der Host-Provider nicht unberücksichtigt bleiben. Sie verbieten es den Mitgliedsstaaten als haftungsbegründendes Element an eine abstrakte Betriebsgefahr anzuknüpfen bzw. eine Haftung nach den Grundsätzen der Gefährdungshaftung zu etablieren.[465] Allein das Eröffnen einer Informationsquelle kann eine Haftung der Diensteanbieter mithin nicht begründen.[466]

---

461 Spindler, MMR 2004, 440 (441).

462 Hervorhebungen durch den Verfasser.

463 So aber Heß, Verantwortlichkeit von Diensteanbietern, S.172.

464 Pankoke, MMR 2004, 211 (216), hält den deutschen Sonderweg daher auch für gemeinschaftswidrig und „durch nichts gerechtfertigt".

465 Frech, Haftung von Internet-Providern, S.104.

466 Heß, Verantwortlichkeit von Diensteanbietern, S.184.

c. Zwischenergebnis

Eine Abkehr von der herkömmlichen Differenzierung zwischen eigenen und fremden Inhalten im deutschen Telemedienrecht ist mithin nicht erforderlich. Auch die Rechtsfigur des „Zu-eigen-machens" erscheint bei restriktiver Anwendung im Einklang mit den europarechtlichen Vorgaben. Es ist also nach wie vor zwischen eigenen, fremden und zu eigen gemachten Inhalten zu differenzieren. Festzuhalten bleibt, dass die Diensteanbieter jedenfalls dann von eigener Haftung befreit sind, wenn es sich bei den betreffenden Inhalten um fremde Inhalte handelt und die weiteren Voraussetzungen der §§ 8-10 TMG erfüllt sind.

d. Die §§ 8ff. TMG

aa. § 8 TMG

Die Regelungen des § 8 TMG betreffen die Durchleitung von Informationen und richten sich an die sog. Access-Provider. Diensteanbieter, die fremde Informationen in einem Kommunikationsnetz übermitteln oder zu denen sie den Zugang zur Nutzung vermitteln, sollen frei jeglicher Haftung bleiben, vgl. § 8 Abs.1 TMG. Gleiches gilt nach Abs.2 derselben Vorschrift, wenn die Durchleitung der fremden Information oder die Zugangsvermittlung zu dieser Information eine „automatische kurzzeitige Zwischenspeicherung dieser Information" erforderlich macht.

Dies gilt unter der Voraussetzung, dass die Diensteanbieter:

- die Übermittlung nicht veranlasst haben, vgl. § 8 Abs.1 S.1 Nr.1 TMG,
- den Adressaten der übermittelten Informationen nicht ausgewählt haben, vgl. § 8 Abs.1 S.1 Nr.2 TMG,
- die übermittelten Informationen nicht ausgewählt oder verändert haben, vgl. § 8 Abs.1 S.1 Nr.3 TMG,
- nicht mit einem Nutzer des Dienstes absichtlich zusammenwirken, um rechtswidrige Handlungen zu beghen, vgl. § 8 Abs.1 S.2 TMG,
- im Falle einer automatischen kurzzeitigen Zwischenspeicherung einer fremden Information, dies nur zur Durchführung der Übermittlung im Kommunikationsnetz geschieht und die Informationen nicht länger gespeichert werden, als für die Übermittlung üblicherweise erforderlich ist, vgl. § 8 Abs.2 TMG.

Die Vorschrift richtet sich an diejenigen Diensteanbieter, deren Tätigkeit „rein technischer, automatischer und passiver Art" ist und die daher „keinerlei Kenntnis oder Kontrolle über die weitergeleitete oder gespeicherte Information“ besitzen.[467] Ihre Tätigkeit ist auf den technischen Vorgang beschränkt, ein Kommunikationsnetz zu betreiben und den Zugang zu diesem zu vermitteln, ohne dass die Diensteanbieter bei diesem automatisiert ablaufenden Prozess eigene Entscheidungen treffen würden.[468]

bb. § 9 TMG

Gleiches gilt im Wesentlichen für die Vorschrift des § 9 TMG, wonach Diensteanbieter für eine automatische, zeitlich begrenzte Zwischenspeicherung, die allein dem Zweck dient, die Übermittlung fremder Informationen an andere Nutzer auf deren Anfrage effizienter zu gestalten (sog. Caching), nicht verantwortlich sind, sofern sie die weiteren Voraussetzungen des § 9 S.1 Nr.1-5 TMG einhalten. Die Haftungsprivilegierung bezieht sich dabei auf die Zwischenspeicherung, nicht wie bei § 8 Abs.2 TMG auf die übermittelte Information. Während die Zwischenspeicherung bei § 8 Abs.2 TMG zu dem Zweck erfolgt, die Übermittlung der Information zu ermöglichen, will § 9 TMG das Zwischenspeichern – und damit das Erstellen einer Kopie – privilegieren, das einzig dem Zweck dient, den Nutzern schnelleren Zugang zu der Information zu verschaffen. Insofern ist die Vorschrift insbesondere im Bereich des Urheberrechts relevant,[469] da bei der Zwischenspeicherung bzw. dem Erstellen einer Kopie ggf. Verwertungsrechte der Urheber, insbesondere das Vervielfältigungsrecht nach § 16 UrhG verletzt werden könnten, sodass ohne die haftungsprivilegierende Vorschrift des § 9 TMG eine urheberrechtliche Haftung des Diensteanbieters durchaus denkbar erschiene.

cc. § 10 TMG

Von großer Bedeutung für die Frage der Verantwortlichkeit der Diensteanbieter ist ferner die Vorschrift des § 10 TMG, die sich an die Host-Provider richtet. Ebenso wie den §§ 8 und 9 TMG liegt auch der Vorschrift des § 10 TMG die Erkenntnis zugrunde, dass es faktisch unmöglich ist, die immensen Datenmengen, die von den Diensteanbietern durchgeleitet bzw. (zwischen-) gespeichert werden, einer effektiven Kontrolle zu unterziehen.[470] Nach § 10 TMG sind Diensteanbieter daher für fremde Informationen, die sie für einen Nutzer speichern, nicht verantwortlich, sofern

---

467 Vgl. Erwägungsgrund 42 der Richtlinie 2000/31/EG, GRUR Int. 2000, 1004 (1008).
468 Vgl. BT-Drucks. 14/6098, S.23f.
469 Vgl, BT-Drucks. 14/6098, S.24.
470 Heß, Verantwortlichkeit von Diensteanbietern, S.11.

- sie keine Kenntnis von der rechtswidrigen Handlung oder der Information haben und ihnen im Falle von Schadensersatzansprüchen auch keine Tatsachen oder Umstände bekannt sind, aus denen die rechtswidrige Handlung oder die Information offensichtlich wird (§ 10 S.1 Nr.1 TMG), oder
- sie unverzüglich tätig geworden sind, um die Information zu entfernen oder den Zugang zu ihr zu sperren, sobald sie Kenntnis erlangt haben (§ 10 S.1 Nr.2 TMG)
- und der Nutzer dem Diensteanbieter weder untersteht noch von ihm beaufsichtigt wird (§ 10 S.2 TMG).

Die Vorschrift des § 10 TMG hat zu einigen Kontroversen in Literatur und Rechtssprechung geführt, weshalb die wesentlichen Streitpunkte im Folgenden kurz beleuchtet werden sollen.

(1) Erstreckung auch auf Unterlassung- und Beseitigungsansprüche?

Zunächst einmal unterscheidet die Vorschrift in § 10 S.1 Nr.1 zwischen Schadensersatzansprüchen und sonstigen Ansprüchen und stellt unterschiedliche Anforderungen an das jeweilige Wissenselement.[471] Während es im Falle einer rechtswidrigen Handlung oder einer Information auf die Kenntnis ankommt, soll bei Schadensersatzansprüchen bereits die Kenntnis von Tatsachen oder Umständen ausreichen, aus denen die rechtswidrige Handlung oder die Information offensichtlich wird. Es fragt sich, welche sonstigen Ansprüche der Gesetzgeber bei der Formulierung des § 10 S.1 Nr.1 TMG im Blick hatte. Dies könnten zum einen zivilrechtliche Ansprüche auf Unterlassung oder Beseitigung sein, gleichsam aber auch denkbare strafrechtliche Rechtsbehelfe. Da nach überzeugender Ansicht Unterlassungs- und Beseitigungsansprüche von den haftungsprivilegierenden Vorschriften des TMG nicht erfasst werden,[472] ist hier zwischen dem strafrechtlichen Bereich und den zivilrechtlichen Schadensersatzansprüchen zu unterscheiden.[473] Ein Diensteanbieter ist also nicht strafbar, wenn er von der rechtswidrigen Handlung oder der Information keine Kenntnis hat (vgl. § 10 S.1 Nr.1 Alt.1 TMG), während zivilrechtliche Schadensersatzansprüche bereits dann in Betracht kommen, wenn der Diensteanbieter bloß Kenntnis von Tatsachen oder Umständen hat, aus denen die rechtswidrige Handlung oder Information offensichtlich wird (vgl. § 10 S.1 Nr.1 Alt.2 TMG).

---

471 Heß, Verantwortlichkeit von Diensteanbietern, S.231.

472 Vgl. hierzu noch Kapitel 5, S.104f.

473 Frech, Haftung von Internet-Povidern, S.114; BT-Drucks. 14/6098, S.25.

(2) Begriff der Kenntnis

Schwierigkeiten bereitet auch die Bestimmung der verschiedenen Kenntnisbegriffe in § 10 S.1 Nr.1 Alt.1 und Alt.2 TMG. Dabei meint Kenntnis im Sinne der 1. Alternative nach richtiger Auffassung allein die tatsächliche, positive Kenntnis des einzelnen konkreten Inhalts.[474] Ein „Kennenmüssen" oder gar eine grob fahrlässige Unkenntnis der vom Gesetz geforderten positiven Kenntnis reicht nicht aus.[475] Dieses Verständnis entspricht dem Wortlaut, sowie dem Sinn und Zweck der Vorschrift, den Diensteanbietern die notwendige Rechtssicherheit zu geben.[476]

Anders verhält es sich hingegen beim Kenntnisbegriff der 2. Alternative des § 10 S.1 Nr.1 TMG. Hier kommt es auf eine positive Kenntnis vom Rechtsverstoß nicht an.[477] Vielmehr ist entscheidendes Merkmal die „Offensichtlichkeit". Erforderlich ist mithin nicht, dass der Diensteanbieter die dem Rechtsverstoß zugrundeliegenden Umstände positiv kennt, vielmehr ist ausreichend, wenn er sich einer möglichen Kenntnis der betreffenden Umstände bewusst verschließt,[478] obwohl der Rechtsverstoß geradezu „ins Auge springt"[479]. Dies kann insbesondere dadurch geschehen, dass er trotz starker Verdachtsmomente für ein rechtswidriges Handeln eine sich bietende Möglichkeit der Aufklärung bewusst nicht wahrnimmt.[480] Ausreichend ist insofern ein fahrlässiges Verhalten, ein grob fahrlässiges Handeln oder eine grob fahrlässige Unkenntnis ist nicht zu fordern.[481]

(3) Bezugspunkt der Kenntnis

Fraglich ist ferner, worauf sich die Kenntnis (Alt.1) bzw. das „Kennenmüssen" (Alt.2) beziehen muss. Anknüpfungspunkt ist nach dem Wortlaut des Gesetzes „die rechtswidrige Handlung oder die Information". Zweifellos setzt die Vorschrift die Kenntnis des Diensteanbieters von der „rechtswidrigen Handlung" voraus. Unklarheiten bestehen allerdings hinsichtlich der Kenntnis von der betreffenden Information. Fraglich ist insoweit, ob die Kenntnis von der Information an sich ausreichend ist oder der Dienseanbieter auch Kenntnis von der

---

474 Spindler/Schuster/Hoffmann, Recht der elektronischen Medien, 2. Aufl. 2011, zwölfter Teil, § 10 Rn.18, Wandtke/Wandtke, Urheberrecht, 10. Kapitel, S.352, Rn.27.

475 Spindler/Schuster/Hoffmann, Recht der elektronischen Medien, 2. Aufl. 2011, zwölfter Teil, § 10 Rn.18; Heß, Verantwortlichkeit von Diensteanbietern, S.232.

476 Spindler/Schuster/Hoffmann, Recht der elektronischen Medien, 2. Aufl. 2011, zwölfter Teil, § 10 Rn.18.

477 Heß, Verantwortlichkeit von Diensteanbietern, S.234.

478 Heß, Verantwortlichkeit von Diensteanbietern, S.235.

479 Frech, Haftung von Internet-Providern, S.115.

480 Heß, Verantwortlichkeit von Diensteanbietern, S.235.

481 Heß, Verantwortlichkeit von Diensteanbietern, S.234.

Rechtswidrigkeit der Information haben muss. Umstritten ist mithin, ob sich das Adjektiv „rechtswidrig“ nur auf die Handlung oder auch auf die Information bezieht. In der Gesetzesbegründung heißt es dazu: „Da sich der Begriff „rechtswidrige“ in der Richtlinie nur auf die Tätigkeit, nicht aber auf die Information bezieht, erfasst Art. 14 ECRL zwei Arten von Fällen.“[482] Dieser Ansicht haben sich auch Teile der Literatur angeschlossen.[483] Nach zustimmungswürdiger Auffassung bezieht sich das Adjektiv „rechtswidrig“ jedoch nicht allein auf die Handlung, sondern auch auf die Information.[484] Es handelt sich insofern um eine „unabsichtlich fehlerhafte Umsetzung des Art.14 ECRL“[485]. Dafür spricht zum einen die sprachliche Fassung des Art.14 Abs.1 lit. a Hs.1 der ECRL, wonach es auf die „Kenntnis von der rechtswidrigen Handlung oder der Information“ ankommt, zum anderen bestätigt dies auch ein Vergleich mit den romanischen Sprachfassungen der jeweiligen Umsetzungsgesetze,[486] bei denen sich die Rechtswidrigkeit auch auf die Information bezieht.[487] Diese Ansicht hat jüngst nun auch eine Bestätigung durch den EuGH erfahren, der in der Entscheidung „Google France Google“[488] vom 23.10.2010 zu dem Ergebnis kommt, dass ein Host-Provider für Daten, die er für einen Nutzer gespeichert hat, gem. Art. 14 ECRL nicht verantwortlich ist, „es sei denn, er hat die Informationen nicht unverzüglich entfernt oder den Zugang zu ihnen gesperrt, nachdem er durch eine Information einer geschädigten Person oder auf andere Weise von der Rechtswidrigkeit dieser Information oder Tätigkeit des Nutzers Kenntnis erlangt hat“.[489]

(4) Unverzügliches Tätigwerden

Schließlich greift die Haftungsprivilegierung des § 10 TMG auch dann, wenn die Diensteanbieter trotz dieser Kenntnis „unverzüglich tätig geworden sind, um die Information zu entfernen oder den Zugang zu ihr zu sperren“. Während das TDG von 1997 noch präzisierend bestimmte, dass die Diensteanbieter eine entsprechende Verpflichtung nur treffe, wenn ihnen das „technisch möglich und zumutbar“ sei, verzichtet das TMG seinem Wortlaut nach auf diese Einschrän-

---

482 Vgl. BT-Drucks. 14/6098, S.25.

483 Hartmann, Unterlassungsansprüche, S. 116; Heß, Verantwortlichkeit von Diensteanbietern, S.232f. Vgl. auch die weiteren Nachweise bei Frech, Haftung der Internet-Provider, S.115, Fn.558, sowie bei Hartmann, Unterlassungsansprüche, S.115 Fn.621.

484 Spindler/Schuster/Hoffmann, Recht der elektronischen Medien, 2. Aufl. 2011, zwölfter Teil, § 10 Rn.23.

485 Spindler/Schuster/Hoffmann, Recht der elektronischen Medien, 2. Aufl. 2011, zwölfter Teil, § 10 Rn.25.

486 Vgl. den Nachweis bei Hartmann, Unterlassungsansprüche, S.115 Fn.622.

487 Spindler, NJW 2002, 921 (924).

488 EuGH, MMR 2010, 315.

489 EuGH, MMR 2010, 315 (319), Rn.109.

kung. Nach allgemeiner Ansicht ist dieses einschränkende Kriterium allerdings auch weiterhin zu beachten.[490] Dies ist nur konsequent, denn nach allgemeiner Zivilrechtslehre bedeutet „unverzüglich" ein Tätigwerden „ohne schuldhaftes Zögern", vgl. § 122 BGB. Ein Schuldvorwurf kann dem Diensteanbieter aber nur dann gemacht werden, wenn ihm Entfernung oder Sperrung der entsprechenden Information auch technisch möglich und zumutbar war. Damit finden zum einen Aspekte der technischen Machbarkeit der entsprechenden Entfernungs- bzw. Sperrungsverpflichtung Eingang in die Prüfung, zum anderen können über das Kriterium der „Zumutbarkeit" auch normative Gesichtspunkte Berücksichtigung finden.[491]

Wenn das Gesetz hier von „dieser Kenntnis" spricht, so verweist es damit auf die Kenntnis nach Maßgabe des § 10 S.1 Nr.1 Alt.1 und Alt.2. Es ist mithin abermals zwischen der von § 10 S.1 Nr.1 Alt.1 TMG geforderten positiven Kenntnis im Bereich strafrechtlicher Verantwortlichkeit und dem von § 10 S.1 Nr.1 Alt.2 TMG verlangten „Kennenmüssen" der rechtsverletzenden Tatsachen oder Umstände im Bereich zivilrechtlicher Schadensersatzansprüche zu differenzieren.[492]

F. Fazit

Zusammenfassend lässt sich - von einzelnen Ausnahmeregelungen einmal abgesehen - festhalten: Die Internet-Provider haften nach den allgemeinen Vorschriften für eigene rechtsverletzende Informationen, die sie auf ihrem Server zur Nutzung bereithalten. Handelt es sich bei den betreffenden Informationen um fremde Informationen, so ist stets zu prüfen, ob sich die Internet-Provider die rechtsverletzende fremde Information nicht aufgrund der Rechtsfigur des „Zueigen-machens" letztlich wie eine eigene Information zurechnen lassen müssen, sodass sie für diese wiederum nach den allgemeinen Vorschriften haften. Ferner sind die Internetprovider aber auch dann für eine fremde Information verantwortlich, wenn sie Kenntnis von der rechtswidrigen Handlung oder der Information haben bzw. Tatsachen oder Umstände bekannt sind, aus denen die rechtswidrige Handlung oder die Information offensichtlich wird und sie nicht unverzüglich tätig werden, um die Information zu entfernen oder den Zugang zu ihr zu sperren.

---

490 Vgl. nur die Gesetzesbegründung BT-Drucks. 14/6098, S.25. Dort heißt es: „Der allgemeine Grundsatz, dass die Entfernung oder Sperrung technisch möglich und zumutbar sein muss, gilt hier ebenfalls."

491 Frech, Haftung der Internet-Provider, S.116.

492 Heß, Verantwortlichkeit von Diensteanbietern, S.238.

Kapitel 5

Die Haftung für mittelbare Rechtsverletzungen im Internet

A. Einleitung

Nun wurde bereits im ersten Teil dieser Arbeit deutlich, dass die Rechtsprechung seit langem zur Begründung der Verantwortlichkeit der Diensteanbieter bei fremden Rechtsverletzungen auch auf das Institut der Störerhaftung und – bei wettbewerbsrechtlichen Sachverhalten seit der Entscheidung „Jugendgefährdende Medien“ – auf das Institut der Verkehrpflichten zurückgreift. Maßgebliches Kriterium für eine Haftung bei Schutzrechtsverletzungen Dritter ist – es sei hier an die Ausführungen im ersten Teil dieser Arbeit erinnert - die Verletzung zumutbarer Prüfungspflichten. Dies gilt nach Ansicht des BGH gleichermaßen für die Störerhaftung wie für die Haftung wegen Verletzung wettbewerbsrechtlicher Verkehrspflichten. Die Störerhaftung wie auch die Haftung wegen Verletzung wettbewerbsrechtlicher Verkehrspflichten stehen im Internet dabei jedoch unter besonderen Vorzeichen, da sie insbesondere durch das Telemediengesetz beeinflusst und begrenzt werden.[493] Nicht zuletzt dieses verzwickte Zusammenspiel verschiedener Haftungsinstitute und gesetzlicher (Privilegierungs-)Vorschriften, deren richterliche Interpretation nicht frei jeder Bedenken ist, lassen die hier zu diskutierenden Fragen zuweilen etwas verworren und undurchsichtig erscheinen. Fest steht allerdings, dass die zweifellos komplizierte Frage nach der Verantwortlichkeit der Diensteanbieter für Schutzrechtsverletzungen Dritter bis heute nicht befriedigend gelöst ist. Dies liegt nicht zuletzt daran, dass es nach wie vor nicht gelungen ist, den Prüfungspflichten eine klare Kontur zu verleihen.

Die Schwierigkeiten und Besonderheiten, die sich im Zusammenhang mit der Verantwortlichkeit von Diensteanbietern für Rechtsverletzungen Dritter stellen, sollen im Folgenden herausgearbeitet werden. Es soll ferner untersucht werden, inwieweit die Schaffung eines einheitlichen rechtsgebietsübergreifenden Haftungsregimes durch Einführung des Instituts der Verkehrspflichten für den gesamten Bereich des Gewerblichen Rechtsschutzes und Urheberrechts zu einem Mehr an Rechtssicherheit im Bereich des Internets beitragen kann.

---

493 Hartmann, Unterlassungsansprüche, S.151.

B. Abermals: Die Entscheidung „Jugendgefährdende Medien bei eBay“[494]

Die Entscheidung „Jugendgefährdende Medien bei eBay“ hat bei den betroffenen Verkehrkreisen sehr gemischte Reaktionen hervorgerufen. Während insbesondere in der rechtswissenschaftlichen Literatur die Abkehr von der Störerhaftung im Bereich des Wettbewerbsrechts begrüßt wurde, hat die Entscheidung auf Seiten der Diensteanbieter und ihrer Interessenvertreter zu heftiger Kritik geführt. Und in der Tat erschien die Entscheidung vor dem Hintergrund der gemeinschaftsrechtlichen Vorgaben der „E-Commerce“-Richtlinie und den entsprechenden Vorschriften des TMG zumindest nicht unbedenklich.

Obwohl die Kritik an der Reichweite der in der Entscheidung „Jugendgefährdende Medien bei eBay“ bestimmten Grenzen der Verantwortlichkeit der Diensteanbieter durch die jüngst ergangene Entscheidung „Kinderhochstühle“[495] einiges an Brisanz verloren haben dürfte, soll hier dennoch zum besseren Verständnis kurz auf die wesentlichen Kritikpunkte eingegangen werden.

1. Keine Erstreckung der §§ 8ff. auf Unterlassungs- und Beseitigungsansprüche

Der BGH hat in dieser Entscheidung zunächst einmal seine bereits in der Entscheidung „Internet-Versteigerung II“ vertretene Ansicht bekräftigt, dass die Haftungsprivilegierungen des TMG keine Anwendung auf Unterlassungs- und Beseitigungsansprüche finden könnten. Dieser – insbesondere zu Zeiten des TDG 2001 – heftig geführte Streit[496] soll hier allerdings keine weitere Vertiefung erfahren. Die verschiedenen Ansichten wurden bereits ausführlich in der Literatur diskutiert. Mit der ganz herrschenden Ansicht[497] ist auch im Rahmen dieser Arbeit davon auszugehen, dass Unterlassungs- und Beseitigungsansprüche von den haftungsprivilegierenden Vorschriften des TMG nicht erfasst sind,

494 BGH, GRUR 2007, 890 – „Jugendgefährdende Medien bei eBay“.

495 BGH, BeckRS 2010, 30638 – „Kinderhochstühle“. Vgl. hierzu Kapitel 5, S.112ff.

496 Anwendbar: OLG Düsseldorf, MMR 2004, 315; OLG Brandenburg, MMR 2004, 330; LG Düsseldorf, MMR 2003, 120 (123); LG Potsdam, K&R 2003, 86 (88); Nicht anwendbar: Sobola/Kohl, CR 6/2005, 423 (450); Spindler, NJW 2002, 921 (922).

497 BGH, BeckRS 2010, 30638 Rn.26 – „Kinderhochstühle; BGH, GRUR 2008, 702 (705) – „Internet-Versteigerung III“; BGH, GRUR 2007, 890 (891) – „Jugendgefährdende Medien bei eBay“; BGH, GRUR 2007, 708 (710) – „Internet-Versteigerung II“; OLG Hamburg, MMR 2010, 51 (52); Nordemann, GRUR 2011, 977 (977); Schack, Täter und Störer, in FS Dreier 2010, 1167 (1180); Ensthaler/Heinemann, WRP 2010, 309 (312); Hartmann, Unterlassungsansprüche, S.131f.; Schapiro, Unterlassungsansprüche, S.393; a.A. Hoeren, in FS Eisenhardt 2007, 243 (252); Hollenders, Mittelbare Verantwortlichkeit von Intermediären, S.274ff.

sodass diese praktisch nur im Hinblick auf Schadensersatz- und Auskunftsansprüche von Bedeutung sind.[498]

2. Umfang der wettbewerbsrechtlichen Verkehspflichten

Nicht frei jeder Zweifel und für die weitere Untersuchung von großer Bedeutung blieb hingegen die Frage der inhaltlichen Ausgestaltung der in der Entscheidung „Jugendgefährdende Medien bei eBay“ neu eingeführten wettbewerbsrechtlichen Verkehrspflichten:

Grundsätzlich – so der BGH - könne derjenige Täter einer unlauteren Wettbewerbshandlung i.S.d. § 3 UWG sein, der durch sein Handeln im geschäftlichen Verkehr in einer ihm zurechenbaren Weise die Gefahr eröffne, dass Dritte Interessen von Marktteilnehmern verletzten, die durch das Wettbewerbsrecht geschützt seien und der diese Gefahr nicht im Rahmen des Möglichen und Zumutbaren begrenze.[499] Die wettbewerbsrechtliche Verkehrspflicht eines Telediensteanbieters hinsichtlich rechtsverletzender fremder Inhalte konkretisiere sich dabei als Prüfungspflicht.[500] Erhalte ein Diensteanbieter einen konkreten Hinweis auf

498 Vor dem Hintergrund der neueren Rechtssprechung des EuGH, insbesondere den Entscheidungen „Google France und Google“ vom 23. März 2010 und „L'Oréal/EBay“ vom 12. Juli 2011 sind wieder vereinzelt Stimmen in der Literatur zu vernehmen, die diese Auffassung grundsätzlich in Frage stellen. (Hacker, GRUR-Prax 2011, 391 [392]; Jänich, MarkenR 2011, 293 [294]; zweifelnd auch Ohly, GRUR 2010, 776 [785]). Entgegen dem BGH gehe der EuGH „selbstverständlich davon aus, dass der haftungsrechtliche Vorfilter der E-Commerce-RL für alle Formen einer nach nationalem Recht bestehenden „Sekundärhaftung“ gelte“ und damit eben auch für Ansprüche auf Unterlassung und Beseitigung (Hacker, GRUR-Prax 2011, 391 [392]). Da der EuGH aber gleichzeitig die Anforderungen für ein Eingreifen der Haftungsprivilegierungen deutlich verschärft habe, sodass die „Filterfunktion der E-Commerce-RL in vielen Fällen wegfalle“, würde sich an der gegenwärtigen Rechtslage aber im Ergebnis dennoch nichts ändern (Hacker, GRUR-Prax 2011, 391 [392]). Diese Ansicht kann jedoch nicht überzeugen und beruht auf einer fehlerhaften Interpretation insbesondere der Entscheidung „L'Oréal/EBay“. So stellt der EuGH in dieser Entscheidung (= GRUR 2011, 1025 [1032] Rn.115) ausdrücklich klar, dass „die bloßen Umstände, dass der Betreiber eines Online-Marktplatzes die Verkaufsangebote auf seinem Server speichert, die Modalitäten für seinen Dienst festlegt, für diesen eine Vergütung erhält und seinen Kunden Auskünfte allgemeiner Art erteilt, nicht dazu führen, dass die in der Richtlinie 2000/31/EG hinsichtlich der Verantwortlichkeit festgelegten Ausnahmen auf ihn keine Anwendung finden“. Mit anderen Worten greifen die Haftungsprivilegierungen der „E-Commerce“-Richtlinie sehr wohl zugunsten eines Onlineportals wie EBay. Würde man nun mit den jüngeren Stimmen die Filterfunktion der Haftungsprivilegierungen auch auf Unterlassungs- und Beseitigungsansprüchen erstrecken, so würde das zu einer unerträglichen und noch dazu mit Blick auf die Regelungen der „InfoSoc“- und „Enforcement-RL“ wohl auch europarechtswidrigen Verkürzung der Rechtsschutzmöglichkeiten der Rechtsinhaber führen, denn jedenfalls die Möglichkeit der Geltendmachung eines vorbeugenden Unterlassungsanspruchs bei bestehender Erstbegehungsgefahr wäre dann grundsätzlich ausgeschlossen!

499 BGH, GRUR 2007, 890 (892) – „Jugendgefährdende Medien bei eBay“.

500 BGH, GRUR 2007, 890 (894) – „Jugendgefährdende Medien bei eBay“.

eine rechtswidrige Handlung oder Information,[501] so sei er verpflichtet, diesen fremden Inhalt auf seine Rechtswidrigkeit hin zu überprüfen.[502] Überdies ist er nach der Rechtssprechung des BGH dazu verpflichtet, nach Kenntniserlangung Vorsorge dafür zu treffen, dass es möglichst nicht zu weiteren gleichartigen Rechtsverletzungen kommt.[503]

Diese Rechtssprechung ist auf heftige Kritik auf Seiten der Diensteanbieter gestoßen: Indem der BGH die Prüfungspflichten auch auf gleichartige Rechtsverletzungen erstrecke, verstoße er – so der Vorwurf - gegen das Verbot allgemeiner Überwachungspflichten aus § 7 Abs.2 S.1 TMG. Denn die „in dem Urteil festgestellten Eingreifpflichten zur Verhinderung gleichartiger Rechtsverletzungen würden sich letztlich zu Filter- und Überwachungspflichten auswachsen, mit denen dann neue Sachverhalte aufgeklärt werden sollten, die wiederum einer Rechtswidrigkeitsprüfung zu unterziehen seien, und in neue Eingreifpflichten mündeten. Dies führe im Ergebnis zu einer dogmatischen Endlosschleife, in der sich die Haftung auslösende Pflicht zur Prüfung einer spezifischen Rechtsverletzung eines Dritten verliere und in allgemeine Überwachungspflichten münde."[504]

Exkurs: Das „Verbot allgemeiner Überwachungspflichten" gem. § 7 Abs.2 S.1 TMG

§ 7 Abs.2 S.1 TMG bestimmt, dass Diensteanbieter im Sinne der §§ 8-10 TMG nicht verpflichtet sind, die von ihnen übermittelten oder gespeicherten Informationen zu überwachen oder nach Umständen zu forschen, die auf eine rechtswidrige Tätigkeit hinweisen. Die Vorschrift bezieht sch dabei nur auf den Ausschluss allgemeiner Überwachungs- und Nachforschungspflichten. Dies folgt aus dem § 7 Abs.2 S.1 TMG zugrundeliegenden Art.15 ECRL, wonach die Mitgliedstaaten den Diensteanbietern keine allgemeinen Überwachungspflichten auferlegen dürfen. Die Diensteanbieter sind mithin nicht verpflicht, die von ihnen übermittelten oder gespeicherten Informationen generell und anlassunabhängig auf ihre Rechtswidrigkeit hin zu überprüfen.[505] Eine solche proaktive Überwachungspflicht wäre mit deutschem und europäischem Recht nicht ver-

---

501 Zu diesem Erfordernis: Wandtke/Bullinger/v. Wolff, UrhR, § 97 Rn.17.

502 Spindler, MMR 2007, 511 (512).

503 Wandtke/Bullinger/v. Wolff, UrhR, § 97 Rn.17. Instruktiv zu der Frage, wann es sich um „bekannte konkrete" bzw. „gleichartige" Rechtsverletzungen handelt, Nordemann, CR 2010, 653 (656ff.).

504 Frey/Rudolph, Rechtsgutachten, S.129.

505 Spindler/Schuster/Hoffmann, Recht der elektronischen Medien, 2. Aufl. 2011, zwölfter Teil, § 7 Rn.28.

einbar.[506] Damit steht die Vorschrift des § 7 Abs.2 S.1 TMG im Umkehrschluss der Auferlegung spezifischer Überwachungs-/ Prüfungspflichten nicht entgegen. Auslöser derartiger spezifischer Prüfungspflichten ist dabei regelmäßig ein entsprechender Hinweis des Rechteinhabers, der den Diensteanbieter in Kenntnis von den fremden rechtsverletzenden Inhalten setzt. Dieser Hinweis muss so konkret gefasst sein, „dass der Adressat des Hinweises den Rechtsverstoß unschwer – d.h. ohne eingehende rechtliche oder tatsächliche Überprüfung – feststellen kann".[507] Ein Beleg der Rechtsverletzung durch den Beanstandenden ist jedoch in der Regel nicht zu fordern.[508] Auslöser derartiger spezifischer Überwachungspflichten kann allerdings auch das Bestehen einer besonderen Gefährdungslage sein, welche sich im weiteren Verlauf zu einer Rechtsverletzung verdichten könnte.[509] Allerdings sollen derartige spezifische Überwachungs-/Prüfungspflichten nur dann noch zumutbar sein, „wenn und soweit sich passende Suchmuster für eine automatisierte Durchsuchung des Informationstatbestandes finden lassen."[510] Jedenfalls trifft die Diensteanbieter für solche Rechtsverletzungen, die sich auch im Rahmen eines derartigen vorgezogenen Filterverfahrens nicht erkennen lassen, kein Verschulden.[511]

Vor dem Hintergrund dieser Regelung erscheint es in der Tat nicht unbedenklich, wenn der BGH eBay nicht nur für verpflichtet hält, die konkrete rechtsverletzende Information, von der eBay Kenntnis erlangt hat, unverzüglich zu sperren, sondern eBay darüber hinaus verpflichtet, Vorsorge dafür zu treffen, dass es

---

506 Spindler/Schuster/Hoffmann, Recht der elektronischen Medien, 2. Aufl. 2011, zwölfter Teil, § 7 Rn.30.

507 BGH, GRUR 2011, 1083 (1040) – „Stiftparfüm".

508 BGH, GRUR 2011, 1083 (1041) – „Stiftparfüm".

509 Hartmann, Unterlassungsansprüche, S.157. Abzulehnen ist hingegen (jedenfalls für den Bereich des Telemedienrechts) die Auffassung, wonach bei „verletzungsanfälligen Tatbeständen" auch eine Haftung des mittelbaren Verletzers „ohne vorherige Kenntnis" in Betracht kommen soll. So aber Nordemann, in FS Loewenheim 2009, 215 (218) unter Verweis auf LG Hamburg, MMR 2007, 726. Eine Haftung nach den Grundsätzen der Störerhaftung bzw. wegen Verletzung von Verkehrspflichten setzt vielmehr grundsätzlich die Kenntnis des mittelbaren Verletzers von der Rechtsverletzung voraus. Zwar kann die Störerhaftung nach st. Rspr. des BGH bei Vorliegen einer entsprechenden Erstbegehungsgefahr auch einen vorbeugenden Unterlassungsanspruch begründen. Maßgeblich ist insoweit aber allein, ob „ernsthafte und greifbare tatsächliche Anhaltspunkte dafür vorhanden sind, der Anspruchsgegner werde sich in naher Zukunft in der fraglichen Weise rechtswidrig verhalten". BGH, GRUR 2011, 1038 (1042) – „Stiftparfüm". Die Frage der „Verletzungsanfälligkeit" eines Geschäftsmodells wird vom BGH hingegen zutreffend unter dem Prüfungspunkt „von der Rechtsordnung gebilligtes Geschäftsmodell" erfasst. Ist dies zu verneinen, handelt es sich also um ein nicht von der Rechtsordnung gebilligtes Geschäftsmodell, so kommt allein eine Haftung nach den allgemeinen Vorschriften in Betracht. Eine Haftung nach den Grundsätzen der Störerhaftung bzw. wegen Verletzung von Verkehrspflichten muss hingegen ausscheiden. In diesem Sinne auch OLG Hamburg, MMR 2009, 479 (481).

510 Hartmann, Unterlassungsansprüche, S.157.

511 BGH, NJW 2007, 2636 (2640) – „Internet-Versteigerung II".

möglichst nicht zu weiteren gleichartigen Rechtsverletzungen kommt. Denn nach Ansicht des BGH sind solche gleichartigen Rechtsverletzungen nicht nur Angebote, die mit den bekannt gewordenen Fällen identisch sind, also das Angebot des gleichen Artikels durch denselben Versteigerer betreffen, sondern auch solche Angebote, in denen die konkret benannten rechtsverletzenden Informationen durch andere Anbieter feil geboten werden.[512] Noch dazu sei eBay zur Erfüllung dieser Pflicht sowohl der Einsatz einer Filtersoftware als auch eine manuelle Nachkontrolle zumutbar.[513]

Auf den ersten Blick ist man daher geneigt, in die Kritik an der Rechtssprechung des BGH einzustimmen, denn welche Unterschiede hier noch zwischen unzulässigen allgemeinen und zulässigen spezifischen Prüfungspflichten bestehen sollen, erscheint in der Tat fraglich. In zeitlicher und inhaltlicher Hinsicht wird die Überwachungspflicht hier offenbar so weit ausgedehnt, dass im Grunde kein spezifischer Bezug mehr zu der Rechtsverletzung besteht, die die Prüfungspflicht einmal ausgelöst hat.[514] Dass der BGH der Gefahr einer ausufernden Haftung der Diensteanbieter durch eine Abwägung aller betroffenen Interessen und relevanten rechtlichen Wertungen begegnen will, ist dabei nur ein schwacher Trost für die Diensteanbieter. Ein Mehr an Rechtssicherheit ist durch eine solche einzelfallbezogene Interessenabwägung letztlich nicht gewonnen. Daran ändert auch die Feststellung des BGH nichts, dass den Diensteanbietern, um einer unangemessen Ausdehnung der Haftung für Rechtsverstöße Dritter entgegen zu wirken, jedenfalls keine Anforderungen auferlegt werden dürften, die ihr von der Rechtsordnung gebilligtes Geschäftsmodell gefährden oder ihre Tätigkeit unverhältnismäßig erschweren würden.[515]

Allerdings sind die Entscheidungsgründe im Lichte der konkreten Sachverhaltskonstellation zu beurteilen. Dem BGH ging es ersichtlich um einen effektiven Kinder- und Jugendschutz und damit um ein Rechtsgut, das einen besonders hohen Stellenwert innerhalb unserer Rechtsordnung genießt.[516] Zum Schutz dieses Rechtsguts ist es nach zutreffender Ansicht des BGH nicht ausreichend, allein

512 BGH, GRUR 2007, 890 (894) - „Jugendgefährdende Medien bei eBay". Zutreffend weisen Ensthaler/Heinemann, WRP 2010, 309 (315) jedoch daraufhin, dass die Prüfungspflichten im Interesse eines effektiven Rechtsschutzes auch auf Angebote des streitigen Artikels durch andere Nutzer zu erstrecken sind, „da andernfalls der problemlos durchzuführende Wechsel der Nutzeridentität bereits ausreichen würde, um die Pflichten des Plattformbetreibers entfallen zu lassen".

513 BGH, GRUR 2007, 890 (896) – „Jugendgefährdende Medien bei eBay".

514 So Frey/Rudolph, Rechtsgutachten, S.132.

515 BGH, GRUR 2007, 890 (894) – „Jugendgefährdende Medien bei eBay".

516 Vgl. BGH, GRUR 2007, 890 (895) – „Jugendgefährdende Medien bei eBay"; BGH, BeckRS 2010, 30638, Rn.36 – „Kinderhochstühle im Internet".

die Verkäufer in Anspruch zu nehmen.[517] Die Möglichkeit einer weitestgehend anonymen und problemlosen Geschäftsabwicklung im Fernabsatz und die für das Internet typische, deutlich herabgesetzte Hemmschwelle potenzieller Käufer, sich für den Erwerb Jugendgefährdender Medien zu interessieren, begründen eine Gefahr, dass die Internet-Plattform von Verkäufern zum Vertrieb indizierter jugendgefährdender, volksverhetzender und gewaltverherrlichender Medien und damit für die Begehung von Straftaten und unlauteren Wettbewerbshandlungen genutzt wird.[518] Insofern erscheint es hier durchaus gerechtfertigt, dem Plattformbetreiber eBay derart weitgehende Prüfungspflichten aufzuerlegen. Dass der BGH die Diensteanbieter auch bei der Verletzung weniger gewichtiger Rechte oder Rechtsgüter – beispielsweise bei der Verletzung marken- und urheberrechtlicher Positionen – ebenfalls für verpflichtet hält, derart weitgehenden Prüfungspflichten nachzukommen, ist der Entscheidung nicht ohne Weiteres zu entnehmen. In diese Richtung deutet auch die jüngst ergangene Entscheidung des BGH „Kinderhochstühle im Internet“[519], in der zum wiederholten Male die Internetauktionsplattform eBay im Mittelpunkt der rechtlichen Auseinandersetzung stand.

C. Die Entscheidung „Kinderhochstühle im Internet“

1. Sachverhalt

Die Entscheidung „Kinderhochstühle im Internet“ vom 22. Juli 2010 wurde mit großer Spannung erwartet und hat ein wenig mehr Licht in die Diskussion um die Verantwortlichkeit der Diensteanbieter für fremde Rechtsverletzungen gebracht.

Die Herstellerin von Kinderhochstühlen der Marken „Tripp Trapp“ und „Stokke“ hatte Klage gegen die Betreiberin der Internetauktionsplattform eBay eingereicht, nachdem eBay-Mitglieder dort Kinderhochstühle unter Verwendung der Klagemarken angeboten hatten, die nicht von der Klägerin stammten beziehungsweise für Fremdfabrikate mit Formulierungen „wie Tripp Trapp“, „ähnlich Tripp Trapp“ geworben hatten. Die Klägerin machte geltend, eBay hafte für die beanstandeten Marken- und Wettbewerbsverletzungen ihrer Mitglieder, da es ihr möglich und zumutbar sei, rechtsverletzende Angebote durch den Einsatz von Schlagwortfiltern und einer Bilderkennungssoftware sowie durch eine manuelle

---

517 BGH, GRUR 2007, 890 (894) – „Jugendgefährdende Medien bei eBay“.
518 BGH, GRUR 2007, 890 (892) – „Jugendgefährdende Medien bei eBay“.
519 BGH, BeckRS 2010, 30638 – „Kinderhochstühle im Internet“.

Nachkontrolle festzustellen. Darüber hinaus verstoße eBay selbst durch die Verwendung sog. Adword-Anzeigen[520] bei dem Suchmaschinenbetreiber Google gegen Markenrechte der Klägerin. Die beanstandeten Anzeigen seien zudem wettbewerbswidrig.

2. Lösung des BGH

Das OLG Hamburg[521] hat in einer viel besprochenen Entscheidung[522] eine täterschaftliche Haftung des Internetauktionshauses eBay angenommen und den seitens der Klägerin geltend gemachten Unterlassungsanspruch gem. § 14 Abs.2 Nr.1 und Abs.5 MarkenG für begründet erachtet. Die hiergegen von der Beklagten angestrengte Revision vor dem BGH hatte Erfolg. Entgegen der Auffassung des Berufungsgerichts – so der BGH - sei der Betreiber eines Internetmarktplatzes, der Dritten dort die Möglichkeit eröffne, Verkaufsangebote ohne seine Kenntnisnahme in einem vollautomatischen Verfahren einzustellen, nicht verpflichtet, sämtliche Verkaufsangebote, die die Marken eines Markeninhabers anführen, einer manuellen Bildkontrolle darauf zu unterziehen, ob unter den Marken von den Originalerzeugnissen abweichende Produkte angeboten werden .[523] Der Betreiber eines Internetmarktplatzes hafte regelmäßig auch nicht nach §§ 3, 6 Abs.2 Nr.6, § 8 Abs.1 UWG als Täter oder Teilnehmer, wenn in Angeboten mit Formulierungen „ähnlich" oder „wie" auf Marken eines Markeninhabers hingewiesen werde.[524] Hinsichtlich der beanstandeten AdWord-Anzeigen hat der BGH die Sache hingegen an das Berufungsgericht zurückverwiesen, weil sie diesbezüglich noch nicht zur Endentscheidung reif gewesen sei.[525]

Der BGH schließt zunächst eine täterschaftliche Haftung des Internetauktionshauses aus, weil dieses selbst nicht die Merkmale einer Markenverletzung nach

---

520 Google AdWords (AdWords setzt sich zusammen aus den Wörtern „Adverts" (engl.) = Werbeanzeigen und „Words" (engl.) = Wörter) ist eine Form der Internetwerbung des Suchmaschinenbetreibers Google Inc. Gibt ein Besucher der Internetseite Google beispielsweise als Suchbegriff „Tripp Trapp" ein, so zeigt die Suchmaschine die Internetseiten an, die den verwendeten Suchwörtern am ehesten entsprechen. Rechts neben diesen „natürlichen" Suchergebnissen erscheinen unter der Rubrik „Anzeigen" auch Werbeanzeigen Dritter, die zu dem Suchbegriff in Beziehung stehen. Klickt man auf eine dieser Anzeigen, bspw. auf eine Anzeige des Interportals eBay, so führt ein Link zu den Angeboten von Kinderhochstühlen auf der Internetplattform eBay.

521 OLG Hamburg, NJOZ 2008, 4082 – „Kinderstühle".

522 Vgl. hierzu eingehend Fürst, WRP 4/2009, 378.

523 BGH, BeckRS 2010, 30638 – „Kinderhochstühle im Internet" (Amtlicher Leitsatz 1).

524 BGH, BeckRS 2010, 30638 – „Kinderhochstühle im Internet" (Amtlicher Leitsatz 2).

525 Siehe zur markenrechtlichen Zulässigkeit sog. AdWord-Anzeigen: EuGH Urteil vom 23.03.2010 – Az: C-236/08 bis C-238/08.

§ 14 Abs.3 oder Abs.4 MarkenG erfülle.[526] Weder biete es die rechtsverletzende Ware an oder bringe sie in den Verkehr, noch benutze sie die Klagemarken in ihrer Werbung. Auch eine Gehilfenhaftung lehnt der BGH ab. Insofern fehle es an dem erforderlichen bewussten und gewollten Zusammenwirken mit den Anbietern der markenverletzenden Waren. Allein der Umstand, dass es über seine Internetplattform Dritten die Möglichkeit zur Abgabe eigener Angebote eröffne, genüge hierfür nicht.[527] Insbesondere treffe eBay aber auch keine Verpflichtung, Rechtsverletzungen deshalb zu verhindern, weil sie mit dem Betrieb der Internetplattform, auf der Dritte in erheblichem Umfang markenverletzende Artikel vertrieben, eine Gefahr geschaffen habe. Dabei lässt der BGH offen, ob eBay überhaupt eine Erfolgsabwendungspflicht trifft, bei deren vorsätzlicher Verletzung eine Haftung der Beklagten als Teilnehmerin in Betracht kommt, denn jedenfalls habe eBay eine solche Verpflichtung nicht verletzt.[528] Der BGH stützt seine Auffassung ausdrücklich auf die Regelungen der „E-Commerce"-Richtlinie und die haftungsprivilegierenden Vorschriften des TMG und betont noch einmal, dass den Diensteanbietern vor dem Hintergrund dieser Regelungen keine Anforderungen auferlegt werden dürften, die ihr von der Rechtsordnung gebilligtes Geschäftsmodell gefährden oder ihre Tätigkeit unverhältnismäßig erschweren könnten.[529] Nicht mehr zumutbar seien jedenfalls solche Kontrollmaßnahmen, bei denen trotz des Einsatzes einer Filtersoftware nicht alle Verdachtsfälle ermittelt werden könnten, so dass letztlich jedes Angebot, das die betreffende Marke enthalte, einer manuellen Kontrolle unterzogen werden müsste.[530] Bei einer Abwägung der wechselseitigen Interessen sei eBay eine manuelle Kontrolle schon deshalb nicht zumutbar, weil die Klägerin mit der über das VeRI-Programm[531] zur Verfügung gestellten Suchfunktion die Angebote mit den Klagemarken herausfiltern und einer manuellen Kontrolle auf Verletzungsfälle unterziehen könne.[532] Auch eine Haftung nach den Grundsätzen der Störerhaftung analog § 1004 BGB komme nicht in Betracht, da es sich um einen dem Verhaltensunrecht zuzuordnenden Fall handele.[533]

526 BGH, BeckRS 2010, 30638, Rn.31 – „Kinderhochstühle im Internet".
527 BGH, BeckRS 2010, 30638, Rn.31 – „Kinderhochstühle im Internet".
528 BGH, BeckRS 2010, 30638, Rn.36 – „Kinderhochstühle im Internet".
529 BGH, BeckRS 2010, 30638, Rn.38 – „Kinderhochstühle im Internet".
530 BGH, BeckRS 2010, 30638, Rn.39 – „Kinderhochstühle im Internet".
531 Vgl. hierzu Kapitel 5, S.118f.
532 BGH, BeckRS 2010, 30638, Rn.43 – „Kinderhochstühle im Internet".
533 BGH, BeckRS 2010, 30638, Rn.48 – „Kinderhochstühle im Internet".

3. Bewertung der Entscheidung

Die Entscheidung bedeutet einen weiteren bedeutenden Schritt auf dem Wege hin zu einer Konkretisierung der Prüfungspflichten und damit zur Etablierung eines konsistenten Haftungsregimes bei Rechtsverletzungen im Internet. Die Diensteanbieter dürften erst einmal aufatmen, denn die nach der Entscheidung „Jugendgefährdende Medien bei eBay" geäußerten Befürchtungen, Anbieter wie eBay könnten in Zukunft verpflichtet sein, sämtliche auf ihrer Plattform eingestellten Inhalte Dritter einer (Nach-) Kontrolle unterziehen zu müssen, erwiesen sich als unbegründet. Derartigen Forderungen, beispielsweise seitens des Deutschen Markenverbandes[534], hat der BGH eine deutliche Absage erteilt.

Für die vorliegende Untersuchung sind insbesondere drei Punkte von außerordentlichem Interesse:

aa. Keine Anwendung der Störerhaftung analog § 1004 BGB im Wettbewerbsrecht

Der BGH hat in dieser Entscheidung erstmals eindeutig klar gestellt, dass in den Fällen, die dem Verhaltensunrecht zuzuordnen sind, eine Anwendbarkeit der Störerhaftung nicht (mehr) in Betracht kommt.[535] Damit dürfte das Ende der Störerhaftung im Wettbewerbsrecht endgültig besiegelt sein. Gleichzeitig spricht diese Äußerung dafür, dass der BGH auch in Zukunft an der zweifelhaften Einteilung in erfolgs- und verhaltensunrechtliche Sachverhalte[536] festhalten möchte. Insofern schwindet die Hoffnung, dass der BGH die Störerhaftung zugunsten des Instituts der Verkehrspflichten auch für den sonstigen Bereich des gewerblichen Rechtsschutzes und des Urheberrechts aufgeben wird. Dies ist betrüblich, haben doch die Untersuchungen im ersten Teil der Arbeit gezeigt, dass eine Unterscheidung in erfolgs- und handlungsbezogene Sachverhalte bei mittelbaren Rechtsverletzungen vor dem Hintergrund der Dogmatik im Allgemeinen Deliktsrecht nicht nachvollziehbar ist, sodass letztlich kein sachlicher Grund besteht, die Prüfungspflichten nicht auch im Bereich des sonstigen gewerblichen Rechtsschutzes und Urheberrechts als Verkehrspflichten anzuerkennen. Ziel der Arbeit kann es daher nur sein, die Vorteile eines einheitlichen Haftungsregimes für den gesamten Bereich des gewerblichen Rechtsschutzes und Urheberrechts

---

534 Vgl. Kannengießer, Wortprotokoll 88.Sitzung des Ausschusses für Wirtschaft und Technologie Nr.16/88, S.17f.. Online abrufbar unter: http://www.datenspeicherung.de/data/Wortprotokoll_Anhoerung_TMG_09-03-04.pdf.

535 BGH, BeckRS 2010, 30638, Rn.48 – „Kinderhochstühle im Internet".

536 Vgl. hierzu Kapitel 2, S.34f.

aufzuzeigen und auf diese Weise die auch hier vertretene, sich im Vordringen befindliche Ansicht weiter zu stützen.

bb. Erfolgsabwendungspflicht des Host-Providers?

Bedauerlicherweise hat der BGH keine Stellung dazu genommen, inwieweit eBay allein schon deshalb verpflichtet ist, Rechtsverletzungen auf seiner Internetplattform zu verhindern, weil dem Betrieb einer solchen Plattform naturgemäß die Gefahr inne wohnt, dass Dritte dort fremde Rechte verletzen. Eine solche Verpflichtung hatte der BGH noch in der Entscheidung „Jugendgefährdende Medien bei eBay" angenommen und daraus sehr weitgehende Prüfungs- und Überwachungspflichten abgeleitet.[537] Diese Frage lässt der BGH in der Entscheidung „Kinderhochstühle" bewusst offen. Sollte eBay eine solche Erfolgsabwendungspflicht treffen, „so wäre diese vorliegend (jedenfalls) nicht verletzt".[538]

Dem ist im Ergebnis zwar ohne Weiters zuzustimmen, gleichwohl wäre es im Interesse von Rechtssicherheit und Rechtsklarheit wünschenswert gewesen, dass der BGH hier eindeutig Position bezieht. Denn so bleibt nicht nur ungewiss, welche konkreten Maßnahmen der Diensteanbieter nach Kenntnis von einer Rechtsverletzung ergreifen muss, sondern auch, ob den Diensteanbieter in den Fällen, in denen ein weniger wichtiges Rechtsgut als der Kinder- und Jugendschutz bedroht ist, überhaupt eine Erfolgsabwendungspflicht treffen kann. Wenngleich es wenig wahrscheinlich erscheint, dass der BGH in diesen Fällen eine Haftung des Diensteanbieters kategorisch ausschließen würde, so hat er es doch versäumt, hier endgültig Klarheit zu schaffen.[539]

Dass der BGH vorliegend diese Gangweise gewählt hat, ist ihm gleichwohl kaum zu verdenken. Schließlich konnte er den Fall – ohne auf die Frage des Bestehens einer entsprechenden Erfolgsabwendungspflicht eingehen zu müssen – auch so zu einer befriedigenden Lösung führen. Man kann den Gerichten kaum zum Vorwurf machen, dass sie den Freiraum, den ihnen das Recht bietet, nicht auch ausschöpfen. Eine solche Situation gefährdet aber die Entwicklung immer noch „neuer" Medien wie des Internets und hemmt die Innovationskraft dieses Mediums. Es kann daher nicht verwundern, dass beispielsweise der Internet-Handel in Europa zehn Jahre nach seinem Beginn gerade einmal zwei Prozent der Einzelhandelsumsätze ausmacht.[540] Ursächlich hierfür dürfte auch das für

537 Vgl. hierzu Kapitel 1, S.26ff.
538 BGH, BeckRS 2010, 30638, Rn.36 – „Kinderhochstühle im Internet".
539 Vgl. hierzu noch Kapitel 6, S.121ff.
540 Wieduwilt, FAZ vom 05. Januar 2011, S.19 „Bundesgerichtshof erleichtert eBay das Geschäft". Online abrufbar unter: http://www.faz.net/-gqp-xvg1.

alle Beteiligten undurchsichtige Haftungsregime für Internetprovider sein. Der Gesetzgeber hat die Gerichte in den letzten Jahren gewähren lassen, wohl in der Hoffnung und dem Glauben, es würden sich mit der Zeit tragfähige Maßstäbe zur Bestimmung der Verantwortlichkeit der Diensteanbieter bei Rechtsverletzungen Dritter herausbilden. Tatsächlich ist die Rechtslage aber nach wie vor kaum weniger verworren und undurchsichtig als noch vor einigen Jahren und dies obwohl es inzwischen eine Flut an ober- und höchstrichterlichen Entscheidungen[541] zu dieser Rechtsfrage gibt. Daran mag der BGH auch auf andere Weise eine gewisse „Mitschuld" tragen, hatte er es doch bisher konsequent vermieden, seine Rechtssprechung zur Verantwortlichkeit der Diensteanbieter in den streitigen Punkten durch den EuGH überprüfen zu lassen.[542]

Dies mag man bedauerlich finden, ist aber letztlich kein Beinbruch. Jedenfalls dann nicht, wenn der deutsche Gesetzgeber endlich seiner gesetzgeberischen Verpflichtung nachkommen und rechtliche Vorgaben machen würde, wie die Frage der Verantwortlichkeit der Diensteanbieter bei fremden Rechtsverletzungen zu beurteilen ist. Dass die Gerichte hierbei an ihre Grenzen geraten sind, zeigt die Entscheidung „Kinderhochstühle" nur allzu deutlich, kommen hier doch Berufungs- und Revisionsinstanz zu völlig unterschiedlichen Ergebnissen. Es ist zwar in erster Linie der europäische Gesetzgeber der hier Klarheit schaffen könnte, angesichts der herausragenden Bedeutung des Internets für unsere Informationsgesellschaft ist aber auch der deutsche Gesetzgeber aufgefordert, den sich - trotz der engen Vorgaben der „E-Commerce"-Richtlinie - bietenden Gestaltungsspielraum zu nutzen und rechtliche Rahmenbedingungen zu schaffen, die das erforderliche Mehr an Rechtssicherheit gewährleisten.[543]

cc. Rechtsverfolgung ist primär Aufgabe der Rechteinhaber selbst

Ein dritter Punkt verdient schließlich noch eine gewisse Vertiefung und wird im weiteren Verlauf dieser Arbeit noch fruchtbar zu machen sein. Nach Ansicht des BGH ist eBay eine manuelle Kontrolle aller die Klagemarken enthaltenen Angebote nämlich schon deshalb nicht zumutbar, weil die Schutzrechtsinhaberin mit Hilfe des sog. VeRI-Programms[544] ohne weiteres selbst die betreffenden

---

541 Man denke nur an die zahlreichen Entscheidungen, die allein zur Haftung des Internetauktionshauses eBay in den letzten Jahren ergangen sind!

542 Indirekt hat die Rechtssprechung des BGH jedoch zuletzt durch das EuGH-Urteil „L-Oréal/eBay" vom 12.07.2011 zumnidest teilweise eine gewisse Bestätigung erfahren. Vgl. hierzu Nordemann, GRUR 2011, 977 (978); Jahn/Leible, GRUR-Prax 2011, 324ff.; Hacker, GRUR-Prax 2011, 391ff.; die Entscheidung des EuGH hingegen stark kritisierend Hoeren, MMR 2011, 605 (605).

543 Vgl. hierzu den Regelungsvorschlag in Kapitel 8.

544 Das sog. Verifizierte Rechteinhaber-Programm (VeRI) unterstützt die Inhaber immaterieller Schutzrechte beim Melden und Entfernen von Angeboten, die diese Rechte verletzen. Für eine

Angebote herausfiltern und einer manuellen Kontrolle auf Verletzungsfälle unterziehen könne.[545] Es sei nicht einzusehen, warum eBay der Schutzrechtsinhaberin eine solche Kontrolle abnehmen solle, schließlich könne diese eine solche Kontrolle mit gleichem Aufwand auch selbst bewerkstelligen.[546]

Während bislang weitgehend unklar blieb, welche Anstrengungen die Internetprovider erbringen müssen, um bei fremden Schutzrechtsverletzungen eine eigene Inanspruchnahme als mittelbare Verletzer zu vermeiden, gibt der BGH in der Entscheidung „Kinderhochstühle“ erstmals zu erkennen, wie in seinen Augen, ein solcher Beitrag der Internetprovider aussehen könnte. Ermöglicht es der Internetprovider durch die Einführung eines Verfahres wie dem des VeRI-Programms, dass die Inhaber immaterieller Schutzrechte ihre Rechte gleichsam selbst verteidigen können, treffen den Internetprovider geringere Prüfungs- und Überwachungspflichten hinsichtlich der verbreiteten Inhalte als dies ohne ein solches Programm der Fall gewesen wäre. Das Modell das eBay hier mit dem VeRI-Programm gewählt hat, erinnert ein wenig an das aus dem US-amerikanischen Recht bekannte „Notice and take down“-Verfahren und dürfte die Diskussion um die Einführung eines solchen Verfahrens auch im deutschen Recht wieder befeuern. Unabhängig von der konkreten Ausgestaltung eines solchen Programms lässt sich jedenfalls festhalten, dass entsprechende Anstrengungen der Internetprovider zur Vermeidung und Verfolgung etwaiger Rechtsverstöße durch die Rechtssprechung durchaus „honoriert“ werden. Hat der Internetprovider derartige Maßnahmen ergriffen, so können diese im Rahmen der Interessenabwägung zugunsten der Internetprovider Berücksichtigung finden und in der Folge bestimmte Prüfungspflichten als unzumutbar erscheinen lassen. Dieser Gedanke wird später noch aufzugreifen sein.

Exkurs: „Notice and take down“-Verfahren

Mithilfe des in Sec. 512 (c) DMCA[547] kodifizierten sog. „Notice and take down“-Verfahrens können Dritte rechtswidrige Informationen an die Internetprovider melden und unter bestimmten Voraussetzungen deren Entfernung verlangen. Dies setzt zunächst einen qualifizierten Hinweis („notice“) seitens des

---

Teilnahme am VeRI-Programm ist lediglich eine Anmeldung auf der Internetseite von eBay erforderlich. Im Falle eines rechtsverletzenden Angebots seitens eines eBay-Nutzers kann der Schutzrechtsinhaber dann gegenüber eBay auf das rechtsverletzende Angebot hinweisen und dessen Entfernung verlangen. Ferner gibt eBay die hinterlegten Kontaktdaten des Anbieters heraus, sodass die Schutzrechtsinhaber ihre Rechte wirksam geltend machen können. Quelle: eBay Deutschland http://pages.eBay.de/vero/.

545 BGH, BeckRS 2010, 30638, Rn.42 – „Kinderhochstühle im Internet“.

546 BGH, BeckRS 2010, 30638, Rn.43 – „Kinderhochstühle im Internet“.

547 Digital Millenium Copyright Act.

Dritten voraus, vgl. § 512 (c) (3) (A)[548]. Ein solcher Hinweis muss schriftlich erfolgen und von einer Person unterzeichnet sein, die berechtigt ist, für den Rechtsinhaber zu handeln. Ferner müssen die vermeintlich verletzten Rechte, sowie die diese Rechte vermeintlich verletzenden und zu entfernenden Informationen genau benannt werden. Der den Hinweis Erteilende muss nach bestem Wissen versichern, dass für die beanstandete Nutzung von Urheberrechten keine Lizenz erteilt wurde und die in dem Hinweis erteilten Informationen korrekt sind. Schließlich muss er auch noch unter Strafe versichern, dass er berechtigt ist, für den Rechteinhaber zu handeln. Genügt dieser Hinweis den genannten Anforderungen, so hat der Internetprovider die entsprechenden Informationen zu entfernen und Sorge dafür zu tragen, dass die rechtsverletzende Information auch in Zukunft nicht mehr an dem konkreten Speicherort zugänglich ist.[549] Für den Internetprovider hat dieses Verfahren den Vorteil, dass er nach der Entfernung einer Information aufgrund eines entsprechenden qualifizierten Hinweises nicht mehr gegenüber dem Rechteinhaber wegen der Verbreitung einer rechtswidrigen Information noch gegenüber dem Primärverletzer wegen der durch die Sperrung begründeten Schlechtleistung aus dem Providervertrag haftbar ist.[550] Allerdings bietet dieses Verfahren auch eine große Missbrauchsgefahr.[551]

D. Fazit

Bei einer Gegenüberstellung der beiden Entscheidungen wird somit deutlich, dass die Internetprovider zwar nach wie vor keine generelle und anlassunabhängige Prüfungspflicht hinsichtlich der von ihnen übermittelten oder gespeicherten Informationen trifft, dass aber die Kenntnis von einer rechtsverletzenden Information mitunter weitreichende Prüfungs- und Überwachungspflichten hinsichtlich weiterer gleichartiger Rechtsverletzungen auslösen kann, sodass die Internetprovider, sollten sie dieser Verpflichtung nicht nachkommen, für die von Dritten begangenen Rechtsverletzungen verantwortlich gemacht werden können. Es sei denn – und dies ist die große Neuerung der Entscheidung „Kinderhochstühle" – sie haben eigene Anstrengungen erbracht, um Rechtsverletzungen auf ihrer Plattform zu verhindern oder eine Inanspruchnahme der unmittelbaren Verletzer zu ermöglichen. Durch eine solche Rechtssprechung werden die Internetprovider nun nicht mehr „ermuntert", die Augen vor drohenden Rechtsverletzungen auf ihrer Plattform zu verschließen, sondern werden vielmehr aufgefordert, aktiv Maßnahmen zu ergreifen, die dem Schutz der Rechteinhaber die-

---

548 Online abrufbar unter: http://www.law.cornell.edu/uscode/17/512.html.
549 Rücker, CR 5/2005, 347 (354).
550 Hartmann, Unterlassungsansprüche, S.127.
551 Hartmann, Unterlassungsansprüche, S.127f.

nen. Diese Rechtssprechung ist vor dem Hintergrund der EU-Durchsetzungsrichtlinie[552] und der EU-Richtlinie zur Harmonisierung bestimmter Aspekte des Urheberrechts und der verwandten Schutzrechte in der Informationsgesellschaft[553] sehr zu begrüßen.

Im Folgenden gilt es zunächst, die Prüfungspflichten durch eine Einhegung in die Dogmatik der Verkehrspflichten weiter zu konkretisieren, ehe im letzten Teil der Arbeit auf der Grundlage der hier gefundenen Ergebnisse ein Gesetzesvorschlag unterbreitet werden soll, mithilfe dessen der Schritt von einer einzelfallgeprägten Rechtssprechung hin zu einem konsistenten Rechtsschutz bei Urheberrechtsverletzungen im Internet gelingen soll.

---

552 Richtlinie 2004/48/EG, GRUR Int. 2004, 615.
553 Richtlinie 2001/29/EG, GRUR Int. 2001, 745.

Kapitel 6

Die Einhegung der Prüfungspflichten in die Dogmatik der Verkehrspflichten[554]

A. Einführung

Zumindest im Bereich des Wettbewerbsrechts hat der BGH inzwischen die Störerhaftung zugunsten des Instituts der Verkehrspflichten aufgegeben. Maßgeblich für die Haftung der Internetprovider ist dabei die Verletzung zumutbarer Prüfungspflichten, die sich insoweit als wettbewerbsrechtliche Verkehrspflichten konkretisieren. Dieser Brückenschlag ermöglicht es dem BGH, auf die aus dem Allgemeinen Deliktsrecht bekannten Kriterien zur Bestimmung der Verkehrspflichtigkeit zu rekurrieren. Wie die Untersuchungen im ersten Teil dieser Arbeit gezeigt haben, spricht aber letztlich nichts dagegen, auch im sonstigen Bereich des gewerblichen Rechtsschutzes und des Urheberrechts die Prüfungspflichten als Verkehrspflichten anzuerkennen. Im Gegenteil, ein solcher Schritt schiene in vielerlei Hinsicht äußerst begrüßenswert, ließe sich doch auf diese Weise zuverlässig ermitteln, ob und inwieweit der als mittelbarer Verletzer Inanspruchgenommene für die fremde Rechtsverletzung tatsächlich verantwortlich ist. In der Sache hat der BGH jedenfalls längst auch im Urheberrecht Kriterien zur Bestimmung der Haftung des mittelbaren Verletzers herangezogen, die der allgemeinen Dogmatik der Verkehrspflichten entlehnt sind.[555] Im Folgenden soll daher darauf verzichtet werden, strikt zwischen den einzelnen Rechtsbereichen zu trennen, vielmehr gilt es nachzuweisen, dass das Institut der Verkehrspflichten geeignete Maßstäbe liefern kann, die zur Bestimmung der Verantwortlichkeit von Internetprovidern bei Rechtsverletzungen Dritter herangezogen werden können. Dies erscheint auch schon deshalb sinnvoll, weil die Erkenntnisse dieses Kapitels die Grundlage für einen Vorschlag zur Reformierung der haftungsprivilegierenden Vorschriften des TMG bilden sollen. Es liegt auf der Hand, dass nicht für jeden Rechtsbereich einzelne Privilegierungsvorschriften neu geschaffen werden können, sondern vielmehr einheitliche Maßstäbe zur Be-

---

554 Der Einfachheit halber wird in der vorliegenden Untersuchung auf eine Unterscheidung der Begriffe „Verkehrssicherungspflicht" und „Verkehrspflicht" verzichtet, da dieser (rein terminologischen Unterscheidung) hier keine weitere Bedeutung zukommt. Vgl. zur historischen Entwicklung der beiden Begriffe: Raab, JuS 2002, 1041, (1043).

555 Schilling, Passivlegitimation, S.106, mit Verweis u.a. auf die „Grundig-Reporter" und die „Kopierläden"-Entscheidung des BGH, vgl. hierzu die Darstellung in Kapitel 1, S.9ff.

stimmung der Haftung der Internetprovider bei fremden Rechtsverletzungen gefunden werden müssen.

B. Das Institut der Verkehrspflichten

1. Die Bedeutung der Verkehrspflichten im Allgemeinen Deliktsrecht

Das Institut der Verkehrspflichten wurde von der Rechtssprechung im Zusammenhang mit der rechtswidrigen Verletzung der durch § 823 BGB geschützten Rechtsgüter und Rechte entwickelt.[556] Es dient nahezu seit Anbeginn der Geltung unseres heutigen BGB dazu, in den Fällen des Unterlassens sowie den Fällen mittelbar verursachter Schädigungen, denjenigen zu ermitteln, der haftungsrechtlich für die eingetretene Rechtsgutsverletzung verantwortlich ist.[557] Die Funktion der Verkehrspflichten ist es mithin, den konkreten Verletzungserfolg einer bestimmten Person als dem Verletzer haftungsrechtlich zuzuordnen.[558] Dies ist in den Fällen des Unterlassens und den Fällen mittelbarer Rechtsverletzungen nämlich nicht ohne Weiteres möglich.[559] Schließlich setzt die Inanspruchnahme als Pflichtiger grundsätzlich die Verletzung eines Rechts oder Rechtsguts und damit eine Pflichtverletzung voraus. Dies ist in den genannten Fallkonstellationen aber regelmäßig nur dann der Fall, wenn eine Pflicht zur Vermeidung oder Verhinderung der konkreten Gefahr bestand. Diese Pflicht wird als Verkehrspflicht bezeichnet.[560] Den Verkehrspflichten liegt somit der Gedanke zugrunde, dass jeder, der in seinem Verantwortungsbereich eine Gefahrenquelle schafft oder andauern lässt, verpflichtet ist, alle ihm zumutbaren und erforderlichen Maßnahmen zu treffen, um eine Schädigung Dritter möglichst zu verhindern.[561]

2. Der Umfang der Verkehrspflichten im Allgemeinen Deliktsrecht

In der für die Entwicklung der Verkehrspflichten grundlegenden Entscheidung des RG heißt es zum Umfang der Verkehrspflichten, dass „ein jeder auch für die Beschädigung durch seine Sachen insoweit aufkommen solle, als er dieselbe bei

556 Medicus, Bürgerliches Recht, Rn.641.
557 Raab, JuS 2002, 1041 (1042).
558 Medicus, Bürgerliches Recht, Rn.647.
559 Raab, JuS 2002, 1041 (1041).
560 Raab, JuS 2002, 1041 (1042).
561 St. Rspr. BGH, NJW 2007, 1683 (1684) m.w.N.

billiger Rücksichtnahme auf die Interessen des anderen hätte verhüten müssen".[562] Das Kriterium der „billigen Rücksichtnahme" hat dabei in den vergangenen 100 Jahren durch die Judikatur sowie die rechtswissenschaftliche Lehre eine immer weiter fortschreitende Konkretisierung erfahren, sodass heute ein ganzes Bündel an Kriterien besteht, anhand derer zu bestimmen ist, ob den Inanspruchgenommenen eine Verantwortlichkeit wegen Verletzung ihm obliegender Verkehrspflichten trifft.

Im Wesentlichen sind hier zu nennen:[563]
- die Eröffnung und Unterhaltung einer Gefahrenquelle
- die Beherrschbarkeit der Gefahrenquelle einschließlich der Frage inwieweit Möglichkeiten zum Selbstschutz seitens des Dritten bestehen
- eine Vorteilsziehung des Pflichtigen aus der betreffenden Handlung
- die berechtigten Sicherheitserwartungen der betroffenen Verkehrskreise
- die wirtschaftliche Zumutbarkeit entsprechender Sicherungsmaßnahmen
- die Vorhersehbarkeit der Risiken
- Art und Umfang der drohenden Gefahren
- der Rang der bedrohten Rechtsgüter

3. Die Verkehrspflichten als Maßstab für die Bestimmung der Haftung von Internetprovidern bei fremden Rechtsverletzungen

Es gilt im Folgenden nun nachzuweisen, dass sich anhand der eben genannten Kriterien zuverlässig ermitteln ließe, ob und inwieweit ein Internetprovider für die Rechtsverletzung eines Dritten (mit-)verantwortlich ist bzw. welche Anstrengungen zur Gefahrvermeidung/ -verringerung dem Diensteanbieter im Einzelfall konkret zumutbar erscheinen. Dabei sei bereits hier darauf hingewiesen, dass die einzelnen Kriterien – ebenso wie im allgemeinen Deliktsrecht – keineswegs isoliert betrachtet werden können, sondern sich gegenseitig bedingen. Ferner muss bei der erforderlichen Abwägung Berücksichtigung finden, welche Funktion der einzelne Internetprovider in der Informationsvermittlung einnimmt und mit welchem Geschäftsmodell er sich an die Internetnutzer wendet.

a. Eröffnung und Unterhaltung einer Gefahrenquelle

Nach ständiger Rechtssprechung des BGH ist jeder, der eine Gefahrenquelle eröffnet oder unterhält, verpflichtet, Dritte vor den Gefahren zu schützen, die von

562 RGZ 54, 53 (58).
563 Vgl. die Aufzählung bei Bamberger/Roth/Spindler, § 823 Rn.225a.

ihr ausgehen.[564] Es stellt sich damit im Bereich des Internets die Frage, inwieweit das Betreiben einer Internetplattform, auf der Dritte fremde Informationen einstellen können, als Eröffnung oder Unterhaltung einer Gefahrenquelle qualifiziert werden kann.[565]

Bejaht hat dies der BGH in der Entscheidung „Jugendgefährdende Medien bei eBay". Dort heißt es: „dem Geschäftsmodell der Beklagten ist die ernstzunehmende Gefahr immanent, dass es von Verkäufern zum Vertrieb indizierter jugendgefährdender, volksverhetzender und gewaltverherrlichender Medien und damit für die Begehung von Straftaten und unlauteren Wettbewerbshandlungen genutzt wird"[566]. Dem ist auch das OLG Hamburg in der Entscheidung „Kinderhochstühle" gefolgt. Der Diensteanbieter eBay habe durch „das Betreiben einer Internetplattform, auf der Dritte [...] in erheblichem Umfang rechtswidrig markenverletzende Artikel vertreiben, eine Gefahrenquelle eröffnet."[567] Der BGH ist im Revisionsverfahren einer derartigen Festlegung allerdings ausgewichen. Dort heißt es lediglich, es könne offen bleiben, ob bereits der Betrieb der Internetplattform eine Gefahr für Kennzeichenrechte Dritter begründe, mit der Konsequenz, dass eBay verpflichtet sei, die Verletzung dieser Rechte zu verhindern, denn jedenfalls habe eBay eine solche Pflicht nicht verletzt.[568] Der BGH betonte stattdessen noch einmal, dass er eine Erfolgsabwendungspflicht in der Entscheidung „Jugendgefährdende Medien bei eBay" insbesondere deshalb angenommen habe, weil mit dem Kinder- und Jugendschutz ein besonders hochrangiges Rechtsgut durch den Vertrieb jugendgefährdender, volksverhetzender und gewaltverherrlichender Medien bedroht gewesen sei.[569] Letztlich ließ der BGH somit offen, ob sich diese Grundsätze verallgemeinern und auf die Verletzung von Kennzeichenrechten oder sonstige Schutzrechte übertragen lassen. Damit stellen sich aber eine Reihe für die Bestimmung der Verantwortlichkeit der Diensteanbieter entscheidende Fragen: Wie sind Sachverhalte zu entscheiden, bei denen die Erfolgsabwendung dem Internetprovider zumutbar ist, jedoch das bedrohte Rechtsgut weniger gewichtig ist als der Kinder- und Jugendschutz? Trifft den Internetprovider auch in einem solchen Fall eine Erfolgsabwendungspflicht, weil er mit dem Betrieb einer Internetplattform eine Gefahr für Rechte Dritter geschaffen hat? Oder scheidet dann eine solche Pflicht von vornherein aus, sodass es auf eine weitere Prüfung der Zumutbarkeit einer solchen Erfolgsabwendungspflicht gar nicht mehr ankommt?

---

564 Bamberger/Roth/Spindler, § 823 Rn.228.
565 Vgl. zur Haftung der Access-Provider ausführlich Kapitel 7.
566 BGH, GRUR 2007, 890 (892) – „Jugendgefährdende Medien bei eBay".
567 OLG Hamburg, NJOZ 4082 (4091) – „Kinderstühle".
568 BGH, GRUR 2011, 152 (154) – „Kinderhochstühle".
569 BGH, GRUR 2011, 152 (154) – „Kinderhochstühle".

Angesichts der europarechtlichen Durchdringung insbesondere des Telemedienrechts, aber auch des Rechts des geistigen Eigentums kann diese Frage nur vor dem Hintergrund der entsprechenden europarechtlichen Regelungen beantwortet werden. Zu nennen sind hier in erster Linie die bereits im vierten Kapitel dargestellte Richtlinie 2000/31/EG[570] über den elektronischen Geschäftsverkehr („E-Commerce"-Richtlinie), die Richtlinie 2004/48/EG[571] zur Durchsetzung der Rechte des Geistigen Eigentums („Enforcement"-Richtlinie) sowie die Richtlinie 2001/29/EG[572] zur Harmonisierung bestimmter Aspekte des Urheberrechts und der verwandten Schutzrechte in der Informationsgesellschaft („InfoSoc"-Richtlinie). Die drei genannten Richtlinien stehen dabei in einem komplexen (Spannungs-)Verhältnis zueinander, das aufzulösen bisweilen erhebliche Schwierigkeiten bereitet. Zu beachten sind daher auch die den Richtlinien zugrundeliegenden Erwägungsgründe, die grundsätzlich dazu dienen, die Ziele und Motive des europäischen Richtliniengebers zu verdeutlichen.[573] Zwar sind die Erwägungsgründe grundsätzlich kein Bestandteil des jeweiligen Rechtsaktes[574] und folglich rechtlich nicht verbindlich[575], gleichwohl fließen sie im Falle von Unklarheiten über die Bedeutung und Reichweite einer bestimmten Regelung im Rahmen der systematischen und teleologischen Auslegung durch den EuGH in die Entscheidungsfindung ein.[576]

Für eine Beschränkung der Erfolgsabwendungspflicht auf Sachverhalte, in denen eine Verletzung hochrangiger Rechtsgüter in Frage steht, könnten die Wertungen[577] der haftungsprivilegierenden Regelungen der „E-Commerce"-Richtlinie sprechen. Denn wie bereits bei der Frage deutlich wurde, ob die Unterscheidung in „eigene" und „fremde" Informationen und die Rechtsfigur des „Zu-eigen-machens" mit den europarechtlichen Vorgaben vereinbar ist, liegt den haftungsprivilegierenden Regelungen der „E-Commerce"-Richtlinie ein technisch geprägtes Verständnis zugrunde. Nach dem Willen des europäischen Richtliniengebers sollen die Diensteanbieter in aller Regel haftungsrechtlich privilegiert werden, jedenfalls dann, wenn sie bei der Informationsvermittlung eine rein technische Aufgabe erfüllen.[578] Dies trifft zwar in erster Linie auf den Access-Provider zu, der in der Tat lediglich seinen Kunden den Zugang zum Internet eröffnet. Die hinter dem Erwägungsgrund stehenden Wertungen des Richtli-

---

570 Richtlinie 2000/31/EG, GRUR Int. 2000, 1004ff.
571 Richtlinie 2004/48/EG, GRUR Int. 2004, 615ff.
572 Richtlinie 2001/29/EG, GRUR Int. 2001, 745ff.
573 Schröder, Europäische Richtlinien und deutsches Strafrecht, S.405.
574 Hess, Europäisches Zivilprozessrecht, S.156.
575 Riesenhuber, Europäische Methodenlehre, S.540 Rn.19.
576 Hess, Europäisches Zivilprozessrecht, S.156.
577 Nach st. Rspr. des BGH finden die §§ 8-10 TMG keine Anwendung auf Unterlassungsansprüche. Vgl. hierzu Kapitel 5, S.104f.
578 Vgl. Erwägungsgrund 41 der Richtlinie 2000/31/EG, GRUR Int. 2000, 1004 (1008).

niengebers können aber auch bei der Beurteilung der Dienstleistungen der Host-Provider nicht unberücksichtigt bleiben. Interpretiert man die Vorgaben der „E-Commerce"-Richtlinie damit als Versuch des Richtliniengebers, die Haftung der Internetprovider weitgehend zu reglementieren und zu restringieren, dann spricht dies dafür, auch die Annahme einer Erfolgsabwendungspflicht auf Sachverhalte zu beschränken, in denen die Verletzung eines hochrangigen Rechtsguts in Frage steht. Dies nicht zuletzt auch deshalb, weil die mit der Annahme einer solchen Erfolgsabwendungspflicht verbundene Auferlegung weitgehender Prüfungs- und Überwachungspflichten vor dem Hintergrund der Regelung des § 7 Abs.2 TMG durchaus bedenklich erscheint.

Überzeugender erscheint es hingegen, auch bei der Verletzung von weniger gewichtigen Rechtsgütern, die Tür für die Frage des Bestehens zumutbarer Prüfungs- und Überwachungspflichten nicht von vornherein zuzuschlagen. Dafür streiten nicht zuletzt die Regelungen der „InfoSoc"-Richtlinie[579] sowie der „Enforcement"-Richtlinie[580]. Nach Art.8 Abs.3 „InfoSoc"-Richtlinie müssen die Mitgliedsstaaten sicherstellen, dass „die Rechteinhaber gerichtliche Anordnungen gegen Vermittler beantragen können, deren Dienste von einem Dritten zur Verletzung eines Urheberrechts oder verwandter Schutzrechte genutzt werden". Dieser Ansatz wird in Art.11 S.3 der "Enforcement"-Richtlinie noch einmal bekräftigt, dort heißt es, die Mitgliedsstaaten müssen sicherstellen, dass die Rechteinhaber im Falle der Verletzung eines Rechts des geistigen Eigentums eine Anordnung auch „gegen Mittelspersonen beantragen können, deren Dienste von einem Dritten zwecks Verletzung eines Rechts des geistigen Eigentums in Anspruch genommen werden". Dabei sollen nach Satz 2 des Erwägungsgrundes 23 der "Enforcement"-Richtlinie Voraussetzungen und Verfahren für derartige Anordnungen Gegenstand der einzelstaatlichen Rechtsvorschriften der Mitgliedsstaaten bleiben. Diese Funktion erfüllt im deutschen Recht das Institut der Störerhaftung[581] bzw. nach vorzugswürdiger Ansicht für den gesamten Bereich des geistigen Eigentums das Institut der Verkehrspflichten.

Eine Stütze findet diese Ansicht aber auch in der „E-Commerce"-Richtlinie selbst. Denn nach Art.48 ECRL können die Mitgliedsstaaten verlangen, dass Diensteanbieter, die von Nutzern ihres Dienstes bereitgestellte Informationen speichern, „die nach vernünftigem Ermessen von ihnen zu erwartende und in innerstaatlichen Rechtsvorschriften niedergelegte Sorgfaltspflicht (anwenden),

579 Richtlinie 2001/29/EG, GRUR Int. 2001, 745ff.
580 Richtlinie 2004/48/EG, GRUR Int. 2004, 615ff.
581 So noch OLG Düsseldorf, Urteil vom 24.02.2009, Az. 4a O 464/01.

um bestimmte Arten rechtswidriger Tätigkeiten aufzudecken und zu verhindern."[582]

Festzuhalten bleibt damit, dass allein das Eröffnen einer Informationsquelle eine Haftung der Diensteanbieter nicht begründen kann.[583] Vielmehr bedarf es einer weitergehenden Prüfung, inwieweit der Diensteanbieter verpflichtet ist, drohende Rechtsverletzung zu verhindern. Angesichts der objektiv bestehenden Gefahr für Rechte Dritter, die von Internetplattformen ausgehen, auf denen Nutzer fremde Inhalte einstellen können, erscheint es jedoch folgerichtig, die Tür für eine derartige Prüfung auch bei weniger gewichtigen Rechtsgütern als dem Kinder- und Jugendschutz nicht von vornherein zu verschließen.[584] Welchen Inhalt diese Prüfungspflichten haben bzw. welche Maßnahmen der Diensteanbieter konkret ergreifen muss, um die Gefahr von Rechtsverletzungen Dritter zu verhindern, ist damit aber noch nicht entschieden. Es wird im Rahmen der gebotenen Interessenabwägung entscheidend darauf ankommen, welche Prüfungs- und Überwachungspflichten dem Internetprovider (vor dem Hintergrund der Vorschriften des TMG bzw. der Regelungen der „E-Commerce"-Richtlinie) noch zumutbar sind.

Eigener Ansatz: Vorsorge- und Anreiztheorie

Dabei sei zum besseren Verständnis eine wesentliche Erkenntnis dieses Kapitels bereits vorweg genommen: Nach richtiger Ansicht setzt das Entstehen von Prüfungspflichten die Kenntnis des Diensteanbieters von einer rechtsverletzenden fremden Information voraus.[585] Beschränkt sich der Diensteanbieter aber zur Sicherung von Rechten Dritter auf ein Tätigwerden *nach* einer Rechtsverletzung, so kann dies nach der hier vertretenen Ansicht weitreichende Konsequenzen für Art und Ausmaß der dann zu verlangenden Prüfungspflichten haben. Grundsätzlich ist zwischen Maßnahmen im Bereich der „Vorsorge" und solchen im Bereich der „Nachsorge" zu unterscheiden. Der Diensteanbieter kann der ihn nach der hier vertretenen Ansicht treffenden Erfolgsabwendungspflicht[586] bereits durch effektive Maßnahmen im Bereich der „Vorsorge" nachkommen. Das sind in erster Linie Maßnahmen, die der Diensteanbieter (noch) in Unkenntnis einer konkreten Rechtsverletzung trifft und die dem Schutz von Rechten Dritter dienen oder im Verletzungsfalle dem Rechteinhaber die Rechtsdurchsetzung erleichtern sollen. Bei Maßnahmen im Bereich der „Nachsorge"

---

582 Krit. zur Anwendbarkeit des Art.48 ECRL v. Samson-Himmelstjerna, Haftung von Internetauktionshäusern, Rn.111ff.

583 In diesem Sinne auch Heß, Verantwortlichkeit von Diensteanbietern, S.184.

584 Zutreffend bereits Schmoll, Die deliktische Haftung der Internet-Service-Provider, S.77.

585 Ensthaler/ Heinemann, WRP 2010, 309 (315); Nordemann, CR 2010, 653 (655).

586 Vgl. zur Haftung der Access-Provider ausführlich Kapitel 8.

handelt es sich hingegen um solche, die „klassischer“ Weise mit den Prüfungspflichten assoziiert werden, die also die Filterung und Verhinderung weiterer gleichartiger und bekannter konkreter rechtsverletzender fremder Informationen *nach* einer eingetreten Rechtsverletzung zum Ziel haben.

Die rechtswissenschaftliche Diskussion kreist dabei bisher allein um solche Maßnahmen, die nach der hier vertretenen Ansicht dem Bereich der „Nachsorge“ zuzuordnen sind. Rechtssicherheit auf Seiten der Internetprovider, sowie ein effektiver Schutz von Rechten des geistigen Eigentums wird sich langfristig aber nur dann erreichen lassen, wenn die Internetprovider eigene Anstrengungen bereits im Vorfeld einer Rechtsverletzung leisten, damit es gar nicht erst zu einer Rechtsverletzung kommt bzw. im Verletzungsfalle zumindest eine schnelle Rechtsverfolgung und Rechtsdurchsetzung möglich ist. Dass die Bedeutung der Vorsorgemaßnahmen bisher kaum gewürdigt wurde, liegt an der weit verbreiteten Ansicht, dass den Internetprovidern am besten geholfen wäre, wenn sie schlicht die „Augen vor dem Treiben auf ihrer Plattform verschließen würden“, schließlich löse die Kenntnis von einer Rechtsverletzung gegebenenfalls weitreichende Prüfungs- und Überwachungspflichten aus. Dieser Ansicht ist eine gewisse Schlüssigkeit nicht abzusprechen, setzt eine Haftung doch zwingend eine Kenntnis von der Rechtsverletzung voraus. Man könnte – bildlich gesprochen – das Pferd aber auch von der anderen Seite aufzäumen. So könnte man diejenigen Internetprovider frei jeder Verantwortlichkeit stellen oder nur eingeschränkt in Haftung nehmen, die bereits im Vorfeld einer Rechtsverletzung solche Maßnahmen ergriffen haben, die dem Schutz Dritter dienen und die eine Inanspruchnahme des unmittelbaren Verletzers ermöglichen. Welche Maßnahmen dies im konkreten Einzelfall sein können, lässt sich nur mit Blick auf das jeweilige Geschäftsmodell des Providers bestimmen. Die Bandbreite denkbarer Maßnahmen erscheint aber vielfältig. So könnten Sharehosting-Plattformen beispielsweise die Anzahl möglicher Downloads begrenzen oder das Einrichten bestimmter Kategorien/Verzeichnisse verhindern, wenn bereits der Titel der betreffenden Kategorie (z.B. „aktuelle Kinofilme“) auf urheberrechtsverletzende Inhalte hindeutet. Eine Maßnahme, die die spätere Rechtsverfolgung erheblich erleichtern dürfte, ist beispielsweise in der Einführung einer Registrierungspflicht für alle Nutzer des Dienstes zu sehen.[587] Auch der Aufbau einer Abuse-

---

587 Vgl. hierzu EuGH, MMR 2011, 596 (605) wonach dem Betreiber eines Online-Marktplatzes jedenfalls im Bereich der Nachsorge Maßnahmen aufgegeben werden können, „die die Identifizierung seiner als Verkäufer auftretenden Kunden erleichtern“. Das OLG Hamburg kommt in seiner Entscheidung „Sharehoster II“, MMR 2010, 51 (54f.) mit krit. Anm. Breyer, MMR 2010, (55), gar zu dem Ergebnis, dass das Geschäftsmodell eines Sharehosters, das „einschränkungslos eine anonyme Nutzung“ des Dienstes ermögliche, „von der Rechtsordnung nicht gebilligt wird und damit nicht schutzwürdig ist, weil es letztlich auf die massenhafte Begehung von Urheberrechtsverletzungen ausgerichtet sei“. A.A. OLG Düsseldorf, MMR 2010, 483 (484); ein-

Abteilung, sowie die Einrichtung einer „notice-and-take down"-Funktion bzw. von Lösch-Interfaces dürfte in vielen Fällen durchaus sinnvoll erscheinen. Im Einzelfall mag sogar die stichprobenartige Überprüfung mutmaßlich rechtsverletzender Webseiten durch die Host-Provider erfolgsversprechend sein. Dieser Ansatz soll im folgenden als Vorsorge- und Anreiztheorie bezeichnet werden. Es wird sich zeigen, dass die Rechtssprechung erste zaghafte Schritte in diese Richtung unternommen hat und die Richtigkeit der hier vertretenen Ansicht zu stützten vermag. Dazu im Einzelnen sogleich.

b. Die Beherrschbarkeit der Gefahrenquelle einschließlich der Frage inwieweit Möglichkeiten des Selbstschutzes seitens des Dritten bestehen

Verkehrssicherungspflichtig ist, wer eine Gefahrenquelle schafft oder unterhält und die in seiner Sphäre bestehende Gefahr auch beherrschen kann, dass heißt die Verfügungsgewalt inne hat, die zur Sicherung des Verkehrs notwendigen Maßnahmen zu ergreifen und auszuführen.[588] Zu klären ist folglich, welche Sicherungsmaßnahmen die Diensteanbieter ergreifen können, um eine Verletzung von Rechten Dritter durch ihre Kunden zu verhindern.

aa. Vor-Kontrolle

Ein wirksamer Schutz der Rechteinhaber könnte zweifellos dadurch erreicht werden, dass die Internetprovider quasi im Rahmen einer Vor-Kontrolle jede nutzergenerierte Information auf ihre Rechtmäßigkeit hin überprüfen. Eine solche Vor-Kontrolle aller nutzergenerierten Informationen ist aber wie bereits mehrfach erläutert vor dem Hintergrund der Regelungen der „E-Commerce"-Richtlinie bzw. expressis verbis dem in Art.15 ECRL normierten Verbot allgemeiner Überwachungspflichten nicht zulässig. Verbietet sich damit eine derartige Vor-Kontrolle aller übermittelten oder gespeicherten fremden Informationen, bleibt doch zu klären, welche sonstigen Möglichkeiten die Diensteanbieter haben, Rechtsverletzungen durch ihre Kunden zu verhindern.[589]

---

schränkend numehr auch OLG Hamburg, MMR 2012, 393 (396ff.), wobei der Senat insoweit an seiner Rechtssprechung festhält, als er „weder eine rechtliche noch eine tatsächliche Notwendigkeit oder Rechtfertigung" dafür erkennen will, dass ein Plattformbetreiber seinen Nutzern ein „Handeln in letztlich vollständiger Anonymität" ermöglicht. Nach Ansicht von Schapiro, Unterlassungsansprüche, S.280, trifft jedenfalls den Betreiber einer Online-Auktionsplattform eine Identitätssicherungspflicht, d.h. der Betreiber hat die Identität des Nutzers bei dessen Anmeldung, bspw. im Rahmen eines Postident-Verfahrens, festzustellen.

588 v. Bar, Verkehrspflichten, S.122.

589 Zur Möglichkeit der Sperrung bestimmter inkriminierter Webseiten durch die Access-Provider vgl. Kapitel 7, S.146ff.

bb. Hinweispflichten

Nach zutreffender Ansicht sind Diensteanbieter – und zwar Access- wie Host-Provider gleichermaßen – verpflichtet, ihre Kunden darauf hinzuweisen, dass diese Rechte Dritter bzw. Rechte die dem Schutz Dritter dienen zu wahren haben.[590] Ein solcher allgemeiner Hinweis kann im Rahmen der AGB erfolgen und ist für die Diensteanbieter praktisch mit keinerlei Aufwand verbunden. Zwar wird ein solcher Aufruf bei denjenigen verhallen, die bewusst das Geschäftsmodell des Diensteanbieters missbrauchen und gerade durch dieses Tun Rechte Dritter verletzen. Allerdings herrscht nicht selten – insbesondere bei Urheberrechtsverletzungen – Unkenntnis darüber, welche Handlungen (noch) erlaubt sind, wann also beispielsweise die Grenze zur freien Benutzung gem. § 24 UrhG überschritten oder das vermeintliche „Zitat" nicht mehr von § 51 UrhG gedeckt ist. Zudem sind die entsprechenden Regelungen für den Rechtslaien nicht selten schwer verständlich. Hier kann ein deutlicher und verständlicher, auf das Geschäftsmodell des Diensteanbieters abgestimmter Hinweis häufig Abhilfe schaffen.[591] Nicht zuletzt könnte dies auch die Akzeptanz gegenüber den urheberrechtlichen Regelungen insgesamt steigern.

Das LG Potsdam[592] hat in einer Anfang 2011 verkündeten Entscheidung zum Umfang derartiger Hinweispflichten von Diensteanbietern Stellung genommen, der folgender Sachverhalt zugrunde lag: Die Klägerin, die Markenparfüme herstellt und vertreibt, verlangte von der Beklagten, der Betreiberin des Online-Handelsplatzes „www.ebay.de", Auskunft über Namen und Anschrift eines unter dem Synonym „sawadeeka06" handelnden Mitglieds des Online-Handelsplatzes, um diesem gegenüber Ansprüche aufgrund wettbewerbswidrigen Verhaltens durchsetzen zu können. Die Beklagte hatte zwar zuvor auf Betreiben der Klägerin das betreffende Mitgliedskonto gesperrt, nachdem die Klägerin das Angebot des Verkäufers „sawaadeeka06" gegenüber der Beklagten wegen Verstoßes gegen die Impressumspflicht des § 5 Abs.1 TMG, wegen fehlender Widerrufsbelehrungen in den Angeboten sowie einer irreführenden Registrierung als „privater Verkäufer" beanstandet hatte.[593] Sie verweigerte allerdings Auskunft über Name und Anschrift des unter dem Synonym „sawadeeka06" registrierten Mitglieds, da eine entsprechende Auskunftspflicht nicht be-

590 Nordemann, CR 2010, 653 (659) m.w.N..

591 a.A. Breyer, MMR 2009, 14 (15); zweifelnd auch Volkmann, CR 4/2008, 232 (236).

592 LG Potsdam, Az. 3 O 78/09, verkündet am 20.01.2011.

593 Die Einstufung als „gewerbliches" oder „privates" Mitgliedskonto müssen die Nutzer bei der Registrierung des späteren Accounts selbst vornehmen. Nur bei einem als „gewerblich" eingestuften Mitgliedskonto werden gesetzliche Pflichtangaben wie die Identität und die ladungsfähige Anschrift sowie ein Hinweis auf das Widerrufs- oder Rückgaberecht des Käufers obligatorisch auf der Artikelseite angezeigt und somit für jeden Besucher der jeweiligen Seite einsehbar.

stünde. Es fehle insofern bereits an einer wettbewerbsrechtlichen Verkehrspflicht, jedenfalls habe die Beklagte eine solche aber nicht verletzt.

Dem ist das LG Potsdam im Ergebnis gefolgt. Dabei zieht das Gericht zur Bestimmung von Art und Umfang entsprechender Sicherungsmaßnahmen Kriterien heran, die der allgemeinen Dogmatik zu den Verkehrspflichten entlehnt sind. So richte sich die Ausgestaltung der wettbewerbsrechtlichen Pflichten einerseits nach der Bedeutung der Impressumspflicht nach § 5 Abs.1 Nr.1 TMG (und damit nach dem Rang des bedrohten Rechtsguts) und andererseits danach, mit welchem Aufwand die in Frage kommenden Sicherungsmaßnahmen verbunden sind. Dabei habe die Beklagte angesichts der nicht besonders hervorgehobenen Stellung der Impressumspflicht die hiernach bestehenden wettbewerbsrechtlichen Pflichten erfüllt, indem sie die Anbieter über die Impressumspflicht belehrt und zur Preisgabe der Gewerblichkeit des Angebots angehalten habe. Auch erhalte der Nutzer über entsprechende Links Informationen darüber, ob er voraussichtlich einen gewerblichen oder privaten Account betreibe. Auf Abmahnungs- und Unterlassungsansprüche werde hingewiesen. Zudem würden auf dem „Rechtsportal" weiterführende Informationen zu Impressumspflicht und Widerrufsbelehrung erteilt.[594] Das Gericht betont damit, ganz im Sinne der hier vertretenen Vorsorge- und Anreiztheorie, die Bedeutung derartiger Vorsorgemaßnahmen zum Schutz der beteiligten Verkehrskreise, die letztlich im Rahmen der gebotenen Abwägung gegen die Auferlegung weiterer „klassischer" Prüfungspflichten streiten.

cc. Einsatz von Internetfiltern

Ferner ist an den Einsatz von automatischen Internetfiltern zu denken, mithilfe derer rechtsverletzende Informationen identifiziert, gesperrt und/oder gelöscht werden können. Insbesondere die Anbieter von Musik- und Video-Portalen haben in den letzten Jahren mehr oder weniger freiwillig[595] erste Schritte in diese Richtung unternommen und derartige Filterprogramme auf ihren Plattformen implementiert. Die Website MySpace verwendet beispielsweise das von Audible Magic entwickelte CopySense-Programm zur Identifizierung unrechtmäßig im Internet verbreiteter urheberrechtlich geschützter Informationen.[596] Das Programm durchsucht die von Nutzern eingestellten Informationen fortlaufend nach Informationen, die denjenigen entsprechen, die von den Rechteinhabern zuvor auf einer von Audible Magic eingerichteten Datenbank registriert wurden. Er-

594 LG Potsdam, Az. 3 O 78/09, verkündet am 20.01.2011, S.10.

595 Die Internetprovider wollten auf diese Weise auch dem massiven Druck der Unterhaltungsindustrie begegnen, die auf die Einführung effektiver Schutzmechanismen drängte.

596 http://www.audiblemagic.com/pr-2007-02-12.php.

gibt ein Vergleich, dass die beiden Informationen übereinstimmen, wird die von dem Nutzer eingestellte Information gesperrt. Dabei erfolgt die Identifizierung anhand kleinster Sequenzen, sog. „digitaler Fingerabdrücke", die der jeweiligen geschützten Information zueigen sind.[597] Auf diese Weise kann auch verhindert werden, dass einmal gesperrte und gelöschte Informationen nach der Entfernung erneut hochgeladen werden. Auch Google verwendet auf seiner Video-Plattform YouTube ein solches Filterprogramm zur automatischen Identifizierung unrechtmäßig verbreiteter urheberrechtlich geschützter Werke.[598]

Neben derartigen Filterprogrammen zur Identifizierung von Audio- und audiovisuellen Dateien ist an den Einsatz von textbasierten Filterprogrammen zu denken. Ein solches Filtern durch Worterkennung bietet sich insbesondere bei Plattformen an, die ihren Kunden textbasierte Suchwerkzeuge zur Verfügung stellen, wie dies beispielsweise bei Linksammlungen und User-Generated-Content-Sites häufig der Fall ist.[599]

Einige Internetprovider verwenden also bereits freiwillig derartige automatische Internetfilter zur Identifizierung rechtsverletzender Inhalte. Dies wirft die Frage auf, ob die Internetprovider nicht darüber hinaus sogar rechtlich verpflichtet sind, derartige Filterprogramme zu implementieren, wenn sie eine Inanspruchnahme als mittelbare Verletzer vermeiden wollen. Eine gesetzliche Verpflichtung hierzu besteht (bisher) nicht. Sofern den Internetprovidern der Einsatz einer solchen Filtersoftware aber grundsätzlich zumutbar ist, könnte das Fehlen bzw. Nicht-Verwenden einer solchen Filtersoftware durchaus im Rahmen der Störerhaftung bzw. der Haftung wegen Verletzung von Verkehrspflichten haftungsbegründend wirken. Allerdings bestehen technische und rechtliche Schwierigkeiten, die die Verpflichtung zur Einführung solcher automatischer Filtertechnik nicht unproblematisch erscheinen lassen.

Zunächst einmal ist fraglich, inwieweit die heute existierenden Filterprogramme tatsächlich (bereits) in der Lage sind, rechstverletzende Informationen verlässlich aufzuspüren, sodass diese gesperrt und/oder gelöscht werden können.[600] So wird häufig eine manuelle Nachkontrolle der automatisch herausgefilterten Informationen nicht unterbleiben können. Dies wird den Internetprovidern in der Regel aber wegen des damit verbundenen Personalaufwands nicht zuzumuten

---

597 http://audiblemagic.com/technology.php.

598 http://www.youtube.com/t/video_id_about.

599 Nordemann, CR 2010, 653 (659).

600 Zweifelnd für eine Bilderkennungssoftware BGH, GRUR 2011, 152 (155) – „Kinderhochstühle"; ablehnend für einen Wortfilter zur Identifizierung von urheberrechtlich geschützten Inhalten OLG Düsseldorf, ZUM-RD 2010, 599 (601f.). Krit. auch Schapiro, Unterlassungsansprüche, S.263.

sein.[601] Auch müsste festgelegt werden, welchen technischen Standard ein solches Filterprogramm erfüllen soll. Müssten die Internetprovider also jeweils die neueste und beste/effektivste Filtertechnik verwenden? Wie ließe sich das ermitteln? Wer soll bestimmen, welche Filtertechnik dem aktuellen Entwicklungsstand entspricht? Und wer ist insofern beweispflichtig?

Nun würde es den Rahmen dieser Untersuchung sprengen, die technische Realisierbarkeit solcher Filtertechniken en detail zu beleuchten. Die technische Realisierbarkeit einmal vorausgesetzt, bleibt die Frage, inwieweit eine solche Verpflichtung zur Filterung nutzergenerierter Informationen überhaupt mit geltendem Recht vereinbar wäre.

Es sei hier noch einmal an das in der „E-Commerce"-Richtlinie verankerte Verbot allgemeiner Überwachungspflichten erinnert. So heißt es in Art.15 Abs.1 ECRL: „Die Mitgliedstaaten erlegen Anbietern von Diensten [...] keine allgemeine Verpflichtung auf, die von ihnen übermittelten oder gespeicherten Informationen zu überwachen oder aktiv nach Umständen zu forschen, die auf eine rechtswidrige Tätigkeit hinweisen." Eine anlassunabhängige pro-aktive Überwachungspflicht ist damit ausgeschlossen.[602] „Überwachungspflichten in spezifischen Fällen"[603] sind hingegen auch nach der „E-Commerce"-Richtlinie grundsätzlich zulässig. Anordnungen, die die Internetprovider zum Einsatz von Filtertechniken verpflichten, sind mithin dann rechtens, wenn sie spezifische Personen, Internetseiten oder Inhalte betreffen.[604] Dies gilt allerdings nur dann, wenn nicht am Ende doch jede Information einer manuellen Nachkontrolle unterzogen werden muss.[605] Denn den Internetprovidern dürfen keine Anforderungen auferlegt werden, die ihr von der Rechtsordnung gebilligtes Geschäftsmodell gefährden.[606] Es sei denn, es handelt sich bei dem bedrohten Rechtsgut um ein besonders hochrangiges.[607] Art und Umfang der zu erwartenden Sicherungsmaßnahmen im Bereich der Nachsorge, also ab Kenntnis von einer rechtsverletzenden Handlung sind damit – wie *Spindler* zutreffend ausführt – in drei Schritten zu ermitteln:[608]

---

601 OLG Düsseldorf, ZUM-RD 2010, 599 (602); a.A. OLG Hamburg, NJOZ 2008, 4344 (4355).

602 Spindler/Schuster/Hoffmann, Recht der elektronischen Medien, 2. Aufl. 2011, zwölfter Teil, § 7 Rn.30.

603 Vgl. Erwägungsgrund 47 der Richtlinie 2000/31/EG, GRUR Int. 2000, 1004 (1008).

604 Angelopoulos, IRIS plus 4/2009, 1 (5). Online abrufbar unter: http://merlin.obs.coe.int/redirect.php?id =11713.

605 Vgl. BGH, GRUR 2011, 152 (155) – „Kinderhochstühle".

606 BGH, GRUR 2011, 152 (155) – „Kinderhochstühle"; BGH, GRUR 2007, 890 (894) – „Jugendgefährdende Medien bei eBay"; BGH, GRUR 2007, 708 (712) – „Internet-Versteigerung II".

607 BGH, GRUR 2011, 152 (155) – „Kinderhochstühle".

608 Spindler, GRUR 2011, 101 (105).

1. Wird das betreffende Geschäftsmodell von der Rechtsordnung gebilligt?
2. Steht eine automatische Filtersoftware zur Verfügung?
3. Wenn nein:
   a. Handelt es sich bei dem verletzten Rechtsgut um ein besonders hochrangiges, sodass dem Diensteanbieter auch eine manuelle Kontrolle zumutbar ist oder
   b. hat der Internetprovider in allen sonstigen Fällen wenigstens Maßnahmen im Bereich der Vorsorge ergriffen, indem er beispielsweise den Rechteinhabern Kontrollinstrumente zur Verfügung stellt, mithilfe derer sie selbst die Rechtmäßigkeit der Information überprüfen und auch die Identität der Verletzer ermitteln können?

Der BGH hat diese Maßstäbe zur Bestimmung der Verantwortlichkeit des Internetauktionshauses eBay bei Wettbewerbs- und Markenrechtsverletzungen durch seine Kunden entwickelt. Fraglich ist, inwieweit diese Maßstäbe auch auf andere Internetprovider übertragbar sind. Nun wurde deutlich, dass zahlreiche Betreiber von Video- und Musikplattformen wie Youtube oder MySpace (freiwillig) bereits entsprechende Audio- und audiovisuelle Filter zur Identifizierung urheberrechtsverletzender Informationen auf ihrer Plattform einsetzen. Damit erfüllen sie aber letztlich nur das, was ihnen unter den genannten Voraussetzungen ohnehin abverlangt werden könnte. Denn jedenfalls ab Kenntnis von einem rechtswidrigen Inhalt auf ihrer Plattform, sind sie hiernach verpflichtet, (auch) mithilfe entsprechender Filtersoftware weitere gleichartige oder bekannte konkrete Rechtsverletzungen zu verhindern. Es handelt sich dabei nämlich gerade nicht um eine (verbotene) allgemeine Überwachungspflicht.

Für den Einsatz solcher Filtersoftware zur Identifizierung gleichartiger und bekannter konkreter rechtswidriger Inhalte streiten für den gesamten Bereich des geistigen Eigentums und insbesondere des Urheberrechts nicht zuletzt auch die Regelungsziele der „Enforcement“- und „InfoSoc“-Richtlinie. Denn eine (auch nach der „E-Commerce“-Richtlinie ausdrücklich zulässige) gerichtliche Anordnung zur Verhinderung weiterer spezifischer Rechtsverletzungen würde ohne den Einsatz solcher Filtersoftware geradezu paradox erscheinen. Eine manuelle Kontrolle aller nutzergenerierten Inhalte ist nach dem oben Gesagten schließlich in der Regel ja gerade nicht zulässig. Folglich würde eine entsprechende gerichtliche Anordnung stets ins Leere gehen.

Damit lässt sich festhalten, dass der Einsatz automatischer Filtersoftware zur Identifizierung von Urheber-, Marken- und Wettbewerbsrechtsverletzungen nicht nur sinnvoll, sondern auch rechtlich verpflichtend ist. Jedenfalls dann, wenn mit Hilfe derartiger Software die Gefahr weiterer spezifischer Rechtsverletzungen beseitigt werden kann. Allerdings bleibt zu klären, ob und wenn ja welche Anstrengungen die Internetprovider zu erbringen haben, wenn eine entsprechende automatische Filtersoftware nicht zur Verfügung steht, sodass allein eine manuelle Kontrolle einen effektiven Schutz versprechen würde, eine solche dem jeweiligen Internetprovider aber nicht zuzumuten ist. Nun wurde bereits mehrfach in dieser Abhandlung die herausragende Bedeutung eines effektiven Rechtsschutzes für den Bereich des geistigen Eigentums hervorgehoben, die ihren Niederschlag auch in den verschiedenen europäischen Richtlinien und nationalen Gesetzeswerken gefunden hat. Insofern kann die Antwort auf die obige Frage keinesfalls lauten: Nichts! Vielmehr sind die Internetprovider aufgefordert, im Bereich der Vorsorge wirksame Maßnahmen zu ergreifen und beispielsweise Programme anzubieten, mit deren Hilfe die potentiell Geschädigten ihre Rechte selbst wahrnehmen und verteidigen können.[609] Dies ist schon deshalb notwendig, weil die Rechteinhaber auf diese Weise häufig überhaupt erst in die Lage versetzt werden, die eigentlichen Verletzer zu identifizieren und rechtliche Schritte gegen sie einzuleiten. Kommt der Internetprovider dieser Verpflichtung aber nach, dann bedeutet dies im Umkehrschluss auch, dass er selbst von eigener Haftung frei wird. Denn wenn dem Gefährdeten die Vorsorge zum eigenen Schutz möglich und zuzumuten ist, beschränkt dies den Umfang der Verkehrspflichtigkeit. Die Annahme einer Verkehrspflicht setzt nämlich stets voraus, dass der Betroffene sich vor der Gefahr nicht selbst schützen kann.[610] Das bedeutet wiederum aber auch, dass eine manuelle Kontrolle regelmäßig stets dann zumutbar sein wird, wenn der Diensteanbieter keinerlei Vorkehrungen zum Schutz des Dritten im Bereich der Vorsorge getroffen hat!

Dieses Wechselspiel setzt für die Einführung wirksamer Schutzmechanismen und Schutzprogramme wichtige Anreize. Denn bietet der Internetprovider optimale Möglichkeiten zum Selbstschutz des Dritten, dann reduziert sich seine Verkehrspflicht auf Null. Er wird insofern eine Interesse an der Implementierung entsprechender technischer Schutzmechanismen haben. Gleichzeitig haben aber auch die Rechteinhaber ein Interesse daran, dass ihre Rechte bestmöglich geschützt werden. Um diese Ziel – bestmöglichen Rechtsschutz - zu erreichen, ist eine enge Abstimmung zwischen den Parteien notwendig, wovon im Ergebnis letztlich beide Seiten profitieren werden: denn für die Internetprovider hat dies den Vorteil, dass die Gefahr langwieriger Rechtsstreitigkeiten und die Auferlegung weitgehender Prüfungs- und Überwachungspflichten gebannt ist und die Rechteinhaber können (endlich) auf einen effektiven Schutz ihrer Rechte vertrauen bzw. Rechtsverletzungen schnell und effektiv entgegen treten. Dies bedeutet ein Mehr an Rechtssicherheit, das mittel- und langfristig den Boden für neue und innovative Geschäftsmodelle im Internet bereiten und so die weitere

609 Vgl. BGH, GRUR 2011, 152 (155) – „Kinderhochstühle".
610 Voss, Verkehrspflichten, S.55.

Entwicklung dieses für unsere Informationsgesellschaft so wichtigen Mediums befördern wird. Insofern ist nur zu hoffen, dass die Parteien die Zeichen der Zeit erkennen und gemeinsam! Ideen entwickeln, wie die verschiedenen Interessen zu einem bestmöglichen Ausgleich gebracht werden können. Dem Raum für kreative Lösungen sind hier kaum Grenzen gesetzt. Wie ein solche „kreative Lösung" aussehen könnte, zeigt eine kürzlich getroffene Vereinbarung zwischen dem Filmverleiher Lions Gate und der Video-Plattform YouTube, der folgender Sachverhalt zugrunde lag: Verschiedene YouTube Nutzer hatten in der Vergangenheit Filmausschnitte aus der Serie „Mad Men" auf YouTube online gestellt, ohne hierzu seitens der Rechteinhaberin Lions Gate berechtigt gewesen zu sein. Diese urheberrechtsverletzenden Filme konnten mithilfe der von YouTube verwendeten „Fingerabdruck-Technologie" identifiziert werden. Anders als man erwarten würde, wurden diese aber nicht von YouTube gesperrt, sondern waren weiterhin mit ausdrücklicher Zustimmung des Verleihers Lions Gate online verfügbar. Allerdings mit einem kleinen aber feinen Unterschied. YouTube hatte die Filmausschnitte mit einem Werbebanner versehen, der während des Abspielens des Films an der unteren Bildfläche erschien. Die aus diesen Werbeanzeigen generierten Erlöse wiederum, wurden letzt endlich zwischen Lions Gate und YouTube aufgeteilt.[611]

c. Die Vorteilsziehung des Pflichtigen aus der betreffenden Handlung

Derjenige, der einen Vorteil – wirtschaftlicher, ideeller oder auch gemeinschaftlich-sozialer Art – aus der Schaffung oder Unterhaltung einer Gefahrenquelle zieht, ist im Gegenzug auch verpflichtet, diese unter Kontrolle zu halten.[612] Eine Vorteilsziehung des Pflichtigen aus der betreffenden Handlung ist mithin geeignet, Verkehrspflichten zu begründen.

Nun steht es außer Frage, dass es - trotz der Vielfältigkeit der verschiedenen Geschäftsmodelle – kaum einen Internetprovider geben wird, der sich von seinem Angebot nicht auch irgendeinen Vorteil versprechen wird. Unternehmen wie eBay, Amazon, Google oder Youtube wollen selbstverständlich mit ihrer Plattform Gewinne erzielen. Nicht selten müssen die Nutzer daher ein Entgelt für die Nutzung des Dienstes entrichten. So setzt beispielsweise der Verkauf eines Artikels auf der Onlineauktionsplattform eBay die Zahlung einer einmaligen Angebotsgebühr, sowie im Falle einer erfolgreichen Transaktion die Entrichtung einer Verkaufsprovision voraus. Auch durch die Erhebung derartiger Gebühren konnte eBay im Jahr 2010 den bemerkenswerten Umsatz von 9,2 Milliarden US-

611 Quelle: NYTimes.com vom 2. September 2010. Online abrufbar unter: http://www.nytimes.com /2010/ 09/03/technology/03youtube.html.

612 v. Bar, Verkehrspflichten, S.125; Schilling, Passivlegitimation, S.78.

Dollar mit einem Jahresgewinn von 1,8 Milliarden US-Dollar erzielen.[613] Aber auch zahlreiche Video- und Musikplattformen, deren Angebot für die Nutzer kostenlos ist, versuchen durch das Schalten von Werbeanzeigen auf ihrer Website nicht nur ihre Kosten zu refinanzieren, sondern letztlich Gewinne zu erzielen.[614] Gleiches gilt auch für eine Vielzahl „kleinerer“ Internetplattformen, die auf ihrer Webseite Werbeanzeigen schalten oder kostenpflichtige „Premium-“ Mitgliedschaften anbieten.

Nach herrschender Ansicht ist daher bei der Frage nach der Zumutbarkeit von Prüfungspflichten zu berücksichtigen, ob der Diensteanbieter ein Entgelt für die Nutzung seines Dienstes erhält.[615] Schließlich profitiere der Diensteanbieter durch Provisionen, Werbeeinnahmen und sonstige gebührenpflichtige Dienste wenigstens mittelbar auch von dem rechtsverletzenden Verhalten seiner Kunden. Ein solches „Mitverdienen“[616] müsse bei der gebotenen Interessenabwägung daher grundsätzlich Berücksichtigung finden. Die Grenze zumutbarer Prüfungspflichten sei auch hier erst erreicht, wenn die Kontrollmaßnahmen das Geschäftsmodell des Diensteanbieters gefährden oder seine Tätigkeit unverhältnismäßig erschweren.[617]

Gleichwohl müssen selbstverständlich auch hier die Wertungen der „E-Commerce“-Richtlinie Berücksichtigung finden.[618] Dem europäischen Richtliniengeber ging es beim Erlass der „E-Commerce“-Richtlinie ersichtlich darum, die Entwicklung des elektronischen Geschäftsverkehrs zu stärken, um den wirtschaftlichen und sozialen Fortschritt innerhalb der Europäischen Union zu sichern.[619] Zu diesem Zweck verpflichtet die „E-Commerce“-Richtlinie die Mitgliedstaaten der Europäischen Union dazu, die auf die Dienste der Informations-

---

613 Quelle: Faz.net vom 20. Januar 2011. Online abrufbar unter: http://www.faz.net/-gqm-xv0n.

614 Vgl. für die von Google betriebene Plattform YouTube: NYTimes.com vom 2. September 2010. Online abrufbar unter: http://www.nytimes.com/2010/09/03/technology/03youtube.html.

615 Ganz herrschende Meinung, vgl. nur BGH, MMR 2011, 459 (461f.) – „Sedo“; OLG Hamburg, MMR 2012, 363 (397f.); OLG Düsseldorf, ZUM-RD 2006, 384 (386); LG Köln, ZUM 2007, 568 (573); Gabriel/Albrecht, ZUM 2010, 392 (394); Nordemann, CR 2010, 653 (658); Klatt, ZUM 2009, 265 (272); Wilmer, NJW 2008, 1845 (1849); Schapiro, Unterlassungsansprüche, S.276; Schmoll, Die deliktische Haftung der Internet-Service-Provider, S.78; krit. Spindler, GRUR 2011, 101 (105).

616 Spindler, GRUR 2011, 101 (105).

617 BGH, MMR 2011, 459 (461f.).

618 Zwar finden nach zutreffender Ansicht die haftungsprivielgierenden Regelungen der ECRL bzw. die entsprechenden Vorschriften des TMG auf Unterlassungs- und Beseitigungsansprüche keine Anwendung. Gleichwohl ist doch schon vielfach in dieser Arbeit angeklungen, dass es wenig überzeugend erschiene, die entsprechenden Wertungen des europäischen Richtliniengebers nicht auch bei den Unterlassungs- und Beseitigungsansprüchen zu berücksichtigen.

619 Vgl. nur Erwägungsgrund 1, 2 und 5 der Richtlinie 2000/31/EG, GRUR Int. 2000, 1004 (1004).

gesellschaft jeweils anzuwendenden nationalen Regelungen einander anzupassen. Die „E-Commerce“-Richtlinie bezieht sich mithin in ihrem Anwendungsbereich auf die „Dienste der Informationsgesellschaft“. Diese werden in Art.1 Abs.2 der Richtlinie 98/34/EG[620] definiert, als „jede in der Regel gegen Entgelt elektronisch im Fernabsatz und auf individuellen Abruf eines Empfängers erbrachte Dienstleistung“. Die „E-Commerce“-Richtlinie ist also in ihrem Anwendungsbereich keineswegs auf unentgeltliche Anbieter einer bestimmten elektronisch erbrachten Dienstleistung beschränkt. Sie richtet sich vielmehr gerade an den „kommerziellen“ Anbieter eines solches Dienstes.[621] Folgerichtig führt die Entgeltlichkeit eines Dienstes auch nicht zu einem Wegfall der durch die „E-Commerce“-Richtlinie vermittelten Haftungsprivilegierungen.[622] Insofern erschiene es widersprüchlich, wollte man einerseits den kommerziellen Anbieter eines Dienstes der Informationsgesellschaft mit Blick auf die „E-Commerce“-Richtlinie haftungsrechtlich privilegieren, gleichzeitig aber die Zumutbarkeit von Prüfungspflichten mit der Entgeltlichkeit seines Dienstes begründen.

Dass der Diensteanbieter unter bestimmten Umständen auch an den rechtsverletzenden Handlungen seiner Kunden „mitverdient“, sollte daher nur in denjenigen Fällen Berücksichtigung finden, in denen der Diensteanbieter den zurechenbaren Anschein erweckt, er wolle von dem rechtsverletzenden Verhalten seiner Kunden überdurchschnittlich profitieren. Dies wird regelmäßig etwa dann der Fall sein, wenn der Diensteanbieter sein Geschäftsmodell von vornherein darauf ausrichtet, dass Dritte die Plattform für rechstverletzende Handlungen nutzen oder er sein Geschäftsmodell ausdrücklich mit der Möglichkeit von Rechtsverletzungen bewirbt.[623] In diesen Fällen fehlt es an einem schützenswerten Interesse des Providers.[624] Allerdings dürfte es in den genannten Fällen in der Regel bereits an einem „von der Rechtsordnung gebilligten Geschäftsmodell“ fehlen,[625] sodass ohnehin eine Haftung nach den allgemeinen Vorschriften in Betracht kommt.[626]

---

620 Richtlinie 98/34/EG des Europäischen Parlaments und des Rates vom 22.Juni 1998 über ein Informationsverfahren auf dem Gebiet der Normen und technischen Vorschriften und der Vorschriften für die Dienste der Informationsgesellschaft, EU-Dok.-Nr.3 1998 L 0034, i.d.F. vom 01.01.2007.

621 Spindler, GRUR 2011, 101 (105).

622 EuGH, MMR 2010, 315 (320), Rn.116 – „Google France und Google“.

623 Spindler, GRUR 2011, 101 (105). Vgl. hierzu auch OLG Hamburg, MMR 2012, 393 (399).

624 Klatt, ZUM 2009, 265 (272).

625 BGH, GRUR 2009, 841 (843) – „Cybersky“; BGH, GRUR 2008, 810 (812) – „Kommunalversicherer“; OLG Hamburg, ZUM 2010, 440 (448); OLG München, ZUM-RD 2009, 126 (129).

626 BGH, GRUR 2008, 810 (812) – „Kommunalversicherer“; OLG Hamburg, MMR 2011, 49 (51); Spindler, GRUR 2011, 101 (105). Zutreffend weist Klatt, ZUM 2009, 265 (272) darauf hin, dass in diesem Fall auch die Auferlegung solcher Pflichten als zulässig erscheint, „die den Plattformbetreiber in seiner Existenz bedrohen oder gar einem Verbot des Dienstes gleichkommen“. Ebenso OLG Hamburg, MMR 2010, 51.

d. Die berechtigten Sicherheitserwartungen der betroffenen Verkehrskreise

Der Umfang der zu treffenden Sicherheitsvorkehrungen bestimmt sich auch nach den berechtigten Sicherheitserwartungen der betroffenen Verkehrskreise. Dabei gilt der Grundsatz, dass eine absolute Sicherheit weder gewährleistet werden kann noch muss. Es sind daher nur solche Sicherheitsvorkehrungen zu verlangen, die ein verständiger und umsichtiger, in vernünftigen Grenzen vorsichtiger Mensch für ausreichend halten darf, um andere Personen vor Schäden zu bewahren, und die ihm den Umständen nach zumutbar sind.[627] Das heißt, derjenige, der eine Gefahrenquelle eröffnet und beherrscht, ist verpflichtet, diese auch ausreichend zu sichern, denn er spiegelt Risikofreiheit vor. Der Verkehr wird hier regelmäßig auf die Abwesenheit einer besonderen Gefahr vertrauen.[628] Ist die Gefahr hingegen für Jedermann ohne weiteres ersichtlich, dann ist es Sache der betroffenen Verkehrskreise selbst, sich durch eigene Vorsicht vor drohenden Schäden zu schützen.[629] Sofern die berechtigten Sicherheitserwartungen der betroffenen Verkehrskreise also enttäuscht werden bzw. deren schutzwürdiges Vertrauen in die Abwesenheit besonderer Gefahren verletzt wird, ist dieser Umstand geeignet, Verkehrspflichten auszulösen.[630]

Dieses in erster Linie wertende Kriterium stützt die zuvor gewonnen Erkenntnisse. Die Rechteinhaber dürfen darauf vertrauen, dass die Diensteanbieter Maßnahmen im Bereich der Vorsorge, wenigstens aber im Bereich der Nachsorge treffen, damit es möglichst nicht zu Rechtsverletzungen kommt. Jedenfalls die Host-Provider trifft eine entsprechende Erfolgsabwendungspflicht, wobei sich Art und Umfang dieser Pflicht nach den genannten Kriterien bestimmt. Dies ist schon deshalb gerechtfertigt, weil die Rechteinhaber zur Wahrung ihrer Rechte und zur Verfolgung von Rechtsverstößen zumindest in gewissem Maße auf die Mithilfe der Diensteanbieter angewiesen sind.

e. Die wirtschaftliche Zumutbarkeit entsprechender Sicherungsmaßnahmen

Grundsätzlich gilt, dass auch die Kosten effektiver Sicherungsmaßnahmen[631] Eingang in die Abwägung hinsichtlich Art und Ausmaß der zu erwartenden Sicherungsmaßnahmen finden müssen.[632] Den Rahmen hierfür hat der BGH für die Haftung der Diensteanbieter in zahlreichen Entscheidungen weitgehend ab-

---

627 BGH, NJW 1994, 3348 (3348) – „Kleinkind".

628 V. Bar, Verkehrspflichten, S.117f.

629 BGH, NJW 1985, 1076 (1076f.) – „Loggia".

630 v. Bar, Verkehrspflichten, S.117.

631 Bzgl. der Frage, inwieweit die individuelle Leistungsfähigkeit bzw. der wirtschaftliche Erfolg im Rahmen der Abwägung Berücksichtigung finden muss, sei hier auf die Ausführungen auf S.131ff. verwiesen.

632 v. Bar, Verkehrspflichten, S.127.

gesteckt. So dürfen den Diensteanbietern jedenfalls keine Anforderungen auferlegt werden, die ihr von der Rechtssprechung gebilligtes Geschäftsmodell gefährden oder ihre Tätigkeit unverhältnismäßig erschweren.[633] Je gewichtiger das bedrohte Rechtsgut und je schwerwiegender der drohende Schaden jedoch ist, desto weniger kann sich der Diensteanbieter auf die mit den Sicherungsmaßnahmen verbundenen Kosten berufen.[634] Auch dieser Gesichtspunkt ist der allgemeinen Dogmatik zu den Verkehrspflichten entlehnt, wo seit langem anerkannt ist, dass bei Gefahren für hochrangige Rechtsgüter, Kostengesichtspunkte weitgehend in den Hintergrund treten müssen.[635]

Ferner sind dem Pflichtigen Sicherungsmaßnahmen jedenfalls dann zumutbar, wenn die Gefahr groß und die Gefahrvermeidungskosten gering sind.[636] Ganz in diesem Sinne ist es dem Betreiber einer Online-Handelsplattform daher zumutbar, Rechteinhabern zur Verhinderung und Verfolgung von Markenverletzungen eine Software anzubieten, mithilfe derer die Identifizierung unmittelbarer Verletzer möglich ist. Einmal abgesehen von den Kosten, die für die Entwicklung bzw. für die Inanspruchnahme einer solchen Software aufgebracht werden müssen, entstehen dem Dienstenabieter hier keine weiteren wirtschaftlichen Nachteile[637], den Rechteinhaber hingegen ist ein wirksames Instrument zur Identifizierung und Verfolgung der unmittelbaren Verletzer an die Hand gegeben. Gleiches gilt für die Implementierung entsprechender Software[638] zur Identifizierung rechtswidrig verbreiteter urheberrechtlich geschützter Werke. Auch hier entstehen den Diensteanbietern kaum finanzielle Nachteile. Im Gegenteil, wie die Vereinbarung zwischen Youtube und Lions Gate zeigt, können unter Umständen sowohl die Rechteinhaber als auch die Diensteanbieter hiervon finanziell profitieren.[639] Jedenfalls aber wird sich ein Diensteanbieter nicht mit Erfolg auf den großen Aufwand von Maßnahmen im Bereich der „Nachsorge“ berufen

633 BGH, GRUR 2011, 152 (155) – „Kinderhochstühle“; BGH, GRUR 2007, 890 (894) – „Jugendgefährdende Medien bei eBay“; BGH, GRUR 2007, 708 (712) – „Internet-Versteigerung II“; BGH, GRUR 2004, 860 (864) – „Internet-Versteigerung I“. An dieser Stelle findet nun indirekt doch der wirtschaftliche Erfolg der betreffenden Unternehmung Eingang in die Interessenabwägung. Denn wenn äußerste „Grenze“ zumutbarer Prüfungspflichten die Gefährdung des betreffenden Geschäftsmodells sein soll, dann bedeutet dies in der Konsequenz, dass sich mit steigendem wirtschaftlichen Erfolg auch der Umfang zumutbarer Prüfungspflichten erweitert.

634 BGH, GRUR 2007, 890 (894) – „Jugendgefährdende Medien bei eBay“.

635 v. Bar, Verkehrspflichten, S. 128.

636 Bamberger/Roth/Spindler, § 823 Rn.240.

637 Sieht man einmal von den entgangenen Provisionen ab, die mit einem ggf. rückläufigen Vertrieb markenrechtsverletzender Artikel über die Plattform verbunden ist. Dies kann selbstverständlich aber kein Argument gegen dein Einsatz derartiger Programme sein!

638 Wie bspw. die „Fingerabdruck-Technologie, vgl. Kapitel 6, S.129f.

639 Vgl. Kapitel 6, S.134.

können, wenn er geeignete Maßnahmen im Bereich der „Vorsorge" gänzlich unterlässt.[640]

f. Die Vorhersehbarkeit der Risiken

Maßgeblich zur Bestimmung von Art und Ausmaß der zu fordernden Sicherungsmaßnahmen ist auch die Vorhersehbarkeit eines drohenden Schadenseintritts. Dabei gilt folgender Grundsatz: Je größer die Gefahr und je wahrscheinlicher der Schadenseintritt ist, umso eher sind entsprechende Sicherungsmaßnahmen zu treffen.[641]

Welche Sicherungsmaßnahmen dem Diensteanbieter zumutbar sind, bestimmt sich damit entscheidend nach dem jeweiligen Geschäftsmodell des Plattformbetreibers.[642] Je größer die Gefahr ist, dass das Geschäftsmodell von Dritten zu illegalen Zwecken genutzt wird, umso größere Anstrengungen muss der Diensteanbieter leisten, um drohende Rechtsverletzungen auf seiner Plattform zu verhindern. Ist das Geschäftsmodell des Diensteanbieters von vornherein auf eine rechtswidrige Nutzung angelegt oder fördert der Diensteanbieter durch eigene Maßnahmen eine entsprechende Nutzung, so ist er verpflichtet, die Gefahr zu beseitigen.[643] Gleiches gilt, wenn das Geschäftsmodell des Plattformbetreibers von den jeweiligen Nutzern in nicht völlig unerheblichem Maße zu rechtswidrigen Zwecken missbraucht wird. Wird die Plattform hingegen weit überwiegend zur Einstellung rechtmäßiger Informationen genutzt bzw. lässt sich die Plattform zumindest in erheblichem Umfang legal und sinnvoll nutzen, sind geringere Anforderungen an die Schutzvorkehrungen des Betreibers zu stellen.[644] Grundsätzlich ist dabei aber auch hier zu beachten, dass der Diensteanbieter nicht zu solchen Maßnahmen verpflichtet werden kann, die sein von der Rechtsordnung gebilligtes Geschäftsmodell in Frage stellen würden.[645] Auch treffen den Diensteanbieter entsprechende Pflichten grundsätzlich erst nach einem qualifizierten Hinweis auf eine stattgefundene Rechtsverletzung.[646]

---

640 Vgl. hierzu LG Potsdam, Az. 3 O 78/09, verkündet am 20.01.2011, S.11; OLG Frankfurt, GRUR-RR 2009, 315 – „Impressumspflicht".

641 Schilling, Passivlegitimation, S.81.

642 Vgl. OLG Hamburg, ZUM-RD 2009, 246 (258) – „Usenet I".

643 BGH, MMR 2011, 459 (461).

644 BGH, MMR 2011, 459 (461).

645 BGH, GRUR 2007, 708 (712) – „Internet-Versteigerung II".

646 Wobei sich das Unterlassen von Maßnahmen im Bereich der Vorsorge durchaus auf den Umfang der zumutbaren Sicherungsmaßnahmen im Bereich der Nachsorge auswirken kann, vgl. Kapitel 6, S.125ff.

Inwieweit das jeweilige Geschäftsmodell den Pflichtenumfang des Diensteanbieters zu beeinflussen geeignet ist, hatte das OLG München[647] in einem Fall aus dem Jahr 2009 zu entscheiden, in welchem die Klägerin von der beklagten Betreiberin einer Plattform zum „Domain-Parking" die Erstattung der ihr entstandenen Abmahnkosten begehrte. Die Klägerin war der Ansicht, dass ihr wegen Kennzeichenverletzungen durch auf der Website der Beklagten „geparkte" Domains bereits vor Zugang der Abmahnung ein Unterlassungsanspruch gegen diese gem. §§ 14, 15 MarkenG zugestanden habe.

Die Klage hatte letztlich keinen Erfolg. Zwar sei – so das OLG München - mit dem Geschäftsmodell der Beklagten durchaus die ernstzunehmende Gefahr verbunden, dass es zu Kennzeichenverletzungen komme, allerdings sei es nicht in besonderem Maße auf eine Verletzung von Rechten Dritter ausgerichtet, sodass das Geschäftsmodell nicht per se rechtswidrig sei. Folglich sei mangels „besonderer Zweckeignung des Domain-Parking-Programms zu Kennzeichenverletzungen" eine allgemeine Prüfungspflicht abzulehnen. Es hätte nach zutreffender Ansicht des OLG vielmehr zunächst eines qualifizierten Hinweises auf eine eingetretene Rechtsverletzung bedurft, um im Hinblick auf weitere Rechtsverletzungen einen Unterlassungsanspruch gem. §§ 14, 15 MarkenG auszulösen. Die der Klägerin mit der (erstmaligen) Abmahnung entstandenen Kosten könne diese daher nicht von der Beklagten erstattet verlangen.[648]

Das eigene Verhalten des Diensteanbieters kann allerdings dazu führen, dass dieser im Einzelfall erheblich schärferen Prüfungspflichten zu unterwerfen ist. Bewirbt der Plattformbetreiber sein Geschäftsmodell beispielsweise aktiv und ausdrücklich mit der Möglichkeit von Rechtsverletzungen, dann rechtfertigt dies eine Erweiterung der zu erwartenden Prüfungspflichten, da er auf diese Weise die seinem Dienst von Natur aus innewohnende Gefahr von Rechtsverletzungen erheblich steigert.[649] Zutreffend kommt es hierbei darauf an, „ob die rechtsverletzende im Verhältnis zur legalen Nutzung eine gewisse Häufigkeit erreicht".[650]

Im Ergebnis bleibt damit festzuhalten, dass die von dem jeweiligen Diensteanbieter zu fordernden Maßnahmen nicht starr sind, sondern sich deren Art und Umfang entscheidend nach dem jeweiligen Geschäftsmodell des Diensteanbieters richten.

---

647 OLG München, MMR 2010, 100.

648 OLG München, MMR 2010, 100 (102).

649 OLG Hambrg, ZUM-RD 2009, 246 (262) – „Usenet I".

650 Danckwerts, GRUR-Prax 2011, 260 (261) mit Verweis auf Ullmann/Seichter, jurisPK-UWG, § 8 Rn.114; Leistner, GRUR-Beil. 2010, 1 (31); Spindler, GRUR 2011, 101 (108).

g. Art und Umfang der drohenden Gefahren für das betroffene Rechtsgut

Der Umfang der zu erwartenden Sicherungsmaßnahmen richtet sich ferner nach Art und Umfang der drohenden Gefahren und dem Rang der bedrohten Rechtsgüter. Dabei gilt, je gewichtiger das bedrohte Rechtsgut und desto schwerwiegender der drohende Schaden ist, umso größere Anstrengungen muss der Verkehrssicherungspflichtige leisten, um die Gefahrverwirklichung zu verhindern, selbst wenn der Schadenseintritt nur von geringer Wahrscheinlichkeit ist.[651] Dies ist im Grunde eine Selbstverständlichkeit, die bereits in zahlreichen gerichtlichen Entscheidungen zur Verantwortlichkeit der Diensteanbieter für fremde Rechtsverletzungen angeklungen ist.[652]

C. Fazit

Die vorstehende Untersuchung hat gezeigt, dass die Verkehrspflichten geeignete Maßstäbe zur Bestimmung der Haftung der Internetprovider liefern können. Sie können auf der einen Seite einen wichtigen Beitrag zur Konkretisierung der Prüfungs- und Überwachungspflichten leisten, gleichzeitig aber quasi als minus auch anderweitige Sicherungsmaßnahmen im Bereich der „Vorsorge" begründen. Voraussetzung hierfür ist, dass Plattformen, auf denen Nutzer fremde Inhalte einstellen können, als Gefahrenquelle angesehen werden. Art und Umfang der aus dieser Bewertung folgenden Pflichten/ Sicherungsmaßnahmen richten sich dann nach den einzelnen zu den Verkehrsicherungspflichten im Allgemeinen Deliktsrecht entwickelten Kriterien. Auf diese Weise können die beiden übergeordneten Ziele, Rechtssicherheit für die Diensteanbieter und ein effektiver Rechtsschutz für die Rechteinhaber erreicht werden. Ferner wird eine solche Sichtweise der viel beschworenen Bedeutung der Rechte des geistigen Eigentums gerecht.

---

651 Schilling, Passivlegitimation, S.81, v. Bar, Verkehrspflichten, S.114.

652 Vgl. nur BGH, GRUR 2007, 890 (894) – „Jugendgefährdende Medien bei eBay".

Kapitel 7

Die Zulässigkeit urheberrechtlicher Sperrverfügungen

A. Einführung

Die Untersuchung hat sich bisher auf die Frage nach der Verantwortlichkeit des Host-Providers für die von ihm gespeicherten Inhalte konzentriert. Ein solches Vorgehen ist aber von vornherein nur dann erfolgsversprechend, wenn der Host-Provider auch gerichtssicher ermittelbar ist bzw. der gegen ihn erwirkte Titel auch tatsächlich vollstreckbar ist. Hat dieser beispielsweise seinen Sitz im Ausland, dann ist die Durchsetzung eines nationalen Titels mit erheblichen Schwierigkeiten verbunden, wenn nicht sogar unmöglich. Zudem nutzen gerade die Betreiber illegaler Sharehosting und Streaming-Plattformen Server in solchen Ländern, die überhaupt keinen Urheberrechtsschutz kennen oder in denen (bewusst oder unbewusst) dem Schutz geistigen Eigentums jedenfalls keine besondere Bedeutung beigemessen wird.[653] Aus diesem Grund wurde – insbesondere von Seiten der Musikindustrie – die Forderung erhoben, auch die inländischen Access-Provider stärker in die Pflicht zu nehmen. Dabei stand und steht im Mittelpunkt der Diskussion bislang die Frage, ob und inwieweit Access-Provider verpflichtet sind, die Verbindungsdaten ihrer Kunden zu protokollieren und den Rechteinhabern im Falle einer Rechtsverletzung im Internet Auskunft über Name und Anschrift desjenigen Nutzers zu geben, der sich hinter der von den Rechteinhabern ermittelten und mutmaßlich der Rechtsverletzung zuzuordnenden (dynamischen) IP-Adresse verbirgt.[654] Inzwischen hat der Gesetzgeber mit Einführung des § 101 UrhG[655] den Auskunftsanspruch gegenüber den Access-Providern spezialgesetzlich geregelt.[656] Er dient in erster Linie der Vorbereitung rechtlicher Maßnahmen gegenüber denjenigen Nutzern, die rechtswidrig urheberrechtlich geschützte Werke – beispielsweise über Filesharing-Netzwerke –

653 „Beliebt" ist die Registrierung urheberrechtsverletzender Webseiten in Tonga, Westsamao oder auch der Pazifikinsel Niue.

654 Um eine Verbindung zwischen Client und Server herstellen zu können, müssen die Access-Provider die IP-Adressen der beiden Kommunikationspartner kennen.

655 Der allgemeine, in seinem Anwendungsbereich aber auch engere Auskunftsanspruch aus § 242 BGB bleibt von der Regelung des § 101 UrhG unberührt. Wandtke/Bullinger/Bohne, § 101 UrhG, Rn.2.

656 Wenngleich die Anwendung des § 101 UrhG in der Praxis gewisse Schwierigkeiten bereitet. Vgl. Ladeur, NJOZ 2010, 1606; Hoeren, NJW 2008, 3099; Czychowski/Nordemann, NJW 2008, 3095; Schulze zur Wiesche, Anm. zu LG Hamburg, MMR 2009, 574.

austauschen, also zum Beispiel Musik- oder Videodateien illegal auf ihren Rechner herunterladen oder anderen Nutzern zum Herunterladen anbieten. Diese Handlungen bedeuten unproblematisch eine Verletzung urheberrechtlich geschützter Positionen, insbesondere der §§ 15ff. UrhG, sodass die Geltendmachung von Abwehr- und Schadensersatzansprüchen gegenüber den Nutzern durchaus erfolgsversprechend erscheint. Vorausgesetzt allerdings, Name und Anschrift des sich rechtsverletzend verhaltenden Nutzers lassen sich durch ein Auskunftsersuchen beim jeweiligen Access-Provider auch ermitteln. Dies wird regelmäßig aber nur dann der Fall sein, wenn der inanspruchgenommene Access-Provider die IP-Adressen seiner Nutzer zumindest für eine gewisse Zeit speichert. Tatsächlich speichert aber nur ein Teil der Access-Provider in Deutschland (vorübergehend) die Verbindungsdaten seiner Nutzer.[657] Der Erfolg des Auskunftsbegehrens nach § 101 UrhG ist also maßgeblich davon abhängig, ob der mutmaßliche Verletzer einen Access-Provider nutzt, der die betreffenden Daten speichert oder ob dieser die Verbindungsdaten unverzüglich nach dem Zugriff auf die gewünschte Internetseite wieder löscht. Ein Kuriosum der Vorschrift des § 101 UrhG ist nämlich, dass sie nach herrschender Ansicht zwar einen Anspruch auf Auskunft gegenüber den Rechteinhabern vermittelt, allerdings keine Verpflichtung der Access-Provider begründet, die für die Auskunftserteilung notwendigen Verbindungsdaten der Nutzer auch zu speichern.[658] Folglich hängt der Erfolg rechtlicher Maßnahmen im Anwendungsbereich des § 101 UrhG schlicht ein Stück weit vom Zufall ab. Nun hat der Auskunftsanspruch nach § 101 UrhG in der rechtswissenschaftlichen Lehre bereits eine ausführliche Besprechung erfahren,[659] weshalb hier eine weitere Vertiefung unterbleiben soll. Bereits dieser kurze Abriss macht aber deutlich, dass eine Inanspruchnahme der Nutzer überhaupt dann nur in Betracht kommt, wenn der inanspruchgenommene Access-Provider die Verbindungsdaten seiner Nutzer speichert, sodass der sich rechtsverletzend verhaltende Nutzer anhand seiner IP-Adresse ermittelt werden kann und zudem eine urheberrechtlich relevante Handlung seitens des Nutzers vorliegt. Letzteres ist nach wohl herrschender, wenngleich umstrittener Meinung gerade im Bereich des „Streamings"[660] aber nicht der Fall.[661] Konsequenterweise gestaltet sich die Rechtsverfolgung in diesem Bereich bislang äußerst schwierig.

---

657 Quelle: heise online vom 01.09.11. Online abrufbar unter: http://heise.de/-1325883. Ein Überblick, ob und wie lange Access-Provider die IP-Adressen ihrer Kunden speichern, findet sich bei http://wiki.vorratsdatenspeicherung.de/Speicherdauer.

658 OLG Düsseldorf, MMR 2011, 546 (547); OLG Hamm, NJOZ 2011, 218 (218f.); OLG Frankfurt, MMR 2010, 62ff. mit zust. Anm. Maaßen; Schulze zur Wiesche, Anm. zu LG Hamburg, MMR 2009, 574; Spindler/Schuster/Spindler, Recht der elektronischen Medien, 2. Aufl. 2011, dreizehnter Teil, § 101 Rn.23; wohl auch Czychowski/Nordemann, NJW 2008, 3095 (3097); a.A. OLG Hamburg, ZUM 2010, 893 (898), Ladeur, NJOZ 2010, 1606.

659 Vgl. die Nachweise in Kapitel 7, S.142, Fn.656.

660 Vgl. zum „Streaming" bereits Kapitel 4, S.75ff.

661 Vgl. zum Streitstand Kapitel 4, S.76, Fn.326.

Schließlich ist auch ein Vorgehen gegen die Betreiber illegaler Streaming-Plattformen meist mit erheblichen tatsächlichen und rechtlichen Schwierigkeiten verbunden.[662] In der Konsequenz bedeutet das aber, dass trotz der Tatsache, dass tagtäglich zig tausende urheberrechtlich geschützte Filme über illegale Streaming-Plattformen wie kino.to angeboten werden, die Rechteinhaber in diesem Bereich gegenwärtig weitgehend schutzlos gestellt sind.

Aber selbst für den Fall, dass sich Maßnahmen gegenüber den Nutzern rechtswidriger Internetangebote als erfolgsversprechend erweisen, stellt sich doch die Frage, ob die Rechteinhaber – sofern ein Vorgehen gegen die Betreiber des Internetangebots aus rechtlichen oder tatsächlichen Gründen nicht in Betracht kommt – den Betrieb einer solchen rechtswidrigen Plattform einfach hinnehmen müssen oder ihnen nicht vielmehr die Möglichkeit eingeräumt werden müsste, das Übel an der Wurzel zu packen und bereits den Zugriff auf derartige Internetangebote durch den Einsatz von Internetsperren zu verhindern, damit es gar nicht erst zu weiteren Rechtsverletzungen durch die Nutzer kommen kann.

Zumindest auf den ersten Blick erscheint daher der Einsatz von Internetsperren durchaus geeignet, die rechtswidrige Verwertung urheberrechtlich geschützter Werke zu verhindern. Ob eine Sperrung inkriminierter Webseiten bzw. Internetangebote durch die Access-Provider aber technisch möglich und rechtlich zulässig ist, erscheint zumindest fraglich. Das LG Hamburg hat die Zulässigkeit einer privat veranlassten Sperrverfügung gegenüber einem Access-Provider in einem viel diskutierten Urteil jüngst aufgrund verfassungsrechtlicher Bedenken abgelehnt. Es fehle hierfür an einer gesetzlichen Beschränkung im Sinne von Art.10 Abs.2 S.1 GG, die den mit der Sperrung verbundenen Eingriff in das durch Art.10 Abs.1 GG geschützte Fernmeldegeheimnis der Internetnutzer rechtfertigen könne.[663] Die Entscheidungsbegründung ist in der rechtswissenschaftlichen Literatur nicht unbestritten geblieben[664] und soll auch hier einer kritischen Würdigung unterzogen werden. Zunächst ist jedoch zu klären, welche technischen Möglichkeiten überhaupt zur Sperrung[665] inkriminierter Webseiten zur Verfügung stehen.

---

662 Vgl. hierzu Kapitel 4, S.76.

663 LG Hamburg, ZUM 2010, 902 (905).

664 Durner, ZUM 2010, 833.

665 Zutreffend weist Stadler, Haftung für Informationen im Internet, S.178 darauf hin, dass die Access-Provider letztlich nur den Zugriff auf die betreffende Webseite verhindern bzw. erschweren, nicht jedoch die inkriminierten Informationen selbst löschen können.

B. Technische Möglichkeiten zur Sperrung inkriminierter Webseiten

1. DNS-Sperre

Eine recht einfache Möglichkeit die Erreichbarkeit einer bestimmten Webseite für den Nutzer zu erschweren, bietet die sog. „DNS-Sperre“. Gibt ein User beispielsweise den Domainnamen „www.hu-berlin.de“ in seinem Webbrowser ein, übersetzt das Domain Name Systeme (DNS) bzw. ein entsprechender DNS-Server diesen automatisch in die numerische IP-Adresse, sodass eine Verbindung zu dem unter dieser Nummer angemeldeten Computer hergestellt und die entsprechende Website aufgerufen werden kann.[666] Während die IP-Adresse quasi der Telefonnummer des einzelnen mit einem Netzwerk verbundenen Computers entspricht, ist das DNS also mit einem Telefonbuch vergleichbar.[667] Sperrt man nun den betreffenden DNS-Eintrag, so wird der User bei Eingabe des entsprechenden Domainnamens nicht mehr automatisch auf die aus dem DNS-Verzeichnis gelöschte Webseite weitergeleitet. Zu bedenken ist allerdings, dass eine solche DNS-Sperre recht leicht zu umgehen ist. Kennt der User die numerische IP-Adresse der gewünschten Webseite oder verwendet er schlicht einen alternativen, freien DNS-Server – jeder Access-Provider nutzt in der Regel einen eigenen DNS-Server – kann er auch weiterhin auf die illegale Webseite zugreifen.[668] Zutreffend vergleicht Koreng die DNS-Sperre daher mit der „Streichung einer Person aus dem Telefonbuch“.[669] Es liegt auf der Hand, dass ein solcher Schritt den Zugriff auf die betreffende Webseite zwar erschweren mag, jedoch keineswegs unmöglich macht.[670]

2. IP-Sperre

Einen Schritt weiter geht die sog. IP-Sperre. Blockiert wird hierbei nicht mehr nur der betreffende DNS-Eintrag, sondern weitergehend die IP-Adresse der inkriminierten Webseite. Diese ist für die Nutzer dann unter der ihr zugewiesenen IP-Adresse nicht mehr erreichbar. Die Durchsetzung einer solchen IP-Sperre obliegt den jeweiligen Access-Providern. Denn um eine Verbindung zwischen

666 Vgl. Hoeren/Sieber/Sieber, Multimedia-Recht, Teil 1, Rn.52ff.

667 Vgl. zu den technischen Grundlagen des Internets: Kapitel 4, S.71ff.

668 Koreng, Zensur im Internet, S.135; ebenso bereits Stadler, Haftung für Informationen im Internet, S.183.

669 Koreng, Zensur im Internet, S.136.

670 Stadler, Haftung für Informationen im Internet, S.184f. kritisiert, dass eine DNS-Sperre eben „eine inhaltbezogene Sperrung konkreter Inhalte“ gerade nicht ermöglicht und deshalb kaum geeignet ist, inkriminierte Webseiten wirksam zu „sperren“.

Client und Server herstellen zu können, müssen die Access-Provider die IP-Adressen der beiden Kommunikationspartner kennen. Handelt es sich bei der IP-Adresse, die ein Kunde des Access-Providers angewählt hat, um ein solche, die auf das Angebot einer rechtswidrigen Webseite führt, kann der Access-Provider den Zugriff auf die Webseite direkt am Router blockieren. Erforderlich ist hierfür lediglich die vorherige Einrichtung einer „blacklist", auf der sämtliche zu sperrenden Webseiten samt ihrer jeweiligen IP-Adresse gespeichert sind und mit denen der Access-Provider die von seinen Kunden aufgerufenen IP-Adressen abgleichen kann. Allerdings kann auch eine solche IP-Sperre relativ leicht durch den Einsatz eines sog. Proxy-Servers,[671] die Änderung der IP-Adresse oder der „Spiegelung" der Webseite auf einem anderen Server umgangen werden.[672]

3. URL-Sperre mittels Proxy-Server

Eine weitere Möglichkeit zur Sperrung illegaler Webseiten eröffnet die Verwendung eines Proxy-Servers durch den Access-Provider.[673] Grundsätzlich kann der Internetnutzer mithilfe der Infrastrukturleistung des Access-Providers direkt auf die gewünschte Webseite zugreifen. Beim Einsatz eines Proxy-Servers hingegen werden die Informationen auf der aufgerufenen Webseite zunächst auf den Proxy-Server umgeleitet. Auf diese Weise wird eine Kontrolle der durchgeleiteten Informationen möglich, denn auf Ebene des Proxy-Servers können die Informationen mithilfe entsprechender Software nach bestimmten Kriterien, bspw. bestimmten Schlagworten, Bildern, usw. „durchsucht" werden. Enthält die Datei dann einen oder mehrere inkriminierte Inhalte wird sie nicht an den Kunden des Access-Providers weitergeleitet. Die Webseite ist für den Nutzer nicht länger erreichbar. Gleichwohl bestehen auch hier eine Reihe verschiedener Umgehungsmöglichkeiten, man denke hier nur an den Einsatz bestimmter Verschlüsselungstechnologien zur Codierung der betreffenden Dateien, was eine effektive Kontrolle auf Ebene des Proxy-Servers erheblich erschweren, wenn nicht unmöglich machen würde.[674] Auch dürfte der Einsatz eines solchen Proxy-Servers angesichts der erforderlichen technischen Anstrengungen mit erhebli-

---

671 Vgl. Schneider, MMR 2004, 18 (21), auch zur Funktion eines Proxy-Servers. Instruktiv zur Funktionsweise eines Proxy-Servers bereits Schneider MMR 1999, 571 (574).

672 Stadler, Haftung für Informationen im Internet, S.182.

673 Spindler/Schuster/Volkmann, Recht der elektronischen Medien, 2.Aufl. 2011, achter Teil, § 59 Rn.59.

674 Zu den weiteren technischen Möglichkeiten der Umgehung eines solches Proxy-Servers, vgl. Koreng, Zensur im Internet, S.138f., sowie zur technischen Realisierbarkeit entsprechender Filtersoftware, S.139. Ähnlich bereits Schneider, MMR 1999, 571 (573ff.).

chen finanziellen Belastungen seitens des Access-Providers verbunden sein und die Geschwindigkeit des Datenverkehrs nicht nur unerheblich beeinträchtigen.[675]

4. Hybride Filtersysteme

Besonders effektiv dürfte schließlich der Einsatz sog. hybrider Filtersysteme sein, bei denen die verschiedenen, bereits dargestellten technischen Möglichkeiten zur Sperrung illegaler Webseiten miteinander verknüpft werden.[676] Allerdings stellen sich damit automatisch auch hier die gleichen Fragen nach der technischen Realisierbarkeit und rechtlichen Zulässigkeit der ergriffenen Maßnahmen.

5. Zusammenfassung

Der vorstehende Überblick über die bestehenden Möglichkeiten zur Sperrung inkriminierter Webseiten macht deutlich, dass die Access-Provider allenfalls die Möglichkeit haben, den Zugriff auf derartige Webseiten zu verhindern bzw. zu erschweren, keinesfalls aber die fraglichen Informationen dauerhaft aus dem Netz entfernen zu können, da sie selbst keine Verfügungsgewalt über die von Dritten verbreiteten Informationen haben.[677] Eine effektive Kontrolle der im Netz verbreiteten Informationen durch die Access-Provider lässt sich angesichts der beschriebenen technischen Schwierigkeiten und der bestehenden Möglichkeiten zur Umgehung solcher „Sperren" kaum realisieren. Gleichzeitig besteht nicht selten die „Gefahr", dass auch legale Angebote (mit-)blockiert werden, was wiederum schwierige rechtliche Fragen aufwirft. Auch drohen sämtliche Sperrmethoden die Geschwindigkeit des Datenverkehrs zu beeinträchtigen. Es wird im Folgenden daher zu prüfen sein, inwieweit die privat veranlasste Sperrung inkriminierter Webseiten bzw. rechtswidriger Internetangebote durch die Access-Provider mit geltendem Recht vereinbar ist.

C. Verfassungsrechtliche Vorgaben

Gesetzliche Regelungen und richterliche Anordnungen, die die Verantwortlichkeit der Diensteanbieter zum Gegenstand haben, können eine ganze Reihe ver-

---

675 Stadler, Haftung für Informationen im Internet, S.185f.

676 Vgl. ausführlich Spindler/Schuster/Volkmann, Recht der elektronischen Medien, 2. Aufl. 2011, achter Teil, § 59 Rn.60.

677 Vgl. hierzu bereits Stadler, Haftung für Informationen im Internet, S.178f.; ebenso Koreng, Zensur im Internet, S.135.

schiedener Grundrechte und Grundrechtsträger berühren. So kann die Auferlegung weitreichender Prüfungs- und Überwachungspflichten oder gar eine Verpflichtung zur Sperrung urheberrechtsverletzender Websites – aufgrund der damit verbundenen sachlichen, personellen und finanziellen Belastungen – nicht nur die Berufs- und Eigentumsfreiheit der Diensteanbieter verletzen, sondern beispielsweise auch die Informations- und Kommunikationsfreiheiten der Internetnutzer. Sofern es wiederum um die persönlichen und personenbezogenen Daten der Internetnutzer geht, können ferner das Recht auf informationelle Selbstbestimmung, das Recht auf Gewährleistung der Vertraulichkeit und Integrität informationstechnischer Systeme sowie das Fernmeldegeheimnis betroffen sein. Darüber hinaus genießen selbstverständlich auch die Rechteinhaber rechtlichen Schutz durch die Verfassung. Dieses „komplexe Dreiecksverhältnis“[678] zwischen Diensteanbietern, Internetnutzern und Rechteinhabern gilt es einer befriedigenden Regelung zuzuführen.

Wie immer, wenn verschiedene grundrechtliche Positionen miteinander kollidieren, müssen diese mit dem Ziel der Optimierung zu einem angemessenen Ausgleich gebracht werden. Die widerstreitenden Verfassungsnormen sind dabei im Wege praktischer Konkordanz einander zuzuordnen,[679] dass heißt gegeneinander abzuwägen, ohne dass einem davon generell Vorrang einzuräumen wäre. Zu berücksichtigen ist ferner, dass die Grundrechte im Verhältnis Privater untereinander nicht unmittelbar anwendbar sind, sondern nach der Theorie von der „mittelbaren Drittwirkung der Grundrechte“ lediglich mittelbar zur Geltung kommen[680] und damit „auf die privaten Rechtsbeziehungen allein in ihrer Schutzpflicht- oder Ausstrahlungsfunktion einwirken“.[681] Das Bundesverfassungsgericht billigt dem Gesetzgeber bei der Erfüllung dieser Schutzpflichten allerdings einen weiten Gestaltungsspielraum zu. Welche Maßnahmen der Staat zum Schutz des Einzelnen ergreifen muss, bestimmt sich dabei entscheidend nach „Art, Nähe und Ausmaß möglicher Gefahren, dem Rang des verfassungsrechtlich geschützten Rechtsguts sowie den schon vorhandenen Regelungen“. Darüber hinaus müssen die beschlossenen Maßnahmen einem legitimen öffentlichen Zweck dienen und in Bezug auf die drohende Gefahr verhältnismäßig sein.[682]

---

678 Ladeur, NJOZ 2010, 1606 (1606).
679 BVerfGE 83, 130 (143) – „Mutzenbacher-Beschluss“.
680 Durner, ZUM 2010, 833 (835).
681 Durner, ZUM 2010, 833 (846).
682 Holznagel/Schumacher, ZRP 2011, 74 (75).

1. Schutz der Internetprovider

a. Berufsfreiheit, Art.12 Abs.1 GG[683]

Die Auferlegung weitreichender Prüfungs- und Überwachungspflichten bzw. die Verpflichtung zur Sperrung inkriminierter Webseiten kann einen Eingriff in den Schutzbereich des Art.12 Abs.1 GG bedeuten. In personeller Hinsicht setzt Art.12 GG voraus, dass die Tätigkeit des jeweiligen Diensteanbieters[684] auf eine gewisse Dauer angelegt ist und diesem zur Schaffung und Erhaltung einer Lebensgrundlage dient,[685] mithin einen Beruf im Sinne des Art.12 Abs.1 GG darstellt. In sachlicher Hinsicht umfasst die in Art. 12 Abs.1 GG verankerte Berufsfreiheit als einheitliches Grundrecht neben der Freiheit der Berufswahl[686] auch die Freiheit der Berufsausübung,[687] die nur beschränkt werden kann, sofern vernünftige Erwägungen des Allgemeinwohls es zweckmäßig erscheinen lassen.[688] Insofern dürfen den gewerblichen Diensteanbietern keine Pflichten auferlegt werden, die diese übermäßig belasten oder unzumutbar sind. Grundsätzlich gilt, dass der Rechtfertigungsdruck für die Auferlegung von Prüfungs- und Überwachungspflichten, die regelmäßig mit erheblichen sachlichen, personellen und finanziellen Aufwendungen verbunden sein werden, umso größer wird, je schwerwiegender der Diensteanbieter hierdurch in seiner Berufsausübung beschränkt wird.[689] Dabei ist zu berücksichtigen, dass bestimmte Berufsausübungsregelungen faktisch die Ausübung eines Berufes unmöglich machen und insofern in eine Berufswahlbeschränkung „umschlagen" können.[690] Es erscheint daher auch aus verfassungsrechtlicher Sicht zutreffend, wenn der BGH – allerdings unter Verweis auf die haftungsprivilegierenden Regelungen der „E-Commerce"-Richtlinie und den entsprechenden telemedienrechtlichen Vorschriften - ausführt, dass den Diensteanbietern jedenfalls keine Anforderungen auferlegt werden dürfen, die ihr von der Rechtsordnung gebilligtes Geschäfts-

---

683 Zu berücksichtigen ist allerdings, dass es sich bei Art.12 GG um ein sog. „Deutschen-Grundrecht" handelt. Anordnungen, insbesondere gegen Host-Provider sind also nur dann an Art.12 GG zu messen, sofern es sich um einen inländischen Diensteanbieter handelt, vgl. Sieber/Nolde, Sperrverfügungen, S.70.

684 Wegen Art. 19 Abs.3 GG gelten die Grundrechte auch für inländische juristische Personen, soweit die Grundrechte „ihrem Wesen nach" auf diese juristischen Personen anwendbar sind, vgl. Maunz/Dürig/Remmert, Art.19 Abs.3 GG Rn.1.

685 Vgl. BVerfGE 7, 377 (397) – „Apothekenurteil".

686 Zur Diskussion, inwieweit auch die Berufswahlfreiheit verletzt sein könnte, wenn die Access-Provider verpflichtet würden, einen Proxy-Server zu implementieren, vgl. Sieber/Nolde, Sperrverfügungen, S.62f.

687 Maunz/Dürig/Scholz, Art.12 GG Rn.1.

688 BVerfGE, NJW 1958, 1035 (Leitsatz 6a) – „Apothekenurteil".

689 Hartmann, Unterlassungsansprüche, S.77.

690 Maunz/Dürig/Scholz, Art.12 GG Rn.342.

modell gefährden.[691] Denn eine solche Maßnahme dürfte dann nicht nur die Berufsausübungs-, sondern auch die Berufswahlfreiheit berühren, was die Anforderungen an die Rechtfertigungslage erheblich erweitern würde.[692]

b. Eigentumsfreiheit, Art. 14 GG

Eine Verpflichtung der Diensteanbieter zur Durchführung bestimmter Filter- und Sperrmaßnahmen kann angesichts der gegebenenfalls erforderlich werdenden technischen Eingriffe in die bestehenden Infrastruktureinrichtungen ferner einen Eingriff in das durch Art.14 GG geschützte Recht am eingerichteten und ausgeübten Gewerbebetrieb darstellen, was bedeutet, dass eine entsprechende Verpflichtung „auch als Inhalts- und Schrankenbestimmung i.S.d. Art. 14 GG auf ihre Verhältnismäßigkeit hin zu überprüfen" wäre.[693]

c. Recht auf freie Meinungsäußerung, Art.5 Abs.1 S.1 Alt.1 GG

Die Access-Provider stellen weder eigene noch fremde Inhalte im Netz zur Nutzung bereit. Sie ermöglichen lediglich die Übermittlung von Daten zwischen Client und Server und erfüllen insoweit eine primär technische Aufgabe.[694] Folglich können sie sich nicht auf die durch Art.5 Abs.1 S.1 Alt.1 GG verbürgte Meinungsfreiheit berufen, da sie selbst keine „Ansichten, Überzeugungen und Stellungnahmen kundtun".[695]

d. Pressefreiheit, Art.5 Abs.1 S.2 Alt.1 GG

Ob die Tätigkeit der Access-Provider vom Schutzbereich der Pressefreiheit erfasst ist, wurde in den letzten Jahren im rechtswissenschaftlichen Schrifttum kontrovers diskutiert.[696] Die Befürworter einer solchen Einbeziehung halten die Tätigkeit der Access-Provider in gewisser Weise für vergleichbar mit der Tätigkeit der Pressegrossisten,[697] für die das Bundesverfassungsgericht[698] die Eröffnung des Schutzbereichs der Pressefreiheit bejaht hat. Denn auch eine „presseexterne Hilfstätigkeit" sei vom Schutzbereich der Pressefreiheit erfasst, wenn sie „typischerweise pressebezogen ist, in enger organisatorischen Anbindung an die Presse erfolgt, für das Funktionieren einer freien Presse notwendig ist und wenn

---

691 BGH, GRUR 2007, 890 (894) – „Jugendgefährdende Medien bei eBay".
692 Vgl. zur „Drei-Stufentheorie" des BVerfG, Maunz/Dürig/Scholz, Art.12 GG Rn.335.
693 Sieber/Nolde, Sperrverfügungen, S.65 m.w.N.; Sieber, JZ 2009, 653 (657).
694 Vgl. hierzu Kapitel 4, S.68.
695 Sieber/Nolde, Sperrverfügungen, S.66.
696 Spindler/Volkmann, MMR 2003, 353 (353ff.) m.w.N.
697 Engel, MMR-Beilage 4/2003, 1 (20).
698 BVerfGE 77, 346 – „Presse-Grosso".

sich die staatliche Regulierung dieser Tätigkeit zugleich einschränkend auf die Meinungsverbreitung auswirkt".[699] Diese Kriterien würden auch die Access-Provider erfüllen, weshalb sie – wie die Pressegrossisten – vom Schutzbereich der Pressefreiheit erfasst seien.[700] Obwohl ein Vergleich mit den Pressegrossisten nicht völlig fern liegt, ist im Ergebnis mit der Gegenansicht eine Einbeziehung der Access-Provider in den Schutzbereich der Pressefreiheit zu verneinen.[701] Zutreffend ist die Tätigkeit der Access-Provider als „inhaltsneutrale Datentransportinfrastrukturleisung" zu qualifizieren.[702] Es fehlt ihrer Tätigkeit der pressespezifische Bezug, der allein es rechtfertigen würde, die Access-Provider in den Schutzbereich der Pressefreiheit einzubeziehen.[703] Für die Einbeziehung der Access-Provider in den Schutzbereich der Pressefreiheit besteht ferner auch keine sachliche Notwendigkeit. Schließlich wird die Tätigkeit der Access-Provider hinreichend vom Schutzbereich anderer Grundrechte erfasst.[704]

e. Rundfunkfreiheit, Art.5 Abs.1 S.2 Alt.2 GG

Nach zutreffender Ansicht ist die Tätigkeit der Access-Provider nicht vom Schutzbereich der Rundfunkfreiheit erfasst.[705] Die Argumentation der Gegenansicht, die den Schutzbereich der Rundfunkfreiheit deshalb auf die Access-Provider erstrecken will, weil von der Rundfunkfreiheit - ebenso wie bei der Pressefreiheit - alle „wesensmäßig [mit der Rundfunkberichterstattung] zusammenhängenden Tätigkeiten" erfasst seien,[706] kann aus den oben genannten Gründen nicht überzeugen. Es handelt sich bei der Tätigkeit der Access-Provider wie erläutert um eine reine Datentransportleistung. Es fehlt auch hier an einem rundfunkspezifischen Bezug der Tätigkeit der Access-Provider. Der Schutzbereich der Rundfunkfreiheit ist daher nicht auf die Access-Provider zu erstrecken.

---

699 BVerfGE 77, 346 (354) – „Presse-Grosso".

700 Engel, MMR-Beilage 4/2003, 1 (20).

701 Vgl. hierzu Spindler/Volkmann, MMR 2003, 348 (355) m.w.N.; Sieber/Nolde, Sperrverfügungen, S.67-69; Koreng, Zensur im Internet, S.112ff., der allerdings den Schutzbereich des Art.5 Abs.1 S.2 GG dennoch auf die Access-Provider erstrecken will, vgl. hierzu sogleich S.153ff.

702 Fiedler, Meinungsfreiheit in einer vernetzten Welt, S.173; a.A. Koreng, Zensur im Internet, S.115, der die Funktion des Access-Providers als Informationsvermittler hervorhebt, der als „notwendiger Teil der Kommunikationskette" Inhalte massenhaft verbreite und dessen Tätigkeit daher typischerweise inhaltsbezogen sei.

703 Sieber/Nolde, Sperrverfügungen, S.68f.

704 Vgl. hierzu und zum Streit um die Einbeziehung der Access-Provider in den Schutzbereich der Pressefreiheit die ausführliche Darstellung bei Sieber/Nolde, Sperrverfügungen, S.67-69.

705 Ablehnend auch Spindler/Volkmann, MMR 2003, 348 (355).

706 Dietlein/Heinemann, K&R 2004, 418 (421), Fn.34.

f. Art.5 Abs.1 S.2 GG als einheitliches „Mediengrundrecht"?

Nach einer neueren Ansicht im Schrifttum ist Art.5 Abs.1 S.2 GG als einheitliches „Mediengrundrecht" zu begreifen, das neben Rundfunk und Presse auch die Internetdienstefreiheit gewährleistet.[707] Vom Schutzbereich dieser (neuen) Medienfreiheit seien nicht nur die Host-Provider, sondern auch die Access-Provider erfasst.[708] Die Befürworter einer solchen „Lösung" führen ins Feld, dass „mit der Konvergenzentwicklung jede herkömmliche Grenzziehung [zwischen den einzelnen Kommunikationsformen][709] brüchig geworden ist" und die alten Begrifflichkeiten nicht mehr dazu taugen würden, „um die Rechtsfragen der Zukunft interessengerecht zu entscheiden". Die Anerkennung des Art.5 Abs.1 S.2 GG als ein Grundrecht der allgemeinen Medienfreiheit könne hingegen die bestehende „starre Klassifizierung" des Art.5 Abs.1 S.2 GG überwinden und „die in der Realität vollzogene Ausdifferenzierung der Kommunikationsformen [...] sehr viel genauer als bisher im Verfassungsrecht abbilden".[710] Die in Art.5 Abs.1 S.2 GG angelegte Unterscheidung zwischen Rundfunk, Presse und Film sei daher „als nicht abschließender Katalog von Beispielen für Massenkommunikationsmitteln" zu begreifen.[711]

Die Diskussion um die Anerkennung des Art.5 Abs.1 S.2 GG als einheitliches „Mediengrundrecht" erklärt sich insbesondere vor dem Hintergrund der von Teilen der Literatur[712] als unbefriedigend empfundenen Einordnung des Internets als „Rundfunk" im Sinne des Art.5 Abs.1 S.2 GG.[713] Diese Einordnung bedeutet

---

707 In diesem Sinne Holznagel/Schumacher, ZRP 2011, 74 (77) m.w.N.

708 Koreng, Zensur im Internet, S.110; der m.E. zu weit gehend den Schutz der „Medienfreiheit" auch auf die Access-Provider erstrecken will, sofern diese „massenkommunikative Inhalte" übermitteln (S.116).

709 Anmerkung durch den Verfasser.

710 Holznagel, MMR 2011, 1 (2).

711 Koreng, Zensur im Internet, S.100.

712 Koreng, Zensur im Internet, S.83; Holznagel/Schumacher, ZRP 2011, 74 (77) jeweils m.w.N.

713 In den Blickpunkt einen breiten Öffentlichkeit dürfte der Streit im Zusammenhang mit der medienpolitisch höchst brisanten Auseinandersetzung zwischen den öffentlich-rechtlichen Rundfunkanstalten (ARD, ZDF) und der privatwirtschaftlich organisierten Presse gerückt sein. Hierbei ging es um die Frage, ob und inwieweit sich die öffentlich-rechtlichen Rundfunkanstalten mit eigenen textbasierten Internet-Auftritten an die Öffentlichkeit wenden und damit in Konkurrenz zu den privaten Presseverlagen treten dürfen. (Das Pressewesen ist in Deutschland traditionell privatwirtschaftlich organisiert). Letztere befürchteten, dass sie hierdurch erhebliche finanzielle Einbußen erleiden könnten, da sie in einem Wettbewerbsverhältnis mit den öffentlich-rechtlichen Rundfunkanstalten, die sich maßgeblich durch die Erhebung von Rundfunkgebühren finanzieren, strukturell benachteiligt seien. Kritisiert wird ferner, dass eine solche, letztlich „öffentlich-rechtliche Presse" jeder Verfassungstradition widerspreche; so Holznagel, MMR 2011, 1 (1) und eine Anerkennung der Online-Auftritte von ARD und ZDF als „Rundfunk" letztlich das „Ende der freien Presse" und die „Herrschaft des Staatsjournalismus" bedeute, so Hanfeld in FAZ.net vom 21. Juli 2010 als Reaktion auf die Veröffentlichung des von Papier verfassten und von der Gremienvorsitzendenkonferenz der ARD in Auftrag gegeben Gutachtens „Presse

nämlich in der Tat für diejenigen Internetangebote, die eine der Presse „vergleichbare Funktion für die demokratische Willensbildung haben, eine erhebliche Einengung des Schutzbereichs".[714] Es kann aber „für die verfassungsrechtliche Schutzwürdigkeit und Schutzbedürftigkeit einer massenkommunikativen Äußerung nicht darauf ankommen, ob der Rezipient diese in Papierform oder auf dem Bildschirm seines Computers oder Mobiltelefons zur Kenntnis nimmt".[715] Vorliegend kann allerdings dahinstehen, inwieweit die neuere Ansicht im Schrifttum Vorzug verdient. Denn aus den bereits genannten Gründen kann eine Erstreckung dieser „neuen" Medienfreiheit auf die Tätigkeit der Access-Provider jedenfalls nicht überzeugen.

2. Schutz der Urheber

Ausdrücklich nennt das Grundgesetz das Urheberrecht lediglich in der Kompetenznorm des Art.73 Nr.9 GG. Der grundrechtliche Schutz des Urheberrechts ist jedoch von Literatur und Rechtssprechung unbestritten.[716] Es findet seinen Widerhall in einer Vielzahl von Grundrechten. Für die vorliegende Untersuchung sind insbesondere das durch Art.2 Abs.1 i.V.m. Art.1 GG verbürgte allgemeine Persönlichkeitsrecht und die verfassungsrechtlich durch Art.14 GG garantierte Eigentumsfreiheit von Relevanz.

a. Allgemeines Persönlichkeitsrecht, Art.2 Abs.1 i.V.m. Art.1 GG

Der ideelle Schutz des geistig Schaffenden wird durch sein Persönlichkeitsrecht aus Art.2 Abs.1 i.V.m. Art.1 GG gewährleistet.[717] Dieses Urheberpersönlichkeitsrecht oder „droit moral"[718] steht als besonderes Persönlichkeitsrecht dem Menschen als Schöpfer zu. Es schützt die enge Beziehung, die zwischen dem Urheber und seinem Werk besteht und sichert gleichsam das „geistige Band" zwischen diesen beiden.[719] Das Urheberpersönlichkeitsrecht schützt vornehmlich die Person des Urhebers und nicht das Werk um seiner selbst willen.[720] Den Kern der urheberpersönlichkeitsrechtlichen Befugnisse bilden dabei das Veröf-

---

macht Rundfunk", in dem dieser zu dem Schluss kommt, dass die Online-Angebote von ARD und ZDF dem „Rundfunk" zuzuordnen sind. Online abrufbar unter: http://www.faz.net/-gpf-6k315.

714 Koreng, Zensur im Internet, S.97.

715 Koreng, Zensur im Internet, S.98f.

716 Vgl. nur BVerfG, GRUR 1972, 481 – „Kirchen- und Schulgebrauch"; BVerfG, GRUR 1980, 44 – „Kirchenmusik"; Loewenheim/Götting, § 3 Rn.1; Maunz, GRUR 1973, 107 (107).

717 Leinemann, Sozialbindung des „geistigen Eigentums", S.52.

718 Fromm/Nordemann/Hertin, vor § 12 Rn.1.

719 Bullinger, Kunstwerkfälschung und Urheberpersönlichkeitsrecht, S.54.

720 Bullinger, Kunstwerkfälschung und Urheberpersönlichkeitsrecht, S.55.

fentlichungsrecht (§ 12 UrhG), das Recht auf Anerkennung der Urheberschaft (§ 13 UrhG) sowie das Recht auf Schutz gegen Entstellung und Beeinträchtigung des Werkes (§ 14 UrhG).[721] Seine Grenzen findet das Urheberpersönlichkeitsrecht allein in den allgemeinen Schranken der verfassungsmäßigen Ordnung.[722]

b. Eigentumsfreiheit Art.14 GG

Das Urheberrecht ist als Nutzungsrecht „Eigentum" im Sinne des Art.14 Abs.1 S.1 GG.[723] Die Eigentumsfreiheit des Grundgesetzes dient insoweit dem Schutz der materiellen Interessen des Urhebers an der Verwertung seines Werkes. Im Grundsatz umfasst die Eigentumsgarantie des Art.14 GG einerseits die sog. Institutsgarantie, also die Garantie des Eigentums als Institut der Rechtsordnung, andererseits aber auch die sog. Individualgarantie, also die Garantie, „dass jeder Eigentümer sein Eigentum nach Maßgabe der Bestimmungen des Grundgesetzes behalten kann und gegen unberechtigte Eingriffe den Schutz des Staates genießt".[724] Das dem Eigentum gleich geordnete Urheberrecht ist als Rechtsinstitut der „Institutsgarantie" des Art.14 GG zuzuordnen.[725] Es gehört damit zu dem Kernbereich von Normen, „die der Gesetzgeber zur Verfügung stellt, um die Existenz, die Funktionsfähigkeit und die Privatnützigkeit von Eigentum zu ermöglichen".[726] In seiner Ausprägung als Individualgarantie wiederum schützt das Eigentum dingliche Rechte aller Art und somit unter anderen auch Urheber- und Leistungsschutzrechte. Allerdings nicht mit ihren persönlichkeitsrechtlichen Elementen, sondern nur im Hinblick auf ihre vermögensrechtlichen Wirkungen.[727] In Richtung des Urheberrechts gebietet diese sichernde und abwehrende Bedeutung der Eigentumsgarantie des Art.14 Abs.1 GG die grundsätzliche Zuordnung des wirtschaftlichen Wertes eines geschützten Werkes an den Urheber und seine Freiheit, in eigener Verantwortung darüber verfügen zu können.[728]

Das bedeutet aber nicht, dass jede denkbare Verwertungsmöglichkeit eines Werkes verfassungsrechtlich gesichert ist, vielmehr hat der Gesetzgeber nach Ansicht des BVerfG im Rahmen der inhaltlichen Ausprägung des Urheberrechts sachgerechte Maßstäbe festzulegen, „die eine der Natur und sozialen Bedeutung des Urheberrechts entsprechende Nutzung und angemessene Verwertung sicher-

---

721 Bullinger, Kunstwerkfälschung und Urheberpersönlichkeitsrecht, S.55.
722 Loewenheim/Götting, § 3 Rn.2.
723 BVerfG, GRUR 1972, 481 (481) – „Kirchen- und Schulgebrauch".
724 Maunz, GRUR 1973, 107 (108).
725 Fechner, Geistiges Eigentum und Verfassung, S.211.
726 Maunz/Dürig/Papier, Art.14 GG Rn.11.
727 Maunz, GRUR 1973, 107 (108).
728 BVerfG, GRUR 1972, 481 (483) – „Kirchen- und Schulgebrauch".

stellen". Dies folge aus Art.14 Abs.1 S.2 GG.[729] Denn sowohl die Instituts- wie auch die Individualgarantie des Eigentums sind durch die Sozialbindung begrenzt, die das Grundgesetz der Eigentumsgarantie an die Seite gestellt hat.[730] Folglich ist auch das Urheberrecht grundsätzlich sozial gebunden.[731] Der Gesetzgeber muss also im Interesse des Gemeinwohls „den individuellen Berechtigungen und Befugnissen die [...] erforderlichen Grenzen" ziehen.[732] Der Urheber muss sich daher in vermögensrechtlicher Sicht all jene Einschränkungen gefallen lassen, „die in Bezug auf sein Recht üblich, sozial-adäquat und zumutbar sind, ohne deswegen Entschädigungsansprüche erheben zu können".[733]

3. Schutz der Allgemeinheit

Neben den schützenswerten Interessen der Diensteanbieter und der Rechteinhaber sind aber insbesondere auch die Interessen der einzelnen Internetnutzer und der Allgemeinheit in die Abwägung mit einzubeziehen.

a. Informationsfreiheit, Art.5 Abs.1 S.1 Alt.2 GG

Das Interesse der Internetnutzer an einem möglichst ungehinderten Zugang zu den im Netz verbreiteten Informationen, wird verfassungsrechtlich durch Art.5 Abs.1 S.1 Alt.2 GG gewährleistet. Die sog. Informationsfreiheit schützt das Recht, sich selbst zu informieren, damit der Einzelne in die Lage versetzt wird, sich eine eigene Meinung zu bilden und an der öffentlichen Meinungsfindung teilzuhaben. Sie steht als selbstständiges Grundrecht gleichwertig neben der Meinungs- und Pressefreiheit.[734]

Die Informationsfreiheit garantiert, dass sich ein jeder aus allgemein zugänglichen Quellen ungehindert unterrichten kann. Allgemein zugänglich ist eine Informationsquelle, „wenn sie entweder allgemein oder doch zumindest im konkreten Einzelfall dazu geeignet und bestimmt ist, dass ein individuell nicht bestimmbarer Personenkreis von ihrem Inhalt Kenntnis erhält".[735] Unter einer Informationsquelle versteht man wiederum „jeden beliebigen Träger von Informationen, also von Tatsachen und Meinungen, gleichgültig, ob er seine Informationen in Wort, Schrift oder Bild verbreitet und gleichgültig in welcher Form oder

---

729 BVerfG, GRUR 1972, 481 (483) – „Kirchen- und Schulgebrauch".
730 Maunz, GRUR 1973, 107 (108).
731 Metzger, ZUM 2000, 924 (931).
732 BVerfG, GRUR 1972, 481 (484) – „Kirchen- und Schulgebrauch".
733 Maunz, GRUR 1973, 107 (108).
734 BVerfG, NJW 1970, 235 (236).
735 Maunz/Dürig/Herzog, Art.5 GG Rn.90ff.

durch welches Medium dies geschieht".[736] Damit sind auch neue Kommunikationstechniken vom Schutzbereich der Informationsfreiheit erfasst.[737] Fraglich ist jedoch, ob dies auch für rechtswidrige Inhalte gilt. Dafür sprechen der geschichtliche Hintergrund und die Entstehungsgeschichte dieses Grundrechts, das als eine Reaktion auf die Erfahrungen während des nationalsozialistischen Unrechtsregimes zu verstehen ist. Dem Bürger sollte das umfassende Recht eingeräumt werden, sich aus allgemein zugänglichen Informationsquellen frei zu bedienen. Eine staatliche Vorauswahl zulässiger Informationsquellen, wie sie beispielsweise durch das Verbot von Feindsendern während des zweiten Weltkrieges erreicht wurde, sollte in Zukunft nicht noch einmal möglich sein. Insofern ist der Schutzbereich der Informationsfreiheit nicht allein auf rechtlich zulässige Informationen zu beschränken, sondern umfassend auf alle allgemein zugänglichen Informationen zu erstrecken.[738] Andernfalls könnte der Staat durch den Erlass von Rechtsvorschriften den Schutzbereich der Informationsfreiheit mehr oder weniger nach Belieben festlegen, dies würde aber dem Vorrang der Verfassung und dem Grundsatz der Grundrechtsbindung der Legislative aus Art.1 Abs.3 GG widersprechen.[739] Die Zulässigkeit derartiger Beschränkungen ist vielmehr an der Schrankenregelung des Art.5 Abs.2 GG zu messen.[740] Unstreitig ist ferner nicht zwischen in- und ausländischen Informationsquellen zu differenzieren.[741] Allgemein zugänglich sind damit auch Webseiten auf ausländischen Servern, sofern diese in Deutschland abrufbar sind.[742] Mit Recht weist Berger allerdings darauf hin, dass das Recht auf freien Zugang zu Informationen aus Art.5 Abs.1 HS.2 GG kein Recht auf kostenlosen Zugang zu Informationen vermittelt.[743] Es handelt sich daher nicht (mehr) um eine allgemein zugängliche Informationsquelle, wenn der Urheber einem Dritten an seinem Werk ein ausschließliches Nutzungsrecht eingeräumt hat und ein unberechtigter Dritter das Werk verbreitet.[744]

736 Spindler/Schuster/Fink, Rechte der elektronischen Medien, 2. Aufl. 2011, erster Teil, Rn.12.
737 Sieber/Nolde, Sperrverfügungen, S.77.
738 Sieber/Nolde, Sperrverfügungen, S.78.
739 Koreng, Zensur im Internet, S.132, m.w.N.
740 Koreng, Zensur im Internet, S.133.
741 BVerfGE 90, 27 (32) – „Parabolantenne I".
742 Sieber/Nolde, Sperrverfügungen, S.77f.
743 Berger, ZUM 2004, 257 (264): „Free flow of information bedeutet nicht: Flow of free information!".
744 Berger, ZUM 2004, 257 (264).

b. Fernmeldegeheimnis, Art.10 Abs.1 GG

aa. Schutzbereich des Art.10 Abs.1 GG

Nach allgemeiner Ansicht schützt das Fernmeldegeheimnis „die unkörperliche Übermittlung von Informationen an individuelle Empfänger mit Hilfe des Telekommunikationsverkehrs".[745] Um den spezifischen Risiken räumlich distanzierter Kommunikation mittels moderner Kommunikationseinrichtungen effektiv begegnen zu können, ist der Begriff des Fernmeldegeheimnisses grundsätzlich dynamisch zu verstehen und auf technische Weiterentwicklungen zu erstrecken.[746] Der Schutzbereich des Fernmeldegeheimnisses ist insofern „entwicklungsoffen".[747] Geschützt sind mithin auch die Kommunikationsdienste des Internet.[748] Das Fernmeldegeheimnis soll in erster Linie die Vertraulichkeit des Kommunikationsinhalts selbst gewährleisten, darüber hinaus sind aber auch die näheren Umstände des Fernmeldevorgangs vor Kenntnisnahme geschützt.[749] Erfasst sind daher auch die sog. Verbindungs-Metadaten, aus denen ersichtlich wird, „ob, wann und wie oft zwischen welchen Personen oder TK-Einrichtungen TK-Verkehr stattgefunden hat oder versucht worden ist",[750] da bereits diese Daten einen eigenen Aussagegehalt haben.[751] Nicht geschützt sind jedoch solche Informationen, die von einem Kommunikationsteilnehmer außerhalb des Telekommunikationsnetzes gespeichert werden bzw. Daten, die nach Abschluss des Übermittlungsvorgangs bei den Kommunikationsteilnehmern erfasst werden.[752] Keinen Eingriff in den Schutzbereich des Art.10 Abs.1 GG bedeutet es daher, wenn nach Abschluss eines Kommunikationsvorgangs auf gespeicherte Verbindungsdaten des Telemedienanbieters zugegriffen wird, die gewisse Rückschlüsse über das „Surfverhalten des Nutzers" erlauben.[753] Derartige Maßnahmen sind vielmehr am Grundrecht auf Integrität und Vertraulichkeit informationstechnischer Systeme aus Art.2 Abs.1 GG zu messen.[754] Unerheblich ist hingegen, ob die übermittelten Daten rechtmäßig sind. Denn die Möglichkeit von Grundrechtsmissbräuchen kann zwar bisweilen ein rechtfertigender Grund für Grundrechtsbeschränkungen sein, nicht aber für Schutzbereichsbegrenzungen.[755]

---

745 BVerfG, MMR 2009, 673 (674) m.w.N.
746 Sieber/Nolde, Sperrverfügungen, S.79f.
747 Maunz/Dürig/Durner, Art.10 GG Rn.47.
748 BVerfG, MMR 2009, 673 (674) m.w.N.
749 BVerfG, MMR 2009, 673 (674), m.w.N.
750 BVerfG, MMR 2008, 315 (316); BVerfG, NJW 2003, 1787 (1788); BVerfG, NJW 1992, 1875 (1875).
751 Kindt, MMR 2009, 147 (150).
752 Ladeur, NJOZ, 1606 (1607); Sieber/Nolde, Sperrverfügungen, S.82.
753 Sieber/Nolde, Sperrverfügungen, S.82.
754 Sieber/Nolde, Sperrverfügungen, S.82.
755 BVerfG, NJW 1992, 1875 (1875).

Es sei hier noch einmal daran erinnert, dass die Grundrechte im Verhältnis Privater untereinander nicht unmittelbar zur Geltung kommen, sondern nach der Theorie von der mittelbaren Drittwirkung der Grundrechte unter Privaten allein in ihrer Schutzpflicht- und Ausstrahlungsfunktion zur Geltung kommen. Eine gerichtliche Anordnung an die Access-Provider bestimmte, inkriminierte Informationen wegen der Verletzung urheberrechtlicher Positionen zu sperren, kann also grundsätzlich niemals einen unmittelbaren Grundrechtseingriff bedeuten.[756] Die Vorgaben bzw. Wertungen des Art.10 Abs.1 GG finden vorliegend also nur insoweit Berücksichtigung, als sie in die vom Gericht vorzunehmende Abwägung der widerstreitenden Interessen der betroffenen Grundrechtsträger einfließen müssen, ohne dass einem von ihnen prinzipiell Vorrang einzuräumen wäre. Wenn im Folgenden trotzdem auch im Zusammenhang mit privat veranlassten Sperrverfügungen im Rahmen der Störerhaftung von einem „Eingriff" in den Schutzbereich des Art.10 GG die Rede ist, dann dient das allein der besseren Lesbarkeit.

bb. „Eingriff" in den Schutzbereich des Art.10 Abs.1 GG durch Sperrung inkriminierter Webseiten?[757]

Ob die Sperrung inkriminierter Webseiten einen „Eingriff" in den Schutzbereich des Art.10 Abs.1 GG bedeutet, ist im rechtswissenschaftlichen Schrifttum heftig umstritten. Nicht zuletzt deshalb, weil bisher keine Einigkeit darüber erzielt werden konnte, wie der Schutzbereich des Fernmeldegeheimnisses in Bezug auf die verschiedenen Kommunikationsmöglichkeiten im Internet zu bestimmen ist.

(1) Nur bei Individualkommunikation

Gewichtige Stimmen im rechtswissenschaftlichen Schrifttum haben erst jüngst wieder in Abrede gestellt, dass „die Nutzung öffentlich zugänglicher Internetseiten einschließlich des Herunterladens von Dateien [...] dem sachlichen Schutzbereich des Art.10 GG" unterstellt ist.[758] Das Fernmeldegeheimnis knüpfe maßgeblich an die „Individualität der Kommunikation, also die Übermittlung von

---

756 Durner, ZUM 2010, 833 (835). Dies mag anders zu beurteilen sein, wenn es sich um eine staatlich veranlasste Sperrung bestimmter rechtswidriger Webseiten durch die Access-Provider handelt. Man denke hier an die vielbeachtete Diskussion um den Einsatz sog. Internetsperren zur Blockade kinderpornographischer Inhalte. Vgl. hierzu Marberth-Kubicki, NJW 2009, 1792; Schärdel/Greve, ZRP 2009, 54.

757 Keine Berücksichtigung sollen hier die (einfachgesetzlichen) datenschutzrechtlichen Vorschriften der §§ 88ff. TKG finden. Vorliegend kommt es vielmehr entscheidend darauf an, ob verfassungsrechtliche Wertungen der Auferlegung bestimmter Prüfungs- oder Kontrollpflichten entgegen stehen.

758 Durner, ZUM 2010, 833ff.; so im Ergebnis auch bereits Sankol, MMR 2006, 361 (364).

Informationen an einen oder mehrere individuelle Empfänger“ an.[759] Sofern sich der Nutzer mit seinem Angebot an die Allgemeinheit richte, sei der sachliche Schutzbereich des Art.10 GG folglich überhaupt nicht eröffnet.[760] Die Sperrung öffentlich zugänglicher illegaler Webseiten im Rahmen der urheberrechtlichen Störerhaftung bedeute daher grundsätzlich keinen Eingriff in den Schutzbereich des Art.10 Abs.1 GG.[761] Ein „Eingriff“ in Art.10 Abs.1 GG sei aber auch dann zu verneinen, „wenn die urheberrechtlich unzulässige Weitergabe von Musik- und Filmdateien [...] in nicht-öffentlichen Foren oder in sonstigen Formen individueller Kommunikation erfolgen würde“. Sinn und Zweck des verfassungsrechtlichen Fernmeldegeheimnisses sei schließlich die Gewährleistung der Vertraulichkeit des Kommunikationsvorgangs. Behinderungen oder Verbote vertraulicher Kommunikation – ohne Kenntnisnahme des Kommunikationsinhalts oder der Kommunikationsumstände durch Dritte – würden hingegen von vornherein nicht den Schutzbereich des Art.10 GG berühren.[762] Insofern sei die „Sperrung“ einer bestimmten Webseite mit „der gezielten Nichtzustellung von Briefen an einen bestimmten Strafgefangenen vergleichbar“, was nach allgemeiner Ansicht einen Eingriff in das ebenfalls durch Art.10 Abs.1 GG geschützte Briefgeheimnis gerade nicht bedeute.[763]

(2) Bei jeglicher Kommunikation im Internet

Die Gegenansicht möchte den Schutzbereich des Art.10 Abs.1 GG – jedenfalls für die Kommunikation im Internet – über den Bereich „individueller räumlich distanzierter Kommunikation hinaus auf die an die Allgemeinheit gerichteten Inhalte“ erstrecken. Denn ob es sich bei den betreffenden Informationen um solche der Individual- oder Massenkommunikation handele, sei „den im Internet übermittelten Datenpaketen ohne eine entsprechende Kontrolle nicht anzusehen“. Um aber den Schutz der auch im Internet anerkanntermaßen denkbaren individuellen Kommunikation (E-Mail, Mail- und Chat-Dienste) zu gewährleisten, müsse daher sämtliche Kommunikation im Internet dem Schutzbereich des grundgesetzlichen Fernmeldegeheimnisses unterstellt werden.[764] Auch die technische Funktionsweise des Internet spreche gegen eine Unterscheidung von Individual- und Massenkommunikation bei Kommunikationsvorgängen im Inter-

---

759 Durner, ZUM 2010, 833 (838).
760 Durner, ZUM 2010, 833 (839).
761 Durner, ZUM 2010, 833 (841); insofern konsequent, wird auch ein Verstoß gegen § 88 TKG verneint.
762 Durner, ZUM 2010, 833 (841).
763 Durner, ZUM 2010, 833 (842).
764 Sieber/Nolde, Sperrverfügungen, S.80f.; im Ergebnis ebenso Frey/Rudolph, Rechtsgutachten, S.27; Sievers, Der Schutz der Kommunikation im Internet durch Art.10 des Grundgesetzes, S.129f.; Germann, Gefahrenabwehr und Strafverfolgung im Internet, S.118.

net. Schließlich werde bei einem Datenaustausch zwischen „Client“ und „Server“ grundsätzlich von Seiten des „Client“ eine individuell adressierte Anfrage an den jeweiligen „Server“ gerichtet, der dann die gewünschten Inhalte individuell an den anfragenden „Client“ übermittle. Insoweit handele es sich bei Kommunikationsvorgängen im Internet durchgängig um Individualkommunikation.[765]

(3) Zwischenergebnis

Während also nach der erstgenannten Ansicht ein „Eingriff“ in den Schutzbereich des Art.10 Abs.1 GG durch den Einsatz von Internetsperren – jedenfalls bei einer Blockade allgemein zugänglicher Webseiten - schon mangels Eröffnung des Schutzbereichs des Fernmeldegeheimnisses ausscheidet, muss nach der Gegenansicht zwischen den einzelnen Sperrmethoden differenziert werden.

a. Eingriff durch DNS-Sperren?

Unbedenklich erscheint insofern der Einsatz von DNS-Sperren. Durch eine entsprechende Einstellung des DNS-Servers wird lediglich verhindert, dass der Nutzer bei Eingabe des zu sperrenden Domain-Namens automatisch auf die inkriminierte Webseite weitergeleitet wird. Die Anfrage des Nutzers geht ins Leere. Kommunikationsdaten des Nutzers werden hierbei nicht erfasst. Der Schutzbereich des Fernmeldegeheimnisses ist daher nicht berührt.[766]

b. Eingriff durch IP-Sperren/ URL-Sperren mittels Proxy-Servern?

Anders ist hingegen der Einsatz von IP-Sperren und URL-Sperren mittels Proxy-Servern zu beurteilen. Zur Durchsetzung von IP-Sperren ist die Wahrnehmung von Daten erforderlich, die erkennen lassen, „von welchem Rechner aus wann mit welchem anderen Rechner und wie lange kommuniziert worden ist“.[767] Insofern erlauben diese Daten gewisse Rückschlüsse über die näheren Umstände des Fernmeldevorgangs, also von Daten die grundsätzlich Schutz durch das Fernmeldegeheimnis genießen.[768]

---

765 Bäcker, Die Vertraulichkeit der Internetkommunikation, S.104.

766 Koreng, Zensur im Internet, S.143; Zweifelnd Marberth-Kubicki, NJW 2009, 1792 (1793).

767 Sieber/Nolde, Sperrverfügungen, S.83.

768 Das BVerfG, NJW 2010, 833 (845), Rn.259 hebt in seiner Entscheidung zur rechtlichen Zulässigkeit der Vorratsdatenspeicherung von Telekommunikationsverkehrsdaten ausdrücklich hervor, dass sich mit der IP-Adresse „verlässlich rekonstruieren (lasse), mit welchem Gegenstand sich der Kommunizierende auseinander gesetzt hat“. Die IP-Adresse gebe damit in der Regel auch „Auskunft über den Inhalt der Kommunikation“. Das BVerfG vertritt damit im Gegensatz zum BGH die Auffassung, dass es sich bei IP-Adressen um Verkehrsdaten handelt. Die Frage, ob es sich bei IP-Adressen um Bestands- oder Verkehrsdaten handelt, ist unter anderem insofern

Beim Einsatz von URL-Sperren mittels Proxy-Servern werden gar sämtliche Kommunikationsinhalte nach bestimmten Kriterien „durchsucht" und inkriminierte Informationen automatisch gesperrt. Sofern man also den Schutzbereich des Fernmeldegeheimnisses im Bereich der Kommunikation im Internet auch auf solche Informationen erstrecken will, die sich an die Allgemeinheit richten, wird man bei diesen beiden Sperrmethoden einen „Eingriff" in den Schutzbereich des Art.10 Abs.1 GG bejahen müssen. Gleiches gilt damit selbstverständlich auch für die eingangs erwähnten hybriden Filtersysteme.

(4) Streitentscheid

Gleichwohl erscheint es vorzugswürdig, auch im Bereich des Internets weiterhin zwischen Individual- und Massenkommunikation zu differenzieren und nur erstere dem Schutzbereich des Fernmeldegeheimnisses zu unterstellen. Eine Einbeziehung jeglicher Kommunikations- und Nutzungsformen im Internet in den Schutzbereich des Art.10 Abs.1 GG wird dem Schutzzweck des Fernmeldegeheimnisses nicht gerecht. Nur dann, wenn sich die zu schützenden Kommunikationspartner als Grundrechtsträger hinreichend individualisieren lassen, ist der Schutzbereich des Fernmeldegeheimnisses auf diesen Kommunikationsvorgang zu erstrecken.[769] Geschützt sind mithin nur bestimmte Formen der Kommunikation im Internet, beispielsweise jegliche Kommunikation über E-Mail oder sonstige vergleichbare Kommunikationsdienste. Gleiches gilt aber auch dann, wenn sich das Angebot konkret an einen bestimmten Personenkreis richtet, wie dies beispielsweise regelmäßig bei geschlossenen Chat- oder Meinungsforen der Fall sein wird.[770] Diese Auslegung wird auch durch die neuere Rechtssprechung des Bundesverfassungsgerichts gestützt. In einem Beschluss des BVerfG vom 22.08.2006 heißt es ausdrücklich, „dass eine technische Kommunikation zwischen Geräten nicht das spezifische Gefahrenpotential aufweist, vor dem Art.10 Abs.1 GG Schutz gewährleistet. Art. 10 Abs.1 GG folgt nicht dem rein technischen TK-Begriff des TKG (vgl. § 3 Nr.22 TKG), sondern knüpft personal an

relevant, als bei der Abfrage von Bestandsdaten eine richterliche Anordnung nicht erforderlich ist, sodass der Name des sich hinter einer IP-Adresse verbergenden Anschlussinhabers von der Staatsanwaltschaft ohne richterlichen Beschluss im Rahmen der allgemeinen Befugnisse der Strafverfolgungsbehörde gem. §§ 161 Abs.1 S.1 und 163 StPO ermittelt und an den Rechteinhaber weitergegeben werden könnte. (So in der Tat der BGH in der Entscheidung „Sommer unseres Lebens", GRUR 2010, 633 [635], siehe Karger, GRUR-Prax. 2010, 305). Eine Einordnung der IP-Adresse als Bestandsdatum würde aber dazu führen, dass dem § 101 Abs.9 UrhG der Anwendungsbereich völlig entzogen bzw. der dort verankerte Richtervorbehalt weitgehend ausgehebelt würde. Dies spricht dafür, dass auch der Gesetzgeber bei der Schaffung des § 101 Abs.9 UrhG davon ausging, dass IP-Adressen Verkehrsdaten im Sinne von § 3 Nr.30 TKG sind. Ebenso: Mantz, MMR 2010, 568 (569f.).

769 Durner, ZUM 2010, 833 (840).

770 von Bonin, Die Kontrolle digitaler Kommunikationsinhalte, S.169f.

den Grundrechtsträger und dessen Schutzbedürftigkeit auf Grund der Einschaltung Dritter in den Kommunikationsvorgang an."[771]

Aber selbst dann, wenn man mit der jüngeren Ansicht im Schrifttum den Anwendungsbereich des Art.10 Abs.1 GG für eröffnet hielte, ergäben sich - jedenfalls im Hinblick auf die hier interessierenden privat veranlassten Sperrverfügungen - keine wesentlichen Unterschiede in der rechtlichen Bewertung der in Betracht kommenden Sperrmaßnahmen. Denn wenngleich die Gegenansicht hier einen „Eingriff" in den Schutzbereich des Art.10 GG ablehnt, so besteht doch kein Zweifel, dass sie die betreffenden Maßnahmen dafür an dem subsidiär zur Geltung kommenden Grundrecht auf informationelle Selbstbestimmung aus Art.2 Abs.1 i.V.m. Art.1 GG messen will.[772] Dass das Grundrecht auf informationelle Selbstbestimmung vorliegend einen geringeren Schutz vermitteln würde, als das durch Art.10 GG gewährleistete Fernmeldegeheimnis, ist nicht ersichtlich. Vielmehr ist das durch die beiden Grundrechte „gewährleistete Schutzniveau im Wesentlichen identisch".[773] Zwar genießt das Fernmeldegeheimnis als „speziellere Garantie" grundsätzlich Vorrang gegenüber dem Grundrecht auf informationelle Selbstbestimmung,[774] tatsächlich erscheint aber eine Abgrenzung angesichts der „weitgehenden Parallelität des jeweils gewährleisteten Grundrechtsschutzes" immer weniger relevant.[775] Im Hinblick auf (hier nicht in Betracht kommende) staatlich veranlasste Sperrverfügungen – also im Falle eines „klassischen" Grundrechtseingriffs – gewinnt die Abgrenzung aber doch insofern Relevanz, als in Richtung des Art.10 GG dann weitergehend das formale Erfordernis des Zitiergebots sowie die spezielle Schranken-Schranke in Art.44 GG Berücksichtigung finden müssen.[776]

c. Grundrecht auf informationelle Selbstbestimmung, Art.2 Abs.1 i.V.m. Art.1 GG

Gegen eine Sperrung inkriminierter Webseiten durch die Access-Provider im Rahmen der urheberrechtlichen Störerhaftung könnten mithin die Wertungen des Grundrechts auf informationelle Selbstbestimmung aus Art.2 Abs.1 i.V.m. Art.1 Abs.1 GG sprechen, das in den datenschutzrechtlichen Vorschriften der §§ 91ff. TKG seine einfachgesetzliche Ausprägung gefunden hat.[777] Das „Grund-

771 BVerfG, NJW 2007, 351 (354).
772 Vgl. Durner, ZUM 2010, 833 (843ff.).
773 Maunz/Dürig/Durner, Art.10 GG Rn.57.
774 BVerfG, NJW 2000, 55 (56).
775 Maunz/Dürig/Durner, Art.10 GG Rn.56.
776 Maunz/Dürig/Durner, Art.10 GG Rn.58.
777 Spindler/Schuster/Eckhardt, Recht der elektronischen Medien, 2. Aufl. 2011, elfter Teil, § 91 Rn.1.

recht auf Datenschutz" gewährt dem Einzelnen die Befugnis, „grundsätzlich selbst über die Preisgabe und Verwendung seiner persönlichen Daten zu bestimmen"[778] und zu wissen, „wer was, wann und bei welcher Gelegenheit über ihn weiß"[779]. Es dient damit dem „Schutz des einzelnen gegen unbegrenzte Erhebung, Speicherung, Verwendung und Weitergabe seiner persönlichen Daten".[780] Ebenso wie das Fernmeldegeheimnis schützt auch das Recht auf informationelle Selbstbestimmung „nicht nur vor direkten staatlichen Eingriffen", sondern „entfaltet als objektive Norm seinen Rechtsgehalt auch im Privatrecht und strahlt in dieser Eigenschaft auf die Auslegung und Anwendung privatrechtlicher Vorschriften aus".[781] Im Telekommunikationsbereich hat der Gesetzgeber seinem verfassungsrechtlichen Schutzauftrag durch die §§ 91ff. TKG Rechnung getragen. Zu prüfen ist daher, ob die Sperrung inkriminierter Webseiten gegen die §§ 91ff. TKG verstößt. Dies setzt zunächst voraus, dass die Tätigkeit der Access-Provider vom Anwendungsbereich der §§ 91ff. TKG erfasst ist. Um dies beurteilen zu können, ist auf das eingangs beschriebene TCP/IP-Referenzmodell zurückzugreifen. Was die Vergabe von IP-Adressen durch Internet-Access-Provider und die Erfassung der IP-Adresse zum Verbindungsaufbau auf Seiten eines Web-Servers betrifft, ist die Anwendbarkeit des TKG grundsätzlich zu bejahen, denn insofern geht es um eine inhaltsneutrale Tätigkeit zur Übertragung von Daten, auf der Transport- Internet und Verbindungsschicht.[782]

Ferner müsste es sich bei den IP-Adressen um „personenbezogene Daten", also „Einzelangaben über persönliche oder sachliche Verhältnisse einer bestimmten oder bestimmbaren natürlichen Person" im Sinne von § 91 Abs.1 TKG i.V.m. § 3 Abs.1 BDSG handeln. Zwar ist umstritten, ob es sich bei IP-Adressen generell um „personenbezogene Daten" im Sinne des § 91 Abs.1 TKG handelt, gleichwohl ist davon auszugehen, dass zumindest der Internet-Access-Provider, ebenso wie auch der Web-Server Rückschlüsse auf die sich hinter der IP-Adresse verbergende natürliche Person ziehen können,[783] denn die Durchsetzung von IP-Sperren setzt – wie bereits erläutert – die Wahrnehmung von Daten voraus, die erkennen lassen, „von welchem Rechner aus wann mit welchem anderen Rechner und wie lange kommuniziert worden ist".[784] Gleiches gilt auch für den Einsatz einer URL-Sperre mittels eines Proxy-Servers, sowie hybride Filtersysteme.

778 BVerfG, NJW 1984, 419 (422).
779 BVerfG, NJW 1984, 419 (422).
780 BVerfG, NJW 1984, 419 (422).
781 BVerfG, NJW 1991, 2411 (2411).
782 Spindler/Schuster/Eckhardt, Recht der elektronischen Medien, 2. Aufl. 2011, elfter Teil, § 91 Rn.5.
783 Durner, ZUM 2010, 833 (844).
784 Sieber/Nolde, Sperrverfügungen, S.83.

Im Hinblick auf den Einsatz von IP- und URL-Sperren, sowie bei hybriden Filtersystemen sind somit stets die Wertungen des Grundrechts auf informationelle Selbstbestimmung beziehungsweise die bereichsspezifischen Datenschutzregelungen des TKG in die Abwägung der widerstreitenden Interessen der betroffenen Grundrechtsträger einzubeziehen. Ob die Sperrung einer bestimmten Website rechtmäßig ist, kann damit stets nur vor dem Hintergrund der Umstände des jeweiligen Einzelfalles entschieden werden. Angesichtes des Rangs des bedrohten Rechtsguts, der erforderlichen Anstrengungen der Access-Provider zur Einrichtung von IP- und URL-Sperren, sowie dem Umstand, dass sowohl die IP- als auch die URL-Sperre relativ leicht umgangen werden können, während zu ihrer Durchsetzung persönliche Daten der Internutzer erfasst werden müssen, wird im Rahmen der gebotenen Abwägung das Pendel in der Regel zugunsten des „Datenschutzes" ausschlagen, sodass die Anordnung zur Blockade einer Webseite mittels IP- oder URL-Sperre als rechtlich nicht zulässig angesehen werden muss. Keinen Eingriff in den Schutzbereich des Grundrechts auf informationelle Selbstbestimmung bedeutet hingegen der Einsatz von DNS-Sperren, da hierbei keinerlei personenbezogene Daten erfasst werden.[785] Allerdings ist zu bedenken, dass es sich bei der DNS-Sperre auch um diejenige Sperrmethode handelt, die am leichtesten umgangen werden kann und folglich den geringsten Schutz vor weiteren Rechtsverletzungen vermittelt. Fraglich ist, wie sich das auf die Bewertung der rechtlichen Zulässigkeit urheberrechtlicher Sperrverfügungen auswirkt.

d. Fehlende Zumutbarkeit wegen technischer Unmöglichkeit?

Nach einhelliger Ansicht von Gegnern wie Befürwortern der in Betracht kommenden Sperrmaßnahmen können alle gegenwärtig zur Verfügung stehenden Sperrmethoden mit relativ einfachen Mitteln und ohne großen Zeitaufwand umgangen werden. So findet sich beispielsweise auf der Video-Plattform Youtube eine „Anleitung" wie man Internetsperren innerhalb weniger Sekunden überwinden kann.[786] Damit stellt sich aber zwangsläufig die Frage nach der „Geeignetheit" derartiger Maßnahmen. Zwar ist bei privat veranlassten Sperrverfügungen eine „klassische" Verhältnismäßigkeitsprüfung mangels staatlichen „Eingriffs" nicht direkt vorzunehmen, gleichwohl kann von den Access-Providern nichts verlangt werden, was zu leisten sie gar nicht im Stande sind bzw. erscheinen die mit der Implementierung von Internetsperren gegebenenfalls verbundenen Anstrengungen den Diensteanbietern nur dann zumutbar, wenn sie auch einen tatsächlichen Nutzen bringen, also einen effektiven Beitrag dazu leisten,

---

785 Zu dem gleichen Ergebnis kommen auch diejenigen Stimmen im rechtswissenschaftlichen Schrifttum, die den Schutzbereich des Fernmeldegeheimnisses auf sämtliche Kommunikation im Internet erstrecken wollen, vgl. Koreng, Zensur im Internet, S.143.

786 http://www.youtube.com/watch?v=1NNG5I6DBm0.

dass der Zugriff auf das rechtsverletzende Internetangebot nicht nur unerheblich erschwert wird.[787] Ob dieses Ziel aber mit den in Betracht kommenden Maßnahmen tatsächlich erreicht werden kann, erscheint zumindest fraglich, lassen sich doch zum jetzigen Zeitpunkt alle genannten Sperrmaßnahmen mehr oder weniger leicht umgehen. Zu bedenken ist jedoch, dass nach ständiger Rechtssprechung des Bundesverfassungsgerichts ein Mittel bereits dann als geeignet anzusehen ist, „wenn mit seiner Hilfe der gewünschte Erfolg gefördert werden kann". Nicht erforderlich ist hingegen, dass „der Erfolg in jedem Einzelfall auch erreicht wird."[788] Dies könnte für den Einsatz (staatlicher) Sperrmaßnahmen sprechen, denn schließlich wird durch derartige Maßnahmen der Zugriff auf inkriminierte Webseiten und rechtswidrige Internetangebote in der Regel nicht nur unerheblich erschwert. Jedenfalls aber - so die Befürworter derartiger Internetsperren – werde der typische „Durchschnittsnutzer"[789] durch den Einsatz von Internetsperren von einem Zugriff auf das rechtswidrige Internetangebot abgehalten bzw. vor einem „zufälligen" Kontakt mit dem rechtsverletzenden Inhalt bewahrt.[790]

Im Mittelpunkt der Diskussion um die rechtliche Zulässigkeit von Internetsperren stand und steht dabei bislang allerdings weniger die Rechtmäßigkeit privat veranlasster Sperrverfügungen zum Schutz von Rechten des geistigen Eigentums, als vielmehr diejenige staatlich veranlasster Sperrverfügungen zur Bekämpfung kinderpornographischer und extremistischer Inhalte im Internet. Vor diesem Hintergrund wird auch deutlich, woher die zum Teil heftige Kritik am Einsatz (staatlicher) Sperrmaßnahmen im jüngeren Schrifttum rührt. In der Tat erscheint es nämlich höchst fraglich, ob der „Durchschnittsnutzer" mit kinderpornographischen oder rechtsradikalen Inhalten im Netz überhaupt in Berührung kommt und ob – wie von den Befürwortern derartiger Sperrmaßnahmen kolportiert - eine „zufällige" Kenntnisnahme überhaupt zu befürchten steht. Zu Recht wird darauf hingewiesen, dass der angestrebte Zweck der Sperrung inkriminierter Webseiten doch darin liegen müsse, dass gerade das „von den Angeboten angesprochene Publikum" nicht länger auf die betreffenden Internetangebote zugreifen könne. Im Hinblick auf diese Personengruppe seien die in Betracht kommenden Maßnahmen jedoch nahezu wirkungslos, könnten diese doch weiterhin ohne besondere Mühe „mit simpelsten Mitteln" auf das betreffende Angebot zugreifen. Mit Recht lässt sich daher fragen, welchen Sinn der Einsatz von Internetsperren macht, wenn dadurch ohnehin nur diejenigen von einem Zugriff

787 LG Hamburg, ZUM 2010, 902 (906).
788 BVerfG, NVwZ 1997, 1109 (1111).
789 VG Düsseldorf, MMR 2005, 794 (798).
790 VG Düsseldorf, MMR 2005, 794 (798); VG Köln, MMR 2005, 399 (402).

auf das rechtswidrige Internetangebot abgehalten werden, die sowieso nie die Absicht hatten, das streitige Webangebot anzusehen.[791]

Allerdings lässt sich diese Kritik nach der hier vertretenen Ansicht nicht ohne Weiteres auf die Situation bei privat veranlassten Sperrverfügungen zum Schutz von Rechten des geistigen Eigentums, insbesondere des Urheberrechts übertragen. Zwar hat das LG Hamburg jüngst auch für privat veranlasste Sperrverfügungen eine Eignung der in Betracht kommenden Sperrmaßnahmen mit Verweis auf „die (technischen) Fähigkeiten des Personenkreises der internetaktiven Jugendlichen und jungen Erwachsenen" in Abrede gestellt,[792] gleichwohl erscheint hier eine differenziertere Betrachtung geboten, als sie das LG Hamburg im Ergebnis zu vertreten scheint.

Dem LG Hamburg ist jedoch insofern zuzustimmen, als sich diejenigen Internetnutzer, die regelmäßig rechtswidrig Inhalte im Netz konsumieren bzw. rechtswidrig urheberrechtlich geschützte Werke im Netz verbreiten oder öffentlich zugänglich machen von den genannten Sperrmaßnahmen wohl in der Tat kaum beeindrucken lassen werden. Gleichwohl ist zu bedenken, dass ein Großteil der sich diesbezüglich objektiv rechtswidrig verhaltenden Internetnutzer zur Kategorie der „Normalnutzer" gehören dürfte, die keine besonderen Kenntnisse haben, wie man derartige Internetsperren überwindet. Das „Problem" bei dieser Nutzer-Gruppe liegt vielmehr in deren geringem subjektiven Unrechtsbewusstsein im Hinblick auf die Verletzung urheberrechtlich geschützter Positionen. Dies mag daran liegen, dass die Verletzung von Urheberrechten von weiten Teilen der Bevölkerung als „Kavaliersdelikt" betrachtet wird und insgesamt ein schrumpfendes Bewusstsein für Rechte des geistigen Eigentums zu beklagen ist.[793] Es mag auch daran liegen, dass der illegale Konsum urheberrechtlich geschützter Musik- oder Filmwerke im Internet heute so unkompliziert ist wie nie, dazu nichts kostet und die Gefahr zivil- oder strafrechtlicher Verfolgung nach wie vor äußerst gering ist. Es liegt mit Sicherheit aber auch daran, dass der einzelne Nutzer zu keinem Zeitpunkt aufgefordert ist, sein eigenes Verhalten kritisch zu hinterfragen. Natürlich ist jedem Internetnutzer im Grundsatz bekannt, dass die neuesten Folgen der Lieblingsserie kaum rechtmäßig kostenlos im Netz verbreitet werden dürften. Dies wird er sich aber kaum je wirklich bewusst machen (müssen). In dem Moment aber, in dem der Nutzer – will er auf das betreffende Internetangebot zugreifen – eine Internetsperre überwinden muss, wird er sich zwangsläufig klar machen müssen, dass er mit dem Abruf des betreffenden Inhalts gegen geltendes Recht verstößt. Um es noch deutlicher zu machen: Eine

791 Koreng, Zensur im Internet, S.147.
792 LG Hamburg, ZUM 2010, 903 (906).
793 Vgl. bereits Kapitel 4, S.79f.

Internetsperre wird einen Päderasten oder Rechtsradikalen wohl in der Tat nicht davon abhalten, die „gesperrten" Inhalte auch weiterhin zu konsumieren, sie könnte aber einen abschreckenden Effekt auf den Normalnutzer haben, der sich abends vor dem Einschlafen noch einen Film bei kino.to „ansieht". Der Einsatz von DNS-Sperren erscheint daher nach der hier vertretenen Ansicht im Einzelfall durchaus geeignet, die Zahl urheberrechtsverletzender Handlungen im Netz zu verringern.

Zwar zeigt wieder mal das Beispiel kino.to, dass man sich von dem Einsatz derartiger Internetsperren zumindest kurzfristig nicht allzu viel erhoffen darf, schließlich war das Portal nur wenige Tage nach der Festnahme mehrerer Betreiber von kino.to wegen des Verdachts der Bildung einer kriminellen Vereinigung zur gewerbsmäßigen Verletzung von Urheberrechtsverletzungen und der daraufhin folgenden Schließung der Domain[794] unter dem Namen kinox.to wieder erreichbar,[795] was den Betreibern rechtswidriger Internetangebote selbstverständlich auch bei einer Sperrung ihrer Webseite im Grundsatz möglich wäre. Gleichwohl dürfte der Betrieb derartiger Webangebote bei einem Einsatz von Internetsperren doch erheblich an „Attraktivität" verlieren. Schließlich ist auch die Einrichtung und Pflege derartiger (illegaler) Webangebote mit teilweise erheblichen Aufwendungen verbunden. Bedenkt man nun, dass die Betreiber derartiger Plattformen in aller Regel mit ihrem „Geschäftsmodell" Gewinne erzielen wollen, die in den meisten Fällen durch den „Verkauf" von Werbeflächen auf der Webseite erzielt werden, deren Preis sich wiederum nach der Besucheranzahl der Webseite richtet, so dürfte der Einsatz von Internetsperren den Anreiz zur Einrichtung derartiger Webangebote erheblich schmälern. Denn ist davon auszugehen, dass ein nicht unerheblicher Teil derjenigen Nutzer, die einmal vergeblich versucht haben, eine gesperrte Webseite zu öffnen und mit einem von den Access-Providern zu erstellenden Warnhinweis[796] konfrontiert wurden, zukünftig vom Besuch derartiger Webseiten Abstand nehmen werden. Aber selbst wenn man diese Einschätzung nicht teilen wollte, so ist doch nicht zu bestreiten, dass es eine nicht unerhebliche Zeit dauert, bis sich die „Adresse" einer bestimmten Webseite bei der angesprochenen Nutzergruppe herumgesprochen hat. Genug Zeit für die Rechteinhaber, auch die Sperrung der neuen Webseite zu erwirken. Zu wenig Zeit für die Betreiber rechtswidriger Internetangebote, um mit ihrem Geschäftsmodell große Gewinne zu erzielen. Insofern kann der Einsatz von Internetsperren einen wichtigen Beitrag dazu leisten, derartige Webangebote mittel- und langfristig völlig auszutrocknen.

---

794 Vgl. heise online, „kino.to: Polizeiaktion gegen Filmpiraten", Meldung vom 08.06.2011. Online abrufbar unter: http://heise.de/-1257486.

795 Vgl. heise online, „kino.to-Nachfolger ist am Netz", Meldung vom 12.07.2011. Online abrufbar unter: http://heise.de/-1277720.

796 Vgl. hierzu noch Kapitel 7, S.182f. und S.182, Fn.832.

e. Der Access-Provider als „Störer“?

Fraglich erscheint jedoch, ob die Access-Provider gegenwärtig wirksam verpflichtet werden können, die widerrechtliche Übertragung urheberrechtlich geschützter Dateien in ihrem Netz durch den Einsatz von Internetsperren zu unterbinden.

Zweifellos setzen die Access-Provider durch die Bereitstellung eines grundsätzlich ungehinderten Internetzugangs eine notwendige Bedingung dafür, dass die Infrastrukturleistungen der Access-Provider von einigen Provider-Kunden zur Verletzung fremder Rechte, beispielsweise durch illegalen „Tausch“ von Musik, Filmen oder Software missbraucht werden. Im Bereitstellen eines Internetzugangs bzw. dem Durchleiten fremder Informationen könnte man daher das Eröffnen einer Gefahrenquelle erblicken, sodass (auch) die Access-Provider nach den bisherigen Erkenntnissen eine Pflicht zur Verhinderung weiterer gleichartiger und bekannter konkreter Verletzungen träfe. Die Annahme einer solchen Erfolgsabwendungspflicht auf Seiten der Access-Provider begegnet jedoch vor dem Hintergrund der Regelungsziele der ECRL und den nationalen Regelungen des TMG erheblichen Bedenken:

Zwar sind nach zutreffender Ansicht Unterlassungs- und Beseitigungsansprüche von den haftungsprivilegierenden Vorschriften des TMG und den ihnen zugrundeliegenden Regelungen der ECRL nicht erfasst,[797] sodass grundsätzlich an eine Störerhaftung der Access-Provider zu denken ist,[798] indem den verschiedenen Diensteanbietern jedoch je nach Art und Funktion des angebotenen Dienstes unterschiedlich weitgehende Pflichten auferlegt werden, kommt eine grundsätzliche Wertentscheidung sowohl des europäischen als auch des nationalen Gesetzgebers zum Ausdruck, die auch bei der Auferlegung von Prüfungspflichten im Rahmen der Störerhaftung zu beachten ist. Insofern müssen die in den Art.12- 14 ECRL bzw. §§ 8-10 TMG verankerten Grundsätze im Ergebnis doch Eingang in die Frage finden, welche Prüfungspflichten dem jeweiligen Diensteanbieter im Rahmen der Störerhaftung konkret zumutbar sind, selbst wenn diese Regelungen weder unmittelbar gelten noch identisch zu übertragen sind.[799] Eine andere Bewertung wäre ersichtlich unverhältnismäßig.[800]

Aus Art.12 ECRL in Verbindung mit Erwägungsgrund 42 ECRL wird aber ohne jeden Zweifel deutlich, dass jedenfalls in den Fällen, in denen die Tätigkeit des Anbieters von Diensten der Informationsgesellschaft auf den technischen Vor-

---

797 Vgl. Kapitel 5, S.107f.

798 In diesem Sinne etwa LG Hamburg, BeckRS 2009, 09535, 1 (4).

799 OLG Hamburg, ZUM-RD 2009, 246 (261).

800 LG Hamburg, BeckRS 2010, 18435, 1 (5).

gang beschränkt ist, ein Kommunikationsnetz zu betreiben und den Zugang zu diesem zu vermitteln, dieser grundsätzlich frei eigener Verantwortlichkeit bleiben soll,[801] da er selbst *weder Kenntnis noch Kontrolle* über die weitergeleitete Information besitzt.

Vor dem Hintergrund der haftungsprivilegierenden Regelungen der „E-Commerce"-Richtlinie und den entsprechenden Vorschriften des TMG erscheint eine Verpflichtung der Access-Provider zur Kontrolle der von ihnen übermittelten Informationen mit dem Ziel der Identifizierung und Verhinderung urheberrechtsverletzender Handlungen mithin nicht zulässig.

Für die Zulässigkeit einer derartigen Anordnung könnten jedoch die Regelungen der „InfoSoc"-Richtlinie[802] sowie der „Enforcement"-Richtlinie[803] sprechen:

So heißt es bekanntlich in Art.8 Abs.3 der „InfoSoc"-Richtlinie: „Die Mitgliedstaaten stellen sicher, dass die Rechtsinhaber gerichtliche Anordnungen gegen Vermittler beantragen können, deren Dienste von einem Dritten zur Verletzung eines Urheberrechts oder verwandter Schutzrechte genutzt werden."

Und in Art.11 S.3 der „Enforcement"-Richtlinie: „Unbeschadet des Artikel 8 Absatz3 der Richtlinie 2001/29/EG [„InfoSoc"-Richtlinie] stellen die Mitgliedstaaten ferner sicher, dass die Rechteinhaber eine Anordnung auch gegen Mittelspersonen beantragen können, deren Dienste von einem Dritten zwecks Verletzung eines Rechts des geistigen Eigentums in Anspruch genommen werden." Dies kann nach Ansicht des europäischen Richtliniengebers auch den Einsatz von Maßnahmen rechtfertigen, „die eine erneute Verletzung von Rechten des Geistigen Eigentums verhindern".[804]

Aber auch die „E-Commerce"-Richtlinie selbst verpflichtet die Mitgliedstaaten in Art.18 ausdrücklich dazu, Verfahren zu etablieren, mithilfe derer die Rechteinhaber gerichtliche Anordnungen erwirken können, „um eine mutmaßliche Rechtsverletzung abzustellen und zu verhindern, dass den Betroffenen weiterer Schaden entsteht".[805]

---

801 Sofern der Diensteanbieter aber absichtlich mit einem Nutzer seines Dienstes zusammenarbeitet, um rechtswidrige Handlungen zu begehen, greift die Haftungsprivilegierung des § 8 Abs.1 S.1 TMG nicht ein, vgl. § 8 Abs.1 S.2 TMG.

802 Richtlinie 2001/29/EG, GRUR Int 2001, 745.

803 Richtlinie 2004/48/EG, GRUR Int 2004, 615.

804 Erwägungsgrund 24 der Richtlinie 2004/48/EG, GRUR Int. 2004, 615 (616f.).

805 Richtlinie 2000/31/EG, GRUR Int. 2000, 1004 (1013).

Offenbar will der europäische Richtliniengeber die Zugangsprovider also doch nicht aus jeder Haftung entlassen. Vielmehr erkennt er ausdrücklich an, dass „ohne wirksame Instrumente zur Durchsetzung der Rechte des Geistigen Eigentums Innovation und kreatives Schaffen gebremst und Investitionen verhindert würden".[806] Er verpflichtet die Mitgliedsstaaten daher ausdrücklich dazu, die Geltendmachung und Durchsetzung von Ansprüchen gegenüber „Vermittlern" bzw. „Mittelspersonen" zu ermöglichen. Ausweislich Erwägungsgrund 59 der „InfoSoc"-Richtlinie bezieht er sich dabei auf die Dienste von Vermittlern in der „digitalen Technik", die „die Rechtsverletzung eines Dritten in Bezug auf ein geschütztes Werk [...] in einem Netz übertragen".

Nun hat der deutsche Gesetzgeber auf eine wörtliche Umsetzung des Art.11 S.3 „Enforcement"-Richtlinie bekanntlich mit dem Argument verzichtet, dass den Vorgaben der Richtlinie im Hinblick auf die Möglichkeit der Inanspruchnahme von Mittelspersonen durch die Grundsätze des deutschen Rechts über die Störerhaftung bereits Genüge getan sei, sodass insofern „kein Umsetzungsbedarf" bestehe.[807] Gleiches hatte er zuvor auch schon im Umsetzungsgesetz zur „InfoSoc"-Richtlinie im Hinblick auf Art.8 Abs.3 der „InfoSoc"-Richtlinie zum Ausdruck gebracht.[808]

Doch kann die Störerhaftung tatsächlich Ansprüche gegen den Access-Provider begründen?

Eine Haftung nach den Grundsätzen der Störerhaftung setzt die Verletzung zumutbarer Prüfungspflichten voraus. Die Frage nach der Zumutbarkeit derartiger Prüfungspflichten stellt sich nach den bisherigen Erkenntnissen grundsätzlich aber nur dann, wenn sich feststellen lässt, dass das betreffende Geschäftsmodell eine ernsthafte Gefahr für Rechte Dritter begründet. Access-Provider leisten jedoch nur einen äußerst entfernten Beitrag zu der späteren Rechtsverletzung. Sie stellen lediglich den Zugang zum Internet bereit ohne auch nur irgendeinen darüber hinausgehenden, die Rechtsverletzung fördernden Beitrag zu leisten.[809] Dabei ist ferner zu bedenken, dass die Infrastrukturleistungen der Access-Provider von der Mehrzahl der Internetnutzer ganz überwiegend zu rechtmäßigen Zwecken genutzt werden.

Angesichts dieser Ausgangslage stellt sich die Frage nach der Zumutbarkeit etwaiger Prüfungspflichten im Grunde gar nicht mehr. Schließlich trifft die Ac-

---

806 Erwägungsgrund 3 der Richtlinie 2004/48/EG, GRUR Int. 2004, 615 (615).
807 BT-Drs. 16/5048, S.32.
808 BT-Drs. 15/38, S.39.
809 Nach Ansicht von Rehart, MMR-Aktuell 2010, 303415, V 2. fehlt es daher bereits an einem adäquat kausalen Tatbeitrag der Access-Provider.

cess-Provider mangels Eröffnung einer Gefahrenquelle schon keine Pflicht zur Filterung und Kontrolle der von ihnen übermittelten Daten. Eine derartige Erfolgsabwendungspflicht wäre den Access-Providern aber darüber hinaus auch nicht zumutbar. Zu berücksichtigen ist insofern nämlich, dass die Access-Provider keine unmittelbaren Vorteile aus dem rechtsverletzenden Verhalten ihrer Kunden ziehen. Ja nicht einmal mittelbar hiervon profitieren. Während dies bei Host-Providern anders sein kann, sofern diese beispielsweise ihr Geschäftsmodell durch das Schalten von Werbeanzeigen oder die Erhebung von Gebühren finanzieren, spielt es für den Access-Provider keine Rolle, ob ein Kunde den Internetzugang nur dazu nutzt, um E-Mails zu schreiben oder um rechtswidrig Dateien im Netz zu verbreiten oder herunterzuladen.[810] Gleichzeitig wird die Implementierung derartiger „Sperren" jedoch mit sachlichen, personellen, jedenfalls aber finanziellen Belastungen für den Access-Provider verbunden sein, sodass sich die Frage nach der wirtschaftlichen Zumutbarkeit entsprechender Sicherungsmaßnahmen stellt. Zu berücksichtigen ist hierbei, dass ein Access-Provider zunächst einmal seinen Kunden vertraglich den ungehinderten Zugang zum Internet schuldet. Die „Sperrung" einer bestimmten Webseite setzt daher eine umfassende und aufwendige Prüfung der Zulässigkeit einer solchen Maßnahme in tatsächlicher und rechtlicher Hinsicht voraus, die regelmäßig mit erheblichen finanziellen Belastungen für den Access-Provider verbunden sein wird.[811] Dabei ist ferner zu bedenken, dass dem Access-Provider nicht nur die Erfüllung der konkreten Anordnung möglich sein muss, sondern nach der Lebenswahrscheinlichkeit davon auszugehen ist, dass es zu weiteren gleichartigen Rechtsverletzungen durch andere Provider-Kunden kommen wird und der Access-Provider konsequenterweise auch den dann betroffenen Rechteinhabern zur Erfüllung entsprechender Prüfungspflichten verpflichtet wäre.[812]

Für die Haftung der Access-Provider bedeutet dies Folgendes: Eine Inanspruchnahme der Access-Provider im Rahmen der Störerhaftung erscheint zwar grundsätzlich denkbar, angesichts des Umstandes aber, dass die Access-Provider selbst in der Regel keine neue Gefahrenquelle schaffen, vielmehr als neutrale technische Vermittler tätig sind und daher keinerlei Kenntnis von den vermittelten Inhalten haben, wird man äußerst strenge Anforderungen an die Voraus-

810 Das mag noch vor wenigen Jahren anders gewesen sein, als sich der Preis für einen Internetzugang maßgeblich nach Datenvolumen und Geschwindigkeit der Datenübertragung bestimmte, sodass die Access-Provider mittelbar doch davon profitierten, wenn sich ein Kunde bewusst für einen Internetanschluss entschied, der einen schnellen Austausch von Musik- und Videodateien ermöglichte. Das kann heute angesichts standardmäßiger schneller Flatrate-Verbindungen allerdings kein Argument mehr für eine Haftung der Access-Provider sein. Ohnehin erscheint das Kriterium der wirtschaftlichen Vorteilsziehung nur bedingt geeignet, als Maßstab für die Bestimmung von Prüfungspflichten zu diesen, vgl. Kapitel 6, S.134ff.

811 LG Hamburg, BeckRS 2009, 09535, 1 (6).

812 Insoweit zutreffend OLG Hamburg, ZUM-RD 2009, 246 (259).

setzungen einer Haftung der Access-Provider knüpfen müssen. Vor diesem Hintergrund heißt es in einer Entscheidung des LG Hamburg treffend: „Die zivilrechtliche Inanspruchnahme eines Access-Providers auf Sperrung einer Internetseite dürfte derzeit mit der Störerhaftung praktisch kaum durchsetzbar sein.“[813]

Etwas anderes kann nur dann gelten, wenn der Access-Provider sein Geschäftsmodell ausdrücklich und massiv mit der Möglichkeit von Rechtsverletzungen bewirbt.[814] Dann wird es allerdings in aller Regel bereits an einem „von der Rechtssprechung gebilligten Geschäftsmodell“ fehlen, sodass ohnehin eine Haftung nach den allgemeinen Vorschriften in Betracht kommt.

f. Gesetzliche Regelung?

Access-Provider können gegenwärtig nicht wirksam zum Einsatz von Internetsperren verpflichtet werden. Es fehlt insofern an einer gesetzlichen Grundlage, die einen solchen Anspruch begründen könnte. Auch die Störerhaftung kann einen solchen Anspruch grundsätzlich nicht vermitteln. Dies wirft allerdings zwangsläufig die Frage auf, ob der deutsche Gesetzgeber angesichts der vorgenannten Regelungen der „InfoSoc“-Richtlinie und der „Enforcement“-Richtlinie nicht verpflichtet gewesen wäre, eine gesetzliche Regelung zu schaffen, die die Sperrung urheberrechtsverletzender Webseiten durch die Access-Provider ermöglicht, sodass sich die gegenwärtige Rechtslage in Deutschland als europarechtwidrig erweist.

Dagegen sprechen folgende Überlegungen: Die Sperrung inkriminierter Webseiten begegnet mit Blick auf das verfassungsrechtlich geschützte Fernmeldege-

---

813 LG Hamburg, BeckRS 2009, 09535, 1 (7); krit. Czychowski/Nordemann, GRUR-RR 2010, 225 unter Verweis auf die „Tele2“-Entscheidung des EuGH, in der das Gericht (zutreffend) feststellt, dass Access-Provider als „Vermittler“ von Art.8 Abs.3 „InfoSoc“-Richtlinie erfasst sind. Vor dem Hintergrund dieser Entscheidung befürworten Czychowski/Nordemann eine richtlinienkonforme Auslegung der Störerhaftung, womit wohl eine Erweiterung des Pflichtenumfangs der Access-Provider bei Rechtsverletzungen durch ihre Kunden einhergehen soll. Der EuGH trifft allerdings keinerlei Feststellungen zu Art und Umfang der den Access-Providern abzuverlangen (Prüfungs-)pflichten bei Rechtsverletzungen durch ihre Kunden (das war auch nicht Gegenstand des Verfahrens). Dass die „InfoSoc“-Richtlinie grundsätzlich auch Ansprüche gegen den „Vermittler“ und damit nach Ansicht des EuGH auch gegen die Access-Provider vermitteln soll, bedeutet m.E. nicht, dass damit eine den Host-Providern vergleichbare Haftung der Access-Provider im Rahmen der Störerhaftung sichergestellt werden müsste. Weitreichende Prüfungs- und Überwachungspflichten sind den Access-Providern aus den genannten Gründen vielmehr gerade nicht zumutbar. Jedenfalls aber genügen weder die Regelungen der „InfoSoc“-Richtlinie bzw. der „Enforcement“-Richtlinie noch die Störerhaftung den verfassungsrechtlichen Anforderungen an eine gesetzliche Regelung, die einen Anspruch auf Sperrung einer bestimmten urheberrechtsverletzenden Webseite gegenüber den Access-Providern begründen könnte.

814 Vgl. hierzu OLG Hamburg, ZUM-RD 2009, 246 (262).

heimnis bzw. das Grundrecht auf informationelle Selbstbestimmung sowie im Hinblick auf die Informationsfreiheit der Internetnutzer erheblichen Bedenken. Darüber hinaus können je nach Art der gewählten Sperrmethode auch die Berufs- und Eigentumsfreiheit der Access-Provider durch eine entsprechende Anordnung betroffen sein. Selbst beim Einsatz von DNS-Sperren, die aus datenschutzrechtlichen Gründen unbedenklich erscheinen,[815] besteht angesichts der Möglichkeit des „Overblockings" die Gefahr, dass Internetnutzer in ihrer durch Art.5 G gewährleisteten Informationsfreiheit verletzt werden.[816] Vor diesem Hintergrund erscheint die Anordnung zur Sperrung einer bestimmten Webseite nur auf Grundlage einer präzisen, Voraussetzungen und Rechtsfolgen einer solchen Anordnung klar benennenden gesetzlichen Regelung zulässig. Diesen Anforderungen werden die genannten Regelungen der „InfoSoc"-Richtlinie und der „Enforcement"-Richtlinie allerdings nicht gerecht. Gleiches gilt allerdings auch für die Störerhaftung im deutschen Recht. Exemplarisch können dabei die Ausführungen des Generalanwalts bei EuGH Cruz Villalón in der Rechtssache C-70/10 Scarlet Extended / Sabam herangezogen werden.[817] Er stellt dabei unter Bezugnahme auf die EU-Grundrechtecharta strenge Anforderungen an ein Gesetz, das die Access-Provider zur Einrichtung eines solchen Filter- und Sperrsystems verpflichtet. Die streitige belgische Regelung genüge nicht den Anforderungen an ein solches Gesetz. Eine Anordnung zur Implementierung einer Internetsperre müsse vielmehr grundsätzlich auf einer gesetzlichen Grundlage beruhen, die den Anforderungen an die „Qualität des Gesetzes" entspreche. Denn eine Einschränkung der Rechte der Internetnutzer sei vor dem Hintergrund der Garantien der EU-Grundrechtscharta, insbesondere deren Art.7, 8 und 11 nur dann zulässig, wenn sie auf einer nationalen gesetzlichen Grundlage beruhe, die zugänglich, klar und vorhersehbar sei. Aus der streitigen belgischen Regelung gehe aber nicht ausdrücklich, im Vorhinein, klar und deutlich hervor, dass die Access-Provider das fragliche Filter- und Sperrsystem völlig auf ihre Kosten einführen müssten.[818] Ferner sei weder das Filtersystem noch der Sperrmechanismus mit hinreichenden Garantien ausgestattet. Insbesondere hätten die Betroffenen keine Möglichkeit, vor Wirksamwerden der Sperre dagegen vorzugehen. Er begründet dies damit, dass die Anordnung die Form einer allgemeinen Verpflichtung habe, „die im Lauf der Zeit dauerhaft auf alle Anbieter von Internetzugangsdiensten erstreckt werden kann, und die dauerhaft eine unbestimmte Zahl von juristischen und natürlichen Personen betrifft [...]". Der Generalanwalt

---

815 Vgl. Kapitel 7, S.161.

816 Insofern müssen die Schranken des Art.5 Abs.2 GG Beachtung finden.

817 Pressemitteilung Nr.37/11 vom 14.04.2011, online abrufbar unter: http://curia.europa.eu/jcms/upload/docs/application/pdf/2011-04/cp110037de.pdf.

818 a.A. Dietlein/Heinemann, K&R 2004, 418 (424) nach deren Ansicht ein Vermögensausgleich aus verfassungsrechtlicher Sicht ohnehin nicht geboten ist, weil die Verpflichtung zur Einrichtung einer Internetsperre dem „Berufsrisiko" der Access-Provider zuzuordnen ist.

benennt damit Anforderungen an eine entsprechende gesetzliche Regelung, die auch die genannten Regelungen der „InfoSoc"-Richtlinie sowie der „Enforcement"-Richtlinie nicht zu erfüllen vermögen, ebenso wenig wie das von der deutschen Rechtssprechung entwickelte Institut der Störerhaftung. Der EuGH ist folgerichtig in seiner Entscheidung vom 24. November 2011 in der Rechtssache C-70/10 Scarlet Extended / Sabam der vorgenannten Rechtsauffassung des Generalanwalts gefolgt.[819]

g. Zwischenergebnis

Festzuhalten bleibt damit, dass die Einrichtung einer Internetsperre von den Access-Providern auf Grundlage der Störerhaftung nicht verlangt werden kann. Eine entsprechende Anordnung wäre zudem sowohl vor dem Hintergrund des Grundgesetzes als auch der EU-Grundrechtecharta rechtswidrig.[820]

Dieses Ergebnis stößt angesichts der im Rahmen dieser Arbeit vielfach beschworenen Bedeutung eines effektiven Rechtsschutzes für den gesamten Bereich des gewerblichen Rechtsschutzes und des Urheberrechts auf Bedenken. Ob sich aber allein aus dem verfassungsrechtlich in Art.19 Abs.4 GG verankerten Prinzip des effektiven Rechtsschutzes bereits de lege lata ein solcher Anspruch auf Sperrung herleiten lässt, erscheint angesichts der vorgenannten verfassungsrechtlichen Bedenken gegen den Einsatz von Internetsperren eher zweifelhaft. Gleichwohl ist es ein starkes Indiz dafür, dass der Gesetzgeber de lege ferenda dringend aufgefordert ist, die Immaterialgüterrechte im Internet besser zu schützen. Eine entsprechende gesetzliche Regelung müsste allerdings die entsprechenden verfassungs- und europarechtlichen Wertungen, insbesondere das in Art.15 ECRL verankerte Verbot allgemeiner Überwachungspflichten beachten.

Eine „Warnung" vor voreiligem Aktionismus sollte dem deutschen Gesetzgeber dabei aber das „Gesetz zur Erschwerung des Zugangs zu kinderpornographischen Inhalten in Kommunikationsnetzen" (ZugErschwG) vom 17.02.2010 sein, mit dem der deutsche Gesetzgeber erstmals den Versuch unternahm, Access-Provider zur Sperrung bestimmter inkriminierter (hier: kinderpornographischer) Webseiten zu verpflichten. Die Diskussion um das ZugErschwG zeigt in aller Deutlichkeit, dass ein solcher Vorstoß erheblichen Bedenken ausgesetzt ist. Insofern gilt es, diejenigen Argumente, die gegen das ZugErschwG vorgebracht wurden und letztlich dazu geführt haben, dass das ZugErschwG de facto nie an-

---

819 EuGH, MMR 2012, 29.

820 EuGH, MMR 2012, 29 (29). Danach ist jedenfalls eine Anordnung an einen Diensteanbieter rechtswidrig, die diesen verpflichtet, auf ausschließlich seine Kosten, präventiv und zeitlich unbegrenzt alle seinen Dienst durchlaufende elektronische Kommunikation zu filtern, um urheberrechtsverletzende Inhalte zu identifizieren und deren Übertragung zu sperren.

gewandt und inzwischen sogar wieder aufgehoben wurde, kritisch zu beleuchten und zu überprüfen, inwieweit die vorgebrachten Argumente auch gegen den Einsatz von Internetsperren zur Bekämpfung von Internet-Piraterie sprechen.

h. Argumente gegen Internetsperren

aa. Mangelnde Geeignetheit

Hauptkritikpunkt gegen den Einsatz von Internetsperren zur Bekämpfung kinderpornographischer Inhalte im Netz war und ist die mangelnde Geeignetheit der zur Verfügung stehenden Sperrmethoden um den Zugriff auf die betreffenden Webseiten tatsächlich effektiv zu verhindern. Da mit Blick auf das Fernmeldegeheimnis und das Grundrecht auf informationelle Selbstbestimmung der Internetnutzer, der Berufs- und Eigentumsfreiheit der Access-Provider, sowie der entsprechenden europarechtlichen Regelungen, allein die DNS-Sperre verfassungsrechtlich zulässig erscheint, ist diesem Befund mit Blick auf die zu sperrenden kinderpornographischen Inhalte zuzustimmen. Denn in der Tat erscheint die DNS-Sperre völlig ungeeignet, das mit dem ZugErschwG angestrebte Ziel zu erreichen. Wie die vorstehenden Überlegungen aber gezeigt haben, gilt dies nicht unbedingt auch für urheberrechtliche Sperrverfügungen. Hier erscheint der Einsatz von DNS-Sperren durchaus geeignet, die Verbreitung urheberrechtsverletzender Inhalte im Netz einzudämmen, sodass das Argument fehlender Effektivität hier nicht verfängt. Gleichzeitig setzt die Implementierung und Wartung von DNS-Sperren keine besonderen Anstrengungen seitens der Access-Provider voraus, sodass auch diesbezüglich keine Bedenken gegen den Einsatz von DNS-Sperren bestehen. Zweifel an der Rechtmäßigkeit von DNS-Sperren zur Sperrung inkriminierter Webseiten ergeben sich jedoch insoweit, als der Einsatz von DNS-Sperren in die durch Art.5 Abs.1 GG gewährleistete Informationsfreiheit der Internetnutzer eingreifen kann, wenn hierdurch rechtmäßige Inhalte, beispielsweise unter der gesperrten Hauptdomain „hängende" legale Subdomains, unbeabsichtigt mitgesperrt werden. Die Gefahr dieses sog. „Overblockings" stellt sich unabhängig von der Art des zu sperrenden Inhalts und damit auch bei Websperren zur Bekämpfung von Internet-Piraterie. Sofern die gesetzliche Regelung aber diesen Erwägungen Rechnung trägt,[821] erscheint der Einsatz von DNS-Sperren aus verfassungsrechtlicher Sicht zulässig.

---

821 Es muss sich daher um ein „allgemeines Gesetz" im Sinne von Art.5 Abs.2 GG handeln.

bb. Rechtspolitische Erwägungen

Ferner wurde die Befürchtung geäußert, dass nach erfolgreicher Umsetzung des ZugErschwG das Thema „Kinderpornographie im Netz" aus dem Blickpunkt der Politik und auch der Öffentlichkeit rücken könnte, ohne dass der Zugriff auf die betreffenden Inhalte wesentlich erschwert, geschweige denn die betreffenden Inhalte aus dem Netz entfernt worden wären. Die Kritiker derartiger Sperren forder(te)n daher unter der Devise „löschen statt sperren" ein Vorgehen gegen diejenigen Host-Provider, auf deren Servern die betreffenden Dateien gespeichert sind. Erstaunlicherweise befinden sich die betreffenden kinderpornographischen Dateien nämlich ganz überwiegend auf Servern in Europa und den USA, in Ländern also, in denen Kinderpornographie nicht nur verboten ist, sondern auch die Möglichkeit besteht, die den Server betreibenden Host-Provider zur Löschung und damit endgültigen Vernichtung der Dateien zu verpflichten.[822] Dabei reicht es in der Regel bereits aus, die Host-Provider mittels eines einfachen Hinweises auf die betreffenden Dateien aufmerksam zu machen, damit diese die Dateien innerhalb weniger Stunden oder Tage von ihren Servern entfernen.[823] Darüber hinaus erfolgt der Austausch kinderpornographischer Dateien weniger über öffentlich zugängliche Webseiten, sondern über geschlossene Chat- oder Usenet- bzw. klassische E-Mail-Dienste, sodass auch unter diesem Gesichtspunkt der Einsatz von Internetsperren kaum den gewünschten Erfolg bringen wird.[824]

Auch dieser Kritikpunkt verfängt mit Blick auf den Einsatz von DNS-Sperren zur Sperrung urheberrechtsverletzenden Inhalte im Internet nicht. So ist angesichts der seit Jahren sehr erfolgreichen Lobbyarbeit der Contentindustrie kaum zu befürchten, dass der gesellschaftliche bzw. politische Diskurs im Umgang mit urheberrechtsverletzenden Inhalten im Netz durch die Schaffung einer entsprechenden gesetzlichen Regelung zum Erliegen kommen könnte. Auch die klassischen „Verbreitungswege" urheberrechtsverletzender Inhalte sprechen nicht gegen den Einsatz von Internetsperren. So erfolgt der „Austausch" urheberrechtsverletzender Dateien bislang überwiegend über frei zugängliche Internetplattformen wie P2P-Tauschbörsen oder andere Sharehosting-Plattformen. Gleiches

---

822 Wessels, Netzsperren sind vermeidbar. Online abrufbar unter: https://scusiblog.org/wp-content/uploads/2009/04/kp-gesetze-101.pdf.

823 So hat die Kinderschutzorganisation CareChild kürzlich auf Grundlage einer dänischen Sperrliste verschiedene in Europa und den USA ansässige Host-Provider aufgefordert, die in Dänemark „gesperrten" Dateien von ihren Servern zu löschen. Tatsächlich sind diese der Aufforderung innerhalb weniger Stunden oder Tage nachgekommen. Das wirft aber die Frage auf, warum die dänischen Behörden nicht selbst auf eine Löschung der Dateien hingewirkt haben, sondern sich stattdessen damit begnügten, die „Sperrung" der Dateien anzuordnen. Eine ausführliche Dokumentation des Versuchs ist online abrufbar unter: http://www.carechild.de/news/politik /internetzensur_carechild_versuch_blamiert_deutsche_politiker_566_1.html.

824 Bleich/Kossel, „Verschleierungstaktik" C't 9/09. Online abrufbar unter: http://heise.de/-291986.

gilt für Streaming-Plattformen wie kino.to, die ohne Weiteres von jedem Internetzugang aufgerufen werden können. Die betreffenden Dateien sind dabei zwar ebenfalls überwiegend auf Servern in Ländern gespeichert, die eine leistungsfähige Netzinfrastruktur aufweisen, da nur dann ein reibungsloser und schneller Austausch insbesondere größerer Film- und Video-Dateien möglich ist. Die Löschung derartiger Dateien ist dennoch in der Praxis nicht unproblematisch. Anders als im Fall von Kinderpornographie, das als Verbrechen weltweit geächtet ist, bestehen hinsichtlich des Schutzniveaus für Rechte des geistigen Eigentums außerhalb Europas und der USA erhebliche Unterschiede, sodass eine Rechtsverfolgung und Rechtsdurchsetzung bisweilen erhebliche Schwierigkeiten bereitet. Auch wissen die Betreiber illegaler Internetdienste sich und ihre Plattformen geschickt vor dem Zugriff der Justiz zu schützen. Angesichts dieser Ausgangslage erscheint der Einsatz von DNS-Sperren zum Schutz von Rechten des geistigen Eigentums durchaus erfolgversprechend, wobei selbstverständlich auch hier der Grundsatz „löschen statt sperren" grundsätzlich Vorzug verdient. Dies würde jedoch eine weitere Vereinheitlichung und Anpassung der weltweit bestehenden Vorschriften zum Schutz von Rechten des geistigen Eigentums, zumindest aber eine verbesserte Zusammenarbeit der jeweiligen nationalen Vollzugs- und Ermittlungsbehörden voraussetzen.

cc. Weitere Argumente gegen Internetsperren

Neben den vorgenannten Argumenten, die sich insbesondere gegen Einsatz von Internetsperren zur Bekämpfung von Kinderpornographie im Netz richten, werden eine Reihe weiterer Gründe ins Feld geführt, die im Allgemeinen gegen den Einsatz von Internetsperren sprechen sollen.

(1) „Chilling effects"

So wird befürchtet, dass der Einsatz von Internetsperren aufgrund seiner abschreckenden und einschüchternden Wirkung einen sog. „chilling effect" auslösen,[825] das heißt ein „Klima der Verunsicherung" schaffen könnte, was letztlich das Ende des Internets als freiheitliches Medium bedeuten würde.[826] Dieser Effekt steht aber beim Einsatz von DNS-Sperren nicht zu befürchten. Schließlich werden hierbei keinerlei personenbezogene Daten erfasst bzw. gespeichert, sondern nur der Zugriff auf eine objektiv rechtswidrige Webseite verhindert. Dass dies bereits ein Klima der Verunsicherung erzeugen würde, steht wahrlich nicht zu befürchten.

---

825 Sieber, JZ 2009, 653 (660).

826 Koreng, Zensur im Internet, S.34.

(2) Access-Provider als neutrale Diensteanbieter

Schwerer wiegt hingegen der Einwand, dass beim Einsatz von Internetsperren mit den Access-Providern letztlich unbeteiligten Dritten die rechtliche und wirtschaftliche Verantwortung für die Bekämpfung der Internet-Piraterie aufgebürdet wird. Allerdings ist die Inanspruchnahme auch unbeteiligter Personen zur Abwehr von Gefahren für Rechte und Rechtsgüter Dritter dem deutschen Recht nicht unbekannt. Man denke nur an die Rechtsfiguren des Verwaltungshelfers und des Notstandspflichtigen. Gleichwohl macht insbesondere der Vergleich mit diesen beiden Rechtsfiguren deutlich, dass die Inanspruchnahme unbeteiligter Dritter immer nur ultima ratio sein kann. Eine Inanspruchnahme der Access-Provider erscheint daher nur dann gerechtfertigt, wenn sich zulässige Maßnahmen sowohl gegenüber dem Anbieter der betreffenden Inhalte als auch gegenüber dem Host-Provider, auf dessen Server die rechtsverletzenden Inhalte gespeichert sind, als erfolglos oder unzumutbar erweisen. Insofern kommt nur eine subsidiäre Haftung (in doppelter Hinsicht) der Access-Provider in Betracht. Auch die Darlegungs- und Beweislast für die Unmöglichkeit bzw. Unzumutbarkeit der Inanspruchnahme des Plattformbetreibers bzw. des Host-Providers muss folgerichtig den Rechteinhabern obliegen.

(3) Beeinträchtigung des Datenverkehrs

Angesichts des Umstandes, dass auch der Einsatz von DNS-Sperren den reibungslosen und schnellen Datenverkehr im Internet insgesamt zu beeinträchtigen droht und die Access-Provider, die ja selbst keine Rechte verletzen, nicht über Gebühr belastet werden dürfen, erscheint ferner eine Beschränkung des Sperrungsanspruchs auf solche Fälle geboten, in denen das Urheberrecht oder ein sonstiges nach dem Urhebergesetz geschütztes Rechtsgut in „gewerblichem Ausmaß" verletzt wird. Ausweislich Art.8 Abs.1c der Enforcement-RL handelt es sich dann um Rechtsverletzungen im gewerblichen Ausmaß, wenn „sie zwecks Erlangung eines unmittelbaren oder mittelbaren wirtschaftlichen oder kommerziellen Vorteils vorgenommen werden; dies schließt in der Regel Handlungen aus, die in gutem Glauben von Endverbrauchern vorgenommen werden". Dabei kann nach herrschender Ansicht sowohl die Anzahl der Rechtsverletzungen als auch die Schwere der Rechtsverletzungen die Annahme eines Handelns im „gewerblichen Ausmaß" rechtfertigen.[827]

---

827 Spindler/Schuster/Spindler, Recht der elektronischen Medien, 2. Aufl. 2011, dreizehnter Teil, § 101 Rn.4 m.w.N.

(4) Mangelnder Rechtsschutz

Ferner erscheint angesichts der Grundrechtsrelevanz von Internetsperren eine Einschränkung dahingehend geboten, dass Access-Provider nur zur Sperrung der konkret beanstandeten Webseite verpflichtet werden können. Die Entscheidung über das „Ob“ einer Sperrmaßnahme muss in diesem grundrechtssensiblen Bereich dem Richter vorbehalten bleiben. Die Gefahr einer „Privatisierung rechtsstaatlicher Gewalt“ wäre auf diese Weise gebannt.[828] Gleichzeitig müssen die Access-Provider auch nicht befürchten, dass sie im Falle einer rechtlichen Fehleinschätzung dem betroffenen Betreiber der Webseite gegenüber zur Schadensersatzhaftung verpflichtet sind. Umgekehrt wiederum besteht keine Gefahr, dass Access-Provider „sicherheitshalber“ auf Zuruf der Rechteinhaber (und möglicherweise ohne eingehende rechtliche Prüfung) mutmaßlich urheberrechtsverletzende Inhalte einfach sperren.

Angesichts der Langwierigkeit ordentlicher Gerichtsverfahren erscheint es jedoch durchaus sinnvoll, den Rechteinhabern die Möglichkeit einzuräumen, ihr Begehren auch im Rahmen des vorläufigen Rechtsschutzes geltend zu machen. Die Anordnung zur Sperrung einer Webseite im Wege der einstweiligen Verfügung nach den §§ 935 bis 945 der Zivilprozessordnung muss dabei allerdings auf „offensichtliche“ Rechtsverletzungen beschränkt werden. In Anlehnung an § 101 Abs.7 UrhG, der die Geltendmachung des Auskunftsanspruchs im Wege der einstweiligen Verfügung ebenfalls von einer offensichtlichen Rechtsverletzung abhängig macht, ist ein solcher grundsätzlich nur dann anzunehmen, wenn die Rechtsverletzung „so eindeutig ist, dass eine Fehlentscheidung (oder eine andere Beurteilung im Rahmen des richterlichen Ermessens) und damit eine ungerechtfertigte Belastung des Antragsgegners kaum möglich ist.“[829]

(5) Kostentragung

Schließlich müsste das Gesetz noch eindeutig regeln, wer die Kosten für die Einrichtung der Internetsperre zu tragen hat. Hier erscheint es gerechtfertigt, den Access-Providern die Kosten für die Einrichtung und Unterhaltung der Internetsperre aufzuerlegen. Zwar werden die Access-Provider quasi als unbeteiligte Dritte zur Gefahrbeseitigung herangezogen, sodass man daran denken könnte, sie in Anlehnung an die spezialgesetzlichen Regelungen zur Kostentragungspflicht bei Inanspruchnahme unbeteiligter Dritter im Öffentlichen Recht (vgl. z.B. § 59 ASOG Berlin) von den anfallenden Kosten zu befreien. Allerdings ist

---

828 Vgl. hierzu den dritten Zwischenbericht der Enquete-Kommission „Internet und digitale Gesellschaft“, BT-Drucksache 17/7899, S.31f. Online abrufbar unter: http://dip21.bundestag.de/dip21/btd/17/078/ 1707899.pdf.

829 Begr. RegE BT-Drs. 11/4792, S. 32.

die hiesige Situation mit der Inanspruchnahme eines Notstandspflichtigen im Öffentlichen Recht letzten Endes doch nicht völlig vergleichbar, sodass hier eine abweichende Regelung vertretbar erscheint. Access-Provider sind deutlich „näher“ an der Rechtsverletzung als ein völlig unbeteiligter Dritter. Das Bereitstellen des Internetzugangs ist ohne Frage adäquat kausal für die Rechtsverletzung des Internetnutzers. Der Access-Provider hat als einziger die technischen Möglichkeiten, den Datenverkehr zu kontrollieren und den Rechtsverletzer gerichtssicher zu ermitteln. Er nimmt insofern eine Schlüsselrolle bei der Rechtsverfolgung und Rechtsdurchsetzung im Internet ein. Die Besonderheiten des Mediums Internet rechtfertigen es daher, dem Diensteanbieter die Kostentragungspflicht aufzubürden. Ohnehin setzt die Implementierung einer DNS-Sperre keine allzu großen Aufwendungen auf Seiten der Diensteanbieter voraus. Dies gilt jedenfalls ab dem Moment, in dem die für die Implementierung von DNS-Sperren notwendigen Eingriffe an Hard- und Software vorgenommen wurden. Ferner ist zu bedenken, dass die Inanspruchnahme der Access-Provider an das Vorliegen äußerst restriktiver Voraussetzungen geknüpft ist,[830] sodass die Inanspruchnahme der Access-Provider auf wenige (wenngleich unter dem Gesichtspunkt eines effektiven Rechtsschutzes äußert wichtige) Ausnahmefälle beschränkt bleiben dürfte.

D. Vorschlag de lege ferenda

Im Ergebnis streiten die vorstehenden Überlegungen dafür, das Urhebergesetz um eine Vorschrift zu ergänzen, die die Sperrung urheberrechtsverletzender Internetangebote durch die Access-Provider ermöglicht.

In gesetzessystematischer Hinsicht ist die Norm im Bereich des 2. Abschnitts des Urhebergesetzes mit der Überschrift „Rechtsverletzungen“ im Unterabschnitt 1 „Bürgerlich-rechtliche Vorschriften; Rechtsweg“ anzusiedeln. Hier bietet es sich an, die Vorschrift des § 97 UrhG um einen neu zu schaffenden § 97b UrhG zu ergänzen. Zwar ist der Anspruch auf Sperrung – vergleichbar dem Auskunftsanspruch gem. § 101 Abs.2 UrhG[831] – als selbstständiger Anspruch auszugestalten, der gerade nicht akzessorisch gegenüber einem Unterlassungs- und Schadensersatzanspruch aus § 97 Abs.1 UrhG ist, gleichwohl ist er doch im Zusammenhang mit dieser Vorschrift zu sehen. Denn § 97b UrhG begründet eine beschränkte Haftung der Access-Provider bei Rechtsverletzungen Dritter, obwohl sie selbst grundsätzlich keine Rechte verletzen und daher eine Haftung

830 Vgl. hierzu die vorstehenden Ausführungen.
831 Vgl. hierzu Spindler/Schuster/Spindler, Recht der elektronischen Medien, 2. Aufl. 2011, dreizehnter Teil, § 101 Rn.1.

der Access-Provider nach § 97 UrhG ausscheiden muss. Damit bedeutet § 97b UrhG letztlich eine in personeller und sachlicher Hinsicht eng umgrenzte Haftungserweiterung gegenüber §97 UrhG, die den Besonderheiten des Mediums Internet Rechnung zu tragen sucht.

Auf Grundlage der unter (C.) getroffenen Überlegungen ist der neu einzuführende § 97b UrhG wie folgt zu fassen:

§ 97b Anspruch auf Sperrung

(1) Diensteanbieter im Sinne des § 8 Telemediengesetzes können zur Sperrung solcher Internetangebote verpflichtet werden, die das Urheberrecht oder ein sonstiges nach diesem Gesetz geschütztes Recht widerrechtlich verletzen, sofern

a. zulässige Maßnahmen sowohl gegenüber dem Betreiber der Webseite als auch gegenüber dem jeweiligen Host-Provider, die insbesondere auf die Löschung der rechtsverletzenden Inhalte abzielen, nicht oder nicht in angemessener Zeit durchführbar oder erfolgversprechend sind und

b. die Rechtsverletzung ein gewerbliches Ausmaß erreicht. § 101 Abs.1 S.2 UrhG gilt entsprechend.

(2) Die Sperrung erfolgt auf der Ebene vollqualifizierter Domainnamen, deren Auflösung in die zugehörigen IP-Adressen unterbleibt. Die Anfrage eines Nutzers, der auf ein gesperrtes Internetangebot zugreifen möchte, ist von den Diensteanbietern im Sinne des Absatz 1 auf ein von ihnen betriebenes Telemedienangebot umzuleiten, das die Nutzer über die rechtlichen Gründe der Sperrung informiert.[832]

(3) In Fällen offensichtlicher Rechtsverletzungen kann die Verpflichtung zur Sperrung eines Internetangebots im Wege der einstweiligen Verfügung nach den §§ 935-945 der Zivilprozessordnung angeordnet werden.

(4) Die Darlegungs- und Beweislast für das Vorliegen der Voraussetzungen des Absatz 1 obliegt dem Antragssteller.

(5) Die Kosten für die Einrichtung einer Internetsperre im Sinne des Absatz 2 sind von den Diensteanbietern im Sinne des Absatz 1 zu tragen.

---

832 Die Nutzer sollten nicht nur über die urheberrechtliche Lage belehrt, sondern gleichzeitig über die Bedeutung eines effektiven Rechtsschutzes im Bereich des geistigen Eigentums informiert werden. Ziel muss sein, den Nutzern die Bedeutung eines wirksamen Urheberrechtsschutzes für die Kreativ- und Kulturwirtschaft zu vermitteln, um auf diese Weise mittel- und langfristig die Akzeptanz für das bestehende urheberrechtliche Regelungssystem zu fördern.

E. Fazit

Die Untersuchung hat ergeben, dass Access-Provider gegenwärtig nicht wirksam zur Sperrung inkriminierter Webseiten verpflichtet werden können. Auch die Störerhaftung[833] kann einen solchen Anspruch nicht vermitteln. Es fehlt insofern an einer gesetzlichen Grundlage, die eine solche Haftung begründen könnte. Gleichwohl bleibt es dem Gesetzgeber unbenommen, eine entsprechende gesetzliche Regelung zu schaffen. Mit Blick auf die verschiedenen verfassungsrechtlich geschützten Interessen der betroffenen Grundrechtsträger erscheint jedoch allein der Einsatz von DNS-Sperren zur Identifizierung und Verhinderung urheberrechstverletzender Handlungen zulässig. Im Ergebnis sprechen – trotz der relativ leichten Umgehbarkeit derartiger Sperren – gute Gründe für den Einsatz von DNS-Sperren und damit für die Einführung eines „Anspruchs auf Sperrung" gegenüber den Internetprovidern. Die Implementierung von DNS-Sperren erscheint nicht zuletzt auch deshalb sinnvoll, weil sich auf diese Weise eine tiefgreifende Lücke im Haftungssystem des Urheberrechts überzeugend schließen ließe. Schließlich besteht bislang kaum eine rechtliche Handhabe gegen die Betreiber illegaler Streaming-Plattformen und dies obwohl derartige Plattformen insbesondere aus Sicht der Filmindustrie gegenwärtig wohl das größte Problem im Kampf gegen die illegale Verwertung urheberrechtlich geschützter (Film-) Werke bedeuten dürften. Angesichts dieser Ausgangslage ist der Gesetzgeber dringend aufgefordert, den Rechteinhabern Instrumente an die Hand zu geben, damit sie ihre verfassungsrechtlich! geschützten Positionen auch effektiv verteidigen können. Eine Lösung liegt meines Erachtens in der Einführung eines „Anspruchs auf Sperrung" gegenüber den Access-Providern. Auf diese Weise ließe sich nicht nur ein effektiver Rechtschutz der Urheber erreichen, auch auf Seiten der Nutzer und der Zugangsprovider ist der Einsatz von DNS-Sperren praktisch mit keinerlei oder jedenfalls nur geringfügigen Einschränkungen verbunden. Der Einsatz von DNS-Sperren erscheint daher unter den genannten Voraussetzungen verhältnismäßig. Insbesondere die Anonymität der Kommunikation im Netz, die das Internet als freiheitliches Informations- und Kommunikationsmedium kennzeichnet und auch auszeichnet, bleibt dadurch gewahrt. Ein Zugriff auf die Daten der Nutzer ist nicht erforderlich. Die Einführung eines „Anspruchs auf Sperrung" wäre aber jedenfalls ein Zeichen an die Rechteinhaber, dass es dem Gesetzgeber mit dem Schutz des geistigen Eigentums auch wirklich ernst ist.

833 Bzw. eine Haftung wegen Verletzung von Verkehrspflichten nach § 823 Abs. 1 BGB. Vgl. zu dem in der vorliegenden Arbeit vertretenen Begriff der Störerhaftung Kapitel 2, S.55f.

Kapitel 8

Vorschlag für eine Novellierung des Telemediengesetzes

A. Einführung

Die Untersuchung hat ergeben, dass die Anerkennung der Prüfungspflichten als Verkehrspflichten einen wichtigen Beitrag zur Schaffung eines konsistenten, in Ergebnis und Begründung überzeugenden Haftungssystems bei mittelbaren Rechtsverletzungen im Bereich des gewerblichen Rechtsschutzes und Urheberrechts - nicht nur - im Onlinebereich leisten kann. Wenngleich auf diese Weise auch ein erhebliches Mehr an Rechtssicherheit zu erreichen ist, so bleibt dennoch zu wünschen, dass auch der Gesetzgeber auf diesem schwierigen Weg nicht zurück bleibt und zügig eine Novellierung der haftungsprivilegierenden Vorschriften des TMG in Angriff nimmt. Schließlich obliegt es in erster Linie dem Gesetzgeber im Rahmen seiner Gesetzgebungsprärogative, durch den Erlass klarer rechtlicher Regelungen für Rechtssicherheit und Rechtsklarheit zu sorgen. Zwar wird es angesichts der beschriebenen Besonderheiten des Mediums Internet kaum gelingen, sämtliche in Rede stehenden Sachverhalte einer befriedigenden gesetzlichen Regelung zuzuführen, gleichwohl hat sich im Laufe der Untersuchung gezeigt, dass eine Präzisierung und auch Fortentwicklung der bestehenden haftungsprivilegierenden Vorschriften des TMG trotz der strengen Vorgaben der „E-Commerce"-Richtlinie durchaus möglich erscheint.

Es ist an dieser Stelle zwar zuzugeben, dass eine europaweit einheitliche Neufassung der telemedienrechtlichen Vorschriften vorzugswürdig erschiene, gleichwohl darf dies nicht Ausrede des nationalen Gesetzgebers sein, sich einer Novellierung des TMG zu verschließen. Schließlich ist völlig ungewiss, ob und wenn ja wann sich der europäische Richtliniengeber zu einer Reform der haftungsprivilegierenden Vorschriften der „E-Commerce"-Richtlinie durchringt. Darüber hinaus würde es dem deutschen Gesetzgeber gut zu Gesicht stehen, wenn er bei der Fortentwicklung dieses wirtschaftlich so bedeutenden Rechtsbereichs eine Vorreiterrolle in Europa einnähme.

Im dritten und letzten Teil dieser Arbeit soll daher nun ein Vorschlag zur Neufassung des TMG erarbeitet werden. Dabei ist einschränkend vorneweg zu schicken, dass auch im dritten Teil der Untersuchung – wie dies der Gang der Untersuchung im ersten und zweiten Teil der Arbeit nahe legt – ein Vorschlag zur Neuregelung der telemedienrechtlichen Vorschriften vor dem Hintergrund der rechtlichen Fragestellungen im gewerblichen Rechtsschutz und insbesondere im Urheberrecht erarbeitet werden soll. Insofern bedarf ein solcher Gesetzesvorschlag gegebenenfalls weiterer Ergänzungen, Beschränkungen und/oder Erweiterungen. Denn obwohl im Onlinebereich die Frage der Haftung für mittelbare Rechtsverletzungen im Bereich des gewerblichen Rechtsschutzes und Urheberrechts zweifellos eine bedeutende Rolle einnimmt, sind darüber hinaus zahlreiche Sachverhaltskonstellationen denkbar, in denen keines der genannten Rechte verletzt ist, eine (Mit-)Verantwortlichkeit der Internetprovider jedoch durchaus in Betracht kommt. So ist beispielsweise nach wie vor nicht abschließend geklärt, unter welchen Voraussetzungen ein Host-Provider für von ihm nicht verfasste oder gebilligte Äußerungen eines Dritten in einem Blog[834] oder Meinungsforum verantwortlich ist. Insofern besteht hier auch in Zukunft noch weiterer Forschungsbedarf.

B. Systematisierung der gewonnen Erkenntnisse

Ehe im letzten Abschnitt dieser Untersuchung ein Vorschlag für eine Novellierung des TMG unterbreitet werden soll, gilt es, die im Rahmen dieser Untersuchung gewonnen Erkenntnisse zu systematisieren und dahingehend zu überprüfen, ob und inwieweit sie im Rahmen einer Neufassung des TMG Berücksichtigung finden können. Zu diesem Zweck sollen die im ersten und zweiten Teil der Untersuchung gewonnenen Erkenntnisse noch einmal thesenhaft dargestellt werden.

Dem Aufbau des 3. Abschnitts des TMG zur Verantwortlichkeit der Diensteanbieter folgend, soll dabei zwischen denjenigen Bestimmungen unterschieden werden, die sich an die Diensteanbieter im Allgemeinen richten und solchen Bestimmungen, die sich ausschließlich auf einen bestimmten Typ von Diensteanbietern beziehen.

1. Allgemeine Bestimmungen

These 1: Im Rahmen einer Neufassung des TMG sollte ausdrücklich klar gestellt werden, dass Unterlassungs- und Beseitigungsansprüche vom Anwendungsbereich der haftungsprivilegierenden Vorschriften des TMG nicht erfasst sind.

These 2: Diensteanbieter haften selbstverständlich für ihre eigenen Informationen nach den allgemeinen Vorschriften. Klarstellend sollte im Rahmen einer

834 Vgl. hierzu die Entscheidung BGH, VI ZR 93/10 vom 25.10.2011.

Novellierung des TMG darauf hingewiesen werden, dass dies auch für solche Informationen gilt, die sich ein Diensteanbieter zu eigen macht.

2. Regelungen in Bezug auf die Access-Provider

These 1: Access-Provider sind grundsätzlich von jeder Haftung für Rechtsverletzungen Dritter frei zu halten. Es sei denn, sie üben eine aktive Rolle in Richtung der Rechtsgutsverletzung aus. Dies wird regelmäßig dann der Fall sein, wenn sie ihr Geschäftsmodell ausdrücklich mit der Möglichkeit zur Begehung von Rechtsverletzungen bewerben. Gleiches gilt selbstverständlich auch im Falle kollusiven Zusammenwirkens mit dem rechtsverletzenden Internetnutzer.

These 2: Access-Provider können unter sehr strengen Voraussetzungen zur Sperrung solcher Webseiten verpflichtet werden, auf denen rechtswidrig urheberrechtlich geschützte Werke angeboten werden. Zu diesem Zweck ist eine entsprechende gesetzliche Regelung neu in das Urhebergesetz aufzunehmen.

These 3: Access-Provider treffen ferner gewisse Hinweis- und Aufklärungspflichtenpflichten. So sind sie beispielsweise verpflichtet, im Rahmen ihrer AGB auf die urheberrechtliche Lage hinzuweisen.

3. Regelungen in Bezug auf die Host-Provider

These 1: Das Betreiben einer Plattform, auf der Dritte fremde Inhalte einstellen können, sollte grundsätzlich als Eröffnung einer Gefahrenquelle qualifiziert werden, wobei sich Art und Umfang der zu fordernden Prüfungspflichten einerseits nach dem Rang des betroffenen Rechtsguts richten und anderseits danach, mit welchem Aufwand die in Frage kommenden Sicherungsmaßnahmen verbunden sind. Dabei gilt: Je gewichtiger das bedrohte Rechtsgut und je schwerwiegender der drohende Schaden ist, desto weniger kann sich der Diensteanbieter auf die mit den Sicherungsmaßnahmen verbundenen Kosten berufen.

These 2: Der Diensteanbieter kann den ihn treffenden Prüfungspflichten bereits durch wirksame Maßnahmen im Bereich der „Vorsorge“ (also noch vor Kenntnis der Rechtsgutsverletzung) genügen. Auf diese Weise soll ein Anreiz dafür geschaffen werden, dass die Diensteanbieter nicht mehr länger die Augen vor dem Treiben auf ihrer Plattform verschließen, sondern stattdessen „freiwillig“ effektive Maßnahmen zur Verhinderung von Rechtsverletzungen Dritter ergreifen.

These 4: Diensteanbieter sollen sich nicht mit Erfolg auf den großen Aufwand von Maßnahmen im Bereich der „Nachsorge“ berufen können, wenn sie geeignete Maßnahmen im Bereich der „Vorsorge“ gänzlich unterlassen. Daher ist ihnen eine manuelle Kontrolle der betreffenden Informationen (auch bei weniger gewichtigen Rechtsgütern als dem Kinder- und Jugendschutz) stets dann zumutbar, wenn der Diensteanbieter keinerlei Vorkehrungen zum Schutz des Dritten im Bereich der „Vorsorge“ getroffen hat.

These 5: Sowohl für das Eingreifen der haftungsprivilegierenden Vorschriften des TMG, als auch für Art und Umfang der zu fordernden Prüfungspflichten ist entscheidend, ob es sich um ein von der „Rechtsordnung gebilligtes Geschäftsmodell“ handelt. Die Rechtmäßigkeit des Geschäftsmodells ist dabei maßgeblich davon abhängig zu machen, ob sich das Geschäftsmodell in nicht unerheblichem Maße zu rechtmäßigen Zwecken eignet. Grundsätzlich gilt dabei: Je größer die Gefahr ist, die von dem Geschäftsmodell des Diensteanbieters für Rechte Dritter ausgeht, umso größere Anstrengungen muss der Diensteanbieter leisten, um eine drohende Rechtsgutverletzung zu verhindern. Der Diensteanbieter haftet also nach den allgemeinen Vorschriften,

- wenn die Prüfung ergibt, dass das Geschäftsmodel ausschließlich oder nahezu ausschließlich[835] zu rechtswidrigen Zwecken genutzt wird und damit als nicht von der Rechtsordnung gebilligt anzusehen ist oder
- wenn das Geschäftsmodell zwar in substantiellem Maße zu rechtmäßigen Zwecken genutzt wird oder sich jedenfalls hierzu eignet, jedoch weitere Faktoren hinzutreten, die eine abweichende Bewertung rechtfertigen. Dies wird regelmäßig dann der Fall sein, wenn der Diensteanbieter sein Geschäftsmodell aktiv und ausdrücklich mit der Möglichkeit von Rechtsgutsverletzungen bewirbt oder sein Geschäftsmodell auf die Begehung rechtsverletzender Handlungen ausrichtet. Gleiches gilt selbstverständlich auch hier für den Fall kollusiven Zusammenwirkens mit dem sich rechtswidrig verhaltenden Internetnutzer.

C. Vorschlag de lege ferenda

Vor dem Hintergrund der zuvor genannten Thesen sind die Regelungen des TMG zur Verantwortlichkeit der Diensteanbieter wie folgt neu zu fassen:[836]

---

835 Es erscheint angesichts der Vielzahl denkbarer Geschäftsmodelle und der im Zweifel individuell vorzunehmenden Prognose hinsichtlich einer zukünftigen legalen Nutzungsmöglichkeit des betreffenden Geschäftsmodells wenig sinnvoll, hier starre (Prozent-) Zahlen festzulegen.

836 Neuerungen im Vergleich zu den bisherigen Regelungen des TMG sind dick hervorgehoben.

Abschnitt 3
Verantwortlichkeit

§ 7 Allgemeine Grundsätze

(1) Diensteanbieter sind für eigene Informationen, die sie zur Nutzung bereithalten, nach den allgemeinen Gesetzen verantwortlich. *Gleiches gilt für Informationen, die sich ein Diensteanbieter zu eigen macht.*

(2) Diensteanbieter sind auch dann nach den allgemeinen Gesetzen verantwortlich, wenn

a. ihr Geschäftsmodell ausschließlich oder nahezu ausschließlich zu rechtswidrigen Zwecken genutzt wird oder

b. das Geschäftsmodell zwar in substantiellem Maße zu rechtmäßigen Zwecken genutzt wird oder eine substantielle rechtmäßige Nutzungsmöglichkeit in der Zukunft zumindest denkbar erscheint, jedoch weitere Faktoren hinzutreten, die eine abweichende Bewertung rechtfertigen. Dies wird in der Regel dann der Fall sein, wenn

  i. der Diensteanbieter sein Geschäftsmodell aktiv und ausdrücklich mit der Möglichkeit von Rechtsverletzungen bewirbt,

  ii. er trotz eines weit überwiegenden Anteils rechtswidriger Nutzungen keinerlei Vorkehrungen zum Schutz von Rechten Dritter trifft,

  iii. er bewusst einen sonstigen Beitrag dazu leistet, dass Dritte das Geschäftsmodell zu rechtswidrigen Handlungen nutzen oder

  iv. eine derartige Nutzung von dem Diensteanbieter intendiert ist.

c. Von den haftungsprivilegierenden Vorschriften des TMG bleiben zivilrechtliche Unterlassungsansprüche unberührt. Insofern beschränken die §§ 8, 9 und 10 Abs.4 TMG die Verantwortlichkeit der Diensteanbieter nur im Hinblick auf zivilrechtliche Schadensersatzansprüche sowie im strafrechtlichen und gegebenenfalls öffentlich-rechtlichen Bereich.

(3) Diensteanbieter im Sinne der §§ 8 bis 10 TMG sind nicht verpflichtet, die von ihnen übermittelten oder gespeicherten Informationen *anlassunabhängig* zu überwachen oder *anlassunabhängig* nach Umständen zu forschen, die auf eine rechtswidrige Tätigkeit hinweisen. Verpflichtungen zur Entfernung oder Sperrung der Nutzung von Informationen nach den allgemeinen Gesetzen bleiben auch im Falle der Nichtverantwortlichkeit des Diensteanbieters nach den §§ 8 bis 10 TMG unberührt. Das Fernmeldegeheimnis nach §§ 88 des Telekommunikationsgesetzes ist zu wahren.

(4) Diensteanbieter im Sinne der §§ 8 bis 10 TMG sind verpflichtet, im Rahmen ihrer Allgemeinen Geschäftsbedingungen auf die Einhaltung der Regelungen im Recht des geistigen Eigentums hinzuweisen.

§ 8 Durchleitung von Informationen

(1) Diensteanbieter, deren Tätigkeit rein technischer, automatischer und passiver Art ist und die daher keinerlei Kenntnis oder Kontrolle über die weitergeleitete oder gespeicherte Information besitzen (Access-Providing), sind für fremde Informationen nicht verantwortlich.

(2) Absatz 1 findet keine Anwendung, wenn

a. der Diensteanbieter bei der Informationsvermittlung eine aktive Rolle einnimmt, indem er beispielsweise

i. die Übermittlung veranlasst,

ii. den Adressaten der übermittelten Informationen auswählt,

iii. die übermittelten Informationen auswählt oder verändert oder

iv. in sonstiger Weise einen über das Access-Prvoding hinausgehenden Beitrag dazu leistet, dass Dritte den Dienst für ihre rechtswidrigen Zwecke nutzen. Dies wird in der Regel der Fall sein, wenn der Diensteanbieter sein Geschäftsmodell aktiv und ausdrücklich mit der Möglichkeit von Rechtsverletzungen bewirbt.

b. der Diensteanbieter absichtlich mit einem Nutzer seines Dienstes zusammenarbeitet, um rechtswidrige Handlungen zu begehen.

(3) Die Übermittlung von Informationen nach Absatz 1 und die Vermittlung des Zugangs zu ihnen umfasst auch die automatische kurzzeitige Zwischenspeicherung dieser Informationen, soweit dies nur zur Durchführung der Übermittlung im Kommunikationsnetz geschieht und die Informationen nicht länger gespeichert werden, als für die Übermittlung üblicherweise erforderlich ist.

§ 9 Zwischenspeicherung zur beschleunigten Übermittlung von Informationen

- Hinsichtlich § 9 TMG besteht kein Änderungsbedarf. -

§ 10 Speicherung von Informationen

(1) Die Speicherung fremder Informationen durch einen Diensteanbieter auf Veranlassung eines Nutzers kann spezifische Prüfungs- und Überwachungspflichten auf Seiten des Diensteanbieters auslösen. Dies setzt voraus, dass

a. der Diensteanbieter Kenntnis von der rechtswidrigen Handlung oder der rechtswidrigen Information als solcher hat und

b. er trotz dieser Kenntnis keine oder nur unzureichende Maßnahmen ergriffen hat, um weitere gleichartige oder bekannte konkrete Rechtsverletzungen effektiv zu verhindern.

Kommt der Diensteanbieter diesen Pflichten nicht oder nur unzureichend nach, so kann der Geschädigte auf Unterlassung und Beseitigung klagen.

(2) Art und Umfang der aus Absatz 1 folgenden spezifischen Prüfungs- und Überwachungspflichten bestimmen sich entscheidend danach, ob und inwieweit dem Diensteanbieter nach den Umständen eine Prüfung zuzumuten ist.

(3) Der Diensteanbieter kann seinen Verpflichtungen aus Absatz 1 bereits durch effektive Maßnahmen im Bereich der Vorsorge genüge tun.

(4) Liegen die Voraussetzungen des Absatz 1 Satz 1 lit. a. vor und sind dem Diensteanbieter darüber hinaus Tatsachen oder Umstände bekannt, aus denen die Rechtswidrigkeit der Handlung oder die Rechtswidrigkeit der Information offensichtlich wird, so kann der Geschädigte auf Schadensersatz klagen.

(5) Liegen die Voraussetzungen des Absatz 1 Satz 1 lit. a. vor und hat der Diensteanbieter darüber hinaus Kenntnis von der Rechtswidrigkeit der Handlung oder der Rechtswidrigkeit der Information, so sollen diese Vorschriften einer strafrechtlichen Verantwortlichkeit des Diensteanbieters nicht entgegen stehen. Satz 1 gilt nicht, wenn der Diensteanbieter unverzüglich tätig geworden ist, um die rechtswidrige Information zu entfernen oder den Zugang zu ihr zu sperren, sobald er diese Kenntnis erlangt hat.

(6) Unabhängig von Absatz 4 und Absatz 5 kommt eine Verantwortlichkeit des Diensteanbieters in Betracht, wenn der Nutzer dem Diensteanbieter untersteht oder von ihm beaufsichtigt wird.

Schluss

A. Ergebnis

Die Untersuchung hat ergeben, dass die rechtsgebietsübergreifende Anerkennung der Prüfungspflichten als Verkehrspflichten im Rahmen der Störerhaftung einen wichtigen Beitrag zur Schaffung eines harmonischen Haftungsregimes bei mittelbaren Rechtsverletzungen im Bereich des gewerblichen Rechtsschutzes und Urheberrechts leisten kann. Die Haftung wegen Verletzung von Verkehrspflichten erscheint dabei als Ausdruck eines allgemeinen Rechtsgedankens, der im gesamten Bereich des gewerblichen Rechtsschutzes und Urheberrechts Geltung beanspruchen kann.

Im ersten Teil der Untersuchung (Kapitel 1-3) wurde deutlich, dass die ablehnende Haltung des BGH, die Prüfungspflichten auch für den Bereich des Urheber- und Markenrechts als Verkehrspflichten anzuerkennen, vor dem Hintergrund der Dogmatik im Allgemeinen Deliktsrecht zur Haftung bei mittelbaren Rechtsverletzungen nicht überzeugen kann. Vielmehr erscheint es zutreffend, mittelbare Rechtsverletzungen im Bereich des gewerblichen Rechtsschutzes und Urheberrechts grundsätzlich dem Verhaltensunrecht zuzuordnen, sodass einer Übertragung der Verkehrspflichtsdogmatik auf das Urheberrecht auch nach Ansicht des BGH nichts mehr im Wege stehen dürfte. Es konnte darüber hinaus auch noch eine Vielzahl von Gründen ermittelt werden, die letztlich für eine Anerkennung der Prüfungspflichten als Verkehrspflichten streiten und somit die eingangs formulierte These stützen.

Im zweiten Teil der Untersuchung (Kapitel 4-7) wurde dieses Ergebnis dann am Beispiel der Haftung von Access- und Host-Providern für fremde Rechtsverletzungen überprüft. In einem ersten Schritt konnte im Hinblick auf die Verantwortlichkeit der Host-Provider für fremde Rechtsverletzungen der Nachweis gelingen, dass das Institut der Verkehrspflichten geeignete Kriterien bietet, mit Hilfe derer eine verlässliche Aussage darüber getroffen werden kann, ob und inwieweit diese als mittelbare Verletzer für das Verhalten ihrer Kunden einzustehen haben. Dabei hat sich gezeigt, dass all diejenigen Plattformen, auf denen Nutzer selbst Informationen einstellen können, ein derart hohes Gefahrenpotential für Rechte und Rechtsgüter Dritter aufweisen, dass sie als Gefahrenquelle eingeordnet werden sollten. Ob die Host-Provider damit auch eine Pflicht zur Verhinderung weiterer gleichartiger und bekannter konkreter Rechtsverletzungen trifft, ist damit aber noch nicht entschieden. Vielmehr richten sich Art und Umfang der aus dieser Bewertung folgenden Prüfungspflichten nach den einzelnen zu den Verkehrssicherungspflichten im Allgemeinen Deliktsrecht entwickelten Kriterien. Dabei ist zu betonen, dass die Host-Provider die sie treffenden Verpflichtungen bereits durch effektive Maßnahmen im Bereich der „Vorsorge“ erfüllen können. Mit diesem Gedanken ist die Hoffnung verbunden, dass die Hostprovider nicht länger aus Sorge vor einer rechtlichen Inanspruchnahme die Augen vor dem Treiben auf ihrer Plattform verschließen, sondern aktiv Maßnahmen ergreifen, die dem Schutz der Rechteinhaber dienen. Schließlich müssen die Internetprovider nunmehr nicht länger befürchten, ab Kenntniserlangung auch zwangsläufig zu „klassischen“ Prüfungspflichten verpflichtet zu werden. Vielmehr dürften in vielen Fällen die im Bereich der Vorsorge getroffenen Maßnahmen eine weitergehende Inanspruchnahme der Host-Provider ausschließen. Insofern schafft der hier als Vorsorge- und Anreiztheorie bezeichnete Vorschlag einen wichtigen Anreiz dafür, dass Host-Provider zukünftig vermehrt freiwillig überprüfen dürften, welche Inhalte auf ihrer Plattform verbreitet werden. Jedenfalls aber werden die Host-Provider ermuntert, eigene Anstrengungen zum Schutz von Rechten Dritter bereits im Vorfeld einer Rechtsverletzung zu erbringen. Dies führt zu einer Stärkung der urheberrechtlich geschützten Positionen. Dabei erscheint in der Praxis eine enge Abstimmung und Kooperation mit den Rechteinhabern wünschenswert.

In Richtung der Access-Provider wurde deutlich, dass die „E-Commerce“-Richtlinie die Inanspruchnahme von Access-Providern wegen Rechtsverletzungen ihrer Kunden weitgehend ausschließt. Auch die Störerhaftung kann eine Haftung der Access-Provider für das rechtsverletzende Verhalten ihrer Kunden nicht begründen. Eine Erfolgsabwendungspflicht, wie sie der BGH für das Internetportal eBay zumindest in der Entscheidung „Jugendgefährdende Medien bei eBay“ angenommen hat, besteht in Richtung der Access-Provider grundsätzlich nicht. Darüber hinaus fehlt es in aller Regel aber auch an einer Verletzung zumutbarer Prüfungspflichten, die eine Haftung der Access-Provider zu begründen geeignet wäre. Die Untersuchung hat aber ergeben, dass es durchaus sinnvoll erschiene, das Urheberrecht um einen „Anspruch auf Sperrung“ gegenüber den Access-Providern zu ergänzen. Auf diese Weise ließen sich bestehende Rechtsschutzlücken überzeugend schließen. Allerdings ist der Anspruch auf Sperrung aus verfassungsrechtliche Gründen an strenge Voraussetzungen (insbesondere einen Richtervorbehalt) zu knüpfen.

Im dritten Teil der Untersuchung (Kapitel 8) wurde – aufbauend auf den Erkenntnissen des ersten und zweiten Teils der Untersuchung – ein Vorschlag zur Novellierung der haftungsprivilegierenden Vorschriften des TMG erarbeitet.

B. Schlussbemerkung

Es ist bislang nicht gelungen, ein überzeugendes Haftungsregime bei Schutzrechtsverletzungen im Internet zu etablieren. Insbesondere im Bereich der Providerhaftung sind gegenwärtig noch viele Fragen offen. Auf dem Weg hin zu mehr Rechtssicherheit und Rechtsklarheit soll diese Arbeit nun einen weiteren Schritt markieren. Sie lässt sich von der Überzeugung leiten, dass der Schlüssel aller Bemühungen zur Verhinderung rechtsverletzender Handlungen im Netz bei den Internetprovidern liegt. Einzuräumen ist allerdings, dass selbst bei Schaffung eines „optimalen" Haftungsregimes für Internetprovider, auch in Zukunft ein Sanktionsdefizit in bestimmten Bereichen bleiben wird. Dies hat verschiedene Gründe: Es besteht bislang kaum rechtliche Handhabe gegen die Betreiber illegaler Plattformen, wenn diese ihre Daten auf Servern „verstecken", die dem Zugriff der deutschen Justiz entzogen sind. Gleichzeitig bereitet auch ein rechtliches Vorgehen gegen den Nutzer urheberrechtsverletzender Inhalte nicht selten erhebliche Schwierigkeiten. Nach wie vor ungeklärt ist zudem, ob der Abruf von Musik- und Videodateien von illegalen Streaming-Plattformen eine urheberrechtlich relevante Vervielfältigungshandlung darstellt und damit einen Verstoß gegen die dem Urheber zugewiesenen Ausschließlichkeitsrechte bedeutet. Zwar kann der Einsatz von DNS-Sperren nach der hier vertretenen Ansicht einen nicht nur unerheblichen Beitrag zum Schutz der Rechteinhaber vor einer unrechtmäßigen Verwertung ihrer Werke leisten. Gleichwohl wird es auch in Zukunft zu einer Vielzahl von Rechtsverletzungen im Netz kommen, ohne dass diese rechtlich geahndet werden könnten. Es wird mithin auch weiterhin in einigen Fällen zu einer Werknutzung ohne Beteiligung des Urhebers kommen. Allerdings erscheint diese Prognose – jedenfalls nach Auffassung des Verfassers – weniger pessimistisch als dies auf den ersten Blick anmuten mag. So hat der Gesetzgeber – auch vor dem Hintergrund internationaler und vor allem europäischer Bestrebungen – die entsprechenden Regelungen immer wieder den neuen Gegebenheiten angepasst und entstandene Schutzlücken geschlossen. Dieser fortschreitende Prozess kann und soll auch mit dieser Arbeit noch nicht ihr Ende gefunden haben. Das Internet wird das Recht auch in Zukunft vor immer neue Herausforderungen stellen. Hier sind sorgsam bedachte Lösungen zu entwickeln. Man sollte sich aber stets vor Augen führen, dass sich ein Großteil der Internetnutzer überwiegend rechtmäßig verhält. Dass sich illegale Tauschbörsen und Videoplattformen gegenwärtig einer solchen Beliebtheit erfreuen, mag in erster Linie daran liegen, dass es Musik- und Filmindustrie lange Zeit schlicht „verschlafen" haben, das Internet nicht nur als Gefahr, sondern auch als neuen innovativen Absatzmarkt für ihre Produkte zu begreifen. Es ist davon auszugehen, dass ein nicht unerheblicher Teil der diese illegalen Plattformen nutzenden Personen durchaus bereit wäre, die entsprechenden Inhalte auch legal (und damit gegen Bezahlung) zu konsumieren, wenn das Angebot nur ausreichend attraktiv wäre.[837] Schließlich weisen Raubkopien nicht selten erhebliche Mängel bei der Qualität auf, die den Genuss derartiger Werke mitunter erheblich schmälern können. Insofern wird hier mit der Zeit das Problem von selbst wenn schon nicht verschwinden, so doch an Brisanz verlieren. Eine grundlegende Revision des urheberrechtlichen Schutzsystems scheint angesichts dieser Ausgangslage aber nach Ansicht des Verfassers nicht geboten. Eine Anpassung an die technischen Gegebenheiten des Internets freilich schon. Dem Raum für kreative Lösungen sind hier kaum Grenzen gesetzt. Zu begrüßen sind insoweit auch neuere Überlegungen, die eine (freiwillige) Kooperation zwischen Access-Providern und Rechteinhabern zur Verfolgung von Urheberrechtsverletzungen im Internet fördern wollen.[838] So sollen sich Access-Provider gegenüber den Rechteinhabern (freiwillig) verpflichten, nach einem Hinweis auf eine rechtsverletzende Handlung, dem betreffenden Nutzer einen Warnhinweis zuzusenden, der ihn über sein rechtsverletzendes Verhalten in Kenntnis setzt und in dem ihm im Falle weiterer Zuwiderhandlungen rechtliche Sanktionen angedroht werden. Derartige Modelle, die bereits in anderen europäischen Ländern (z.B. Irland) erfolgreich praktiziert werden, werden derzeit auch in Deutschland diskutiert[839] und erscheinen in der Sache durchaus sinnvoll. Zumal auf diese Weise der teilweise unsäglichen Abmahnpraxis in Deutschland der Boden entzogen werden könnte. Allerdings ist zu bedenken, dass den Rechteinhabern mit dem Auskunftsanspruch gem. § 101 UrhG bereits jetzt ein Instrumentarium zur Verfügung steht, mithilfe dessen sie recht schnell und unkompliziert den eigentlichen Verletzer ermitteln können. Welche Anreize die Access-Provider haben sollten, derartige Vereinbarungen freiwillig abzuschließen, ist nicht ersichtlich. Druckmittel könnte hier nur die Drohung des Gesetzgebers mit einer gesetzlichen Regelung sein. Jedenfalls aber wird ein solches Modell eine gewisse Moderation und Begleitung von staatlicher Seite erfordern.[840] Dann aber erschiene es meines Erachtens sinnvoller, den Anspruch aus § 101 UrhG nachzubessern und die Access-Provider zur vorübergehenden Speicherung der IP-Adressen zu verpflichten. Auch der allge-

---

837 Vgl. hierzu die Nachweise im dritten Zwischenbericht der Enquete-Kommission „Internet und digitale Gesellschaft“, BT-Drucksache 17/7899, S.30 m.w.N. und S.37ff. Online abrufbar unter: http://dip21.bundestag.de/dip21/btd/17/078/1707899.pdf.

838 So hat das Bundesministerium für Wirtschaft und Technologie (BMWi) eine vergleichende Studie über „Modelle zur Versendung von Warnhinweisen durch Internet-Zugangsanbieter an Nutzer bei Urheberrechtsverletzungen“ ausgeschrieben. Der Auftrag wurde an die Kölner Forschungsstelle für Medienrecht an der Fachhochschule Köln vergeben. Vgl. Pressemitteilung 58/2011 der Fachhochschule Köln vom 4. August 2011. Online abrufbar unter: http://www.verwaltung.fh-koeln.de/imperia/md/content/verwaltung/dezernat5/sg51/presse11/pm_58_2011_medienrecht.pdf.

839 Vgl. hierzu den dritten Zwischenbericht der Enquete-Kommission „Internet und digitale Gesellschaft“, BT-Drucksache 17/7899, S.83. Online abrufbar unter: http://dip21.bundestag.de/dip21/btd/17/078/ 1707899.pdf.

840 Schulz/Büchner, Kreativität und Urheberrecht in der Netzökonomie, S.55.

mein als unbefriedigend empfundenen Abmahnpraxis könnte man durch eine Präzisierung der im Ansatz durchaus richtigen Regelung des § 97a UrhG beikommen. Im Interesse von Rechtssicherheit und Rechtsklarheit erscheint die Schaffung einheitlicher und klarer gesetzlicher Regelungen in diesem gesellschaftlich und wirtschaftlich so wichtigen Bereich vorzugswürdig. Sollten sich einige Access-Provider gleichwohl freiwillig zur Versendung solcher Warnhinweise verpflichten, so steht dem meines Erachtens nichts im Wege. Mit aller Schärfe abzulehnen sind hingegen Ansätze wie das beispielsweise in Frankreich praktizierte sog. „Three-Strikes-Modell“. Dort droht Nutzern nach der dritten nachgewiesenen Urheberrechtsverletzung die Sperrung ihres Internetzugangs für bis zu einem Jahr. Ein solcher Ansatz begegnet erheblichen verfassungsrechtlichen Bedenken. Der Zugang zum Internet als dem maßgeblichen Informations- und Kommunikationsmedium unserer Zeit darf dem Einzelnen nicht versperrt werden.[841]

Abschließend lässt sich festhalten, dass es im Ergebnis durchaus möglich erscheint, das Urheberrecht den Gegebenheiten und Herausforderungen des Mediums Internet behutsam anzupassen. Es erscheint dabei vorzugswürdig, tragfähige Lösungen im Einklang mit und unter Fortentwicklung der – bewährten – urheberrechtlichen Regelungen zu entwickeln. Zu bedenken ist stets, dass die Einführung gänzlich neuer Vergütungsmodelle, wie beispielsweise einer Kulturflatrate im Bereich des Internets auch Auswirkungen auf das Urheberrecht im analogen Bereich haben dürfte. So steht zu befürchten, dass ein solcher Schritt das Bewusstsein der Bevölkerung für den Wert geistiger Arbeit (noch) weiter beschädigen und damit zu einem nachhaltigen Bedeutungsverlust des Urheberrechts insgesamt beitragen würde.[842]

---

841 Kritisch hierzu auch Spindler, Reformperspektiven der Providerhaftung im deutschen und europäischen Recht, 212 (213).

842 Vgl. hierzu auch den dritten Zwischenbericht der Enquete-Kommission „Internet und digitale Gesellschaft“, BT-Drucksache 17/7899, S.11. Online abrufbar unter: http://dip21.bundestag.de/dip21/btd/17/078/1707899.pdf. Dort heißt es zutreffend: Es ist „die wichtigste Herausforderung für den Gesetzgeber, Klarheit darüber zu schaffen, dass die Wertungen des Rechtsrahmens für die digitale Nutzung ebenso gelten wie für die körperliche Welt. Andererseits beeinflussen die Entwicklungen der digitalen Gesellschaft auch die Bewertung der analogen Welt.“

Literatur- und Quellenverzeichnis

Literatur

Ahrens, Hans-Jürgen: Störerhaftung als Beteiligungsform im Deliktsrecht, in: Festschrift für Claus-Wilhelm Canaris, Bd. 1, S.3-21, München 2007.

ders.: 21 Thesen zur Störerhaftung im UWG und im Recht des Geistigen Eigentums, in: WRP 2007, S.1281-1290.

Angelopoulos, Christina: Filterung des Internets nach urheberrechtlich geschützten Inhalten in Europa, in: IRIS plus 2009-04. Online abrufbar unter: http://merlin.obs.coe.int/redirect.php?id=11713. Zuletzt abgerufen am 21.12.2011.

Bäcker, Matthias: Die Vertraulichkeit der Internetkommunikation, in: Linien der Rechtssprechung des Bundesverfassungsgerichts, S.99-136, Berlin 2009.

Bamberger, Heinz Georg / Roth, Herbert [Hrsg.]: Beck'scher Online-Kommentar zum BGB, 21. Edition, München 2011.

von Bar, Christian: Verkehrspflichten – Richterliche Gefahrsteuerungsgebote im deutschen Deliktsrecht; Köln u.a. 1980.

Benkard, Georg [Begr.]: Patentgesetz; 10. Aufl., München 2006.

Berger, Christian: Die Neuregelung der Privatkopie in § 53 Abs.1 UrhG im Spannungsverhältnis von geistigem Eigentum, technischen Schutzmaßnahmen und Informationsfreiheit, in: ZUM 2004, S.257-266.

Bleich, Holger / Kossel, Axel: Verschleierungstaktik – Die Argumente für Kinderprono-Sperren laufen ins Leere, in: c't 2009. Online abrufbar unter: http://heise.de/-291986. Zuletzt abgerufen am 21.12.2011.

Bodewig, Theo / Wandtke, Artur-Axel: Die doppelte Lizenzgebühr als Berechnungsmethode im Lichte der Durchsetzungsrichtlinie, in: GRUR 2008, S.220-229.

von Bonin, Andreas: Die Kontrolle digitaler Kommunikationsinhalte: Grenzen staatlicher Regelung und Möglichkeiten kooperativer Kontrolle; Baden-Baden 2000.

Breyer, Patrick: Anmerkung zur Entscheidung des OLG Hamburg v. 30.09.2009 – Sharehoster II, in: MMR 2010, S.55.

ders.: Verkehrssicherungspflichten von Internetdiensten im Lichte der Grundrecht, in: MMR 2009, S.14-19.

Bullinger, Winfried: Kunstwerkfälschung und Urheberpersönlichkeitsrecht: der Schutz des bildenden Künstlers gegenüber der Fälschung seiner Werke; Berlin 1997.

Busche, Jan: Mittelbare Patentverletzung – zu den dogmatischen Grundlagen eines Rechtsinstituts, in: GRUR 2009, S.236-240.

Büscher, Mareile / Müller, Judith: Urheberrechtliche Fragestellungen des Audio-Video-Streaming, in: GRUR 2009, S.558-560.

Czychowski, Christian / Nordemann, Jan Bernd: Vorratsdaten und Urheberrecht – Zulässige Nutzung gespeicherter Daten, in: NJW 2008, S.3095-3099.

Damm, Renate / Rehbock, Klaus: Widerruf, Unterlassung und Schadensersatz in den Medien; 3. Aufl., München 2008.

Danckwerts, Rolf: Neues vom Störer: Was ist ein „von der Rechtsordnung gebilligtes Geschäftsmodell"?, in: GRUR-Prax 2011, S.260-262.

Deutsch, Erwin: Allgemeines Haftungsrecht, Köln u.a. 1996.

Dietlein, Johannes / Heinemann, Jan: Ordnungsrecht und Internetkriminalität – Anmerkungen zu den „Düsseldorfer Sperrverfügungen", in: K&R 2004, S.418-424.

Donges, Juergen B. / Mai, Stefan: Die Haftung für eine Mitwirkung an fremden Wettbewerbsverstößen nach der Entscheidung des BGH „Jugendgefährdende Medien bei eBay", in: WRP 2007, S.1131-1140.

ders.: Die Haftung für eine Mitwirkung an fremden Wettbewerbsverstößen, Urheberrechts-, Marken-, Patent-, Gebrauchsmuster- und Geschmacksmusterverletzungen; Bonn 2008.

Dreier, Thomas / Schulze, Gernot: Kommentar zum Urheberrechtsgesetz; 2. Aufl., München 2009.

Durner, Wolfgang: Fernmeldegeheimnis und informationelle Selbstbestimmung als Schranken urheberrechtlicher Sperrverfügungen im Internet?, in: ZUM 2010, S.833-846.

Ehricke, Ulrich: Zur Teilnehmerhaftung von Gesellschaftern bei Verletzung von Organpflichten mit Außenwirkung durch den Geschäftsführer, in: ZGR 2000, 351-383.

Engel, Christoph: Die Internet-Service-Provider als Geiseln deutscher Ordnungsbehörden – Eine Kritik an den Verfügungen der Bezirksregierung Düsseldorf, in: MMR Beilage 4/2003, S.1-34.

Engels, Gabriele: Anmerkung zur Entscheidung des BGH v. 12.11.2009 – marions-kochbuch.de, in: MMR 2010, S.558-559.

Ensthaler, Jürgen / Heinemann, Mirko: Zur Haftung des Hostproviders – Eine Betrachtung aus Anlass des aktuellen OECD Berichtes zu den wirtschaftlichen Folgen von Marken- und Produktpiraterie, in: WRP 2010, S.309-316.

ders.: Die Fortentwicklung der Providerhaftung durch die Rechtssprechung, in: GRUR 2012, S.433-440.

Epping, Volker / Hillgruber, Christian: Beck'scher Online-Kommentar zum GG, 12. Edition, München 2011.

Fangerow, Kathleen / Schulz, Daniela: Die Nutzung von Angeboten auf www.kino.to - Eine urheberrechtliche Analyse des Film-Streamings im Internet, in: GRUR 2010, S.677-682.

Fechner, Frank: Geistiges Eigentum und Verfassung: schöpferische Leistungen unter dem Schutz des Grundgesetzes; Tübingen 1999.

Fezer, Karl-Heinz [Hrsg.]: Markenrecht; 4. Aufl., München 2009.

Fiedler, Christoph: Meinungsfreiheit in einer vernetzten Welt; Baden-Baden 2002.

Flechsig, Norbert: Aus der Zukunft in die Gegenwart – Zu den Erfordernissen einer angemessenen Vergütung für die Nutzung im Internet: Kulturflatrate - , in: Festschrift für Ulrich Loewenheim, S.97-101, München 2009.

Frech, Philipp: Zivilrechtliche Haftung von Internet-Providern bei Rechtsverletzungen durch ihre Kunden; Zürich 2009.

Frey, Dieter / Rudolph, Matthias: Rechtsgutachten zur Evaluierung des „Haftungsregimes für Host- und Access-Provider im Bereich der Telemedien“ im Auftrag des Bundesverband Digitale Wirtschaft (BVDW) e.V. vom 20.12.2008.

Freytag, Stefan M.: Haftung im Netz – Verantwortlichkeit für Urheber-, Marken- und Wettbewerbsrechtsverletzungen nach § 5 TDG und § 5 MDStV; München 1999.

Fromm, Friedrich Karl / Nordemann Wilhelm: Urheberrecht; 9. Aufl., Stuttgart u.a. 1998.

Fürst, Philipp: Störerhaftung – Fragen der haftungsbegründenden Zumutbarkeit und Konsequenzen – Das Ende von ebay?, in: WRP 2009, S.378-389.

Gabriel, Ulrich / Albrecht, Stefanie: Filesharing-Dienste, Grundrechte und (k)eine Lösung?, in: ZUM 2010, S.392-397.

Germann, Michael: Gefahrenabwehr und Strafverfolgung im Internet; Berlin 2000.

von Gierke, Cornelie: Grenzen der wettbewerbsrechtlichen Störerhaftung, in: WRP 1997, S.892-896.

Gietl, Andreas: Störerhaftung für ungesicherte Funknetze – Voraussetzungen und Grenzen, in: MMR 2007, S.630-634.

Greve, Holger / Schärdel, Florian: Zwischenruf – Internetsperren wegen Urheberrechtsverstößen, in: ZRP 2009, S.54-55.

Grübler, Ulrike / Jürgens, Uwe: Anmerkung zur Entscheidung des OLG Hamburg v. 26.09.2007 – marions-kochbuch.de, in: GRUR-RR 2008, S.235.

Hacker, Franz: „L’Oréal/eBay“: Die Host-Provider-Haftung vor dem EuGH, in: GRUR-Prax 2011, S.391-392.

Haedicke, Maximilian: Gemeinsame Grundlagen der Verantwortlichkeit für die mittelbare Verursachung von Schutzrechtsverletzungen im Gesamtsystem des Geistigen Eigentums, in: Geistiges Eigentum und Wettbewerbsrecht, Bd. 41, S.239-244, Tübingen 2010.

ders.: Die Haftung für mittelbare Urheber- und Wettbewerbsrechtsverletzungen – Zugleich eine Besprechung von BGH v. 15.10.1998 – Möbelklassiker, in: GRUR 1999, S.397-402.

ders.: Schadensersatz bei mittelbarer Patentverletzung, in: GRUR 2009, S.273-276.

ders.: Anmerkung zur Entscheidung des BGH v. 17.09.2009 – MP3-Player-Import, in: JZ 2010, S.146-153.

Hanfeld, Michael: Bestellte Wahrheiten, in: FAZ.net vom 21.07.2010. Online abrufbar unter: http://www.faz.net/-gpf-6k315. Zuletzt abgerufen am 21.12.2011.

Hansen, Gerd: Warum Urheberrecht?; Baden-Baden 2009.

Harte-Bavendamm, Henning / Henning-Bodewig, Frauke: Gesetz gegen den unlauteren Wettbewerb; 2. Aufl., München 2009.

Hartmann, Alexander: Unterlassungsansprüche im Internet; München 2009.

Heidrich, Joerg / Forgó, Nikolaus / Feldmann, Thorsten [Hrsg.]: Heise Online-Recht, Loseblattsammlung, Bd. 1, Auflage 2011.

von Hein, Jan: Neutrale Beihilfe im Zivilrecht, in: AcP 204 (2004), S.761-803.

Henning-Bodewig, Frauke: Die wettbewerbsrechtliche Haftung von Massenmedien, in: GRUR 1981, S.867-878.

Hess, Burkhard: Europäisches Zivilprozessrecht: ein Lehrbuch; Heidelberg u.a. 2010.

Heß, Marco: Die Verantwortlichkeit von Diensteanbietern für Informationen im Internet nach der Novellierung des Telemediengesetzes; Münster 2005.

Hoeren, Thomas: Das Telemediengesetz, in: NJW 2007, S.801-806.

ders.: Unterlassungsansprüche gegen Host Provider – die Rechtslage nach dem Ricardo-/Rolex-Urteil des BGH, in: Festschrift für Ulrich Eisenhardt, S.243-254, München 2007.

ders.: Anmerkung zum Urteil des EuGH v. 12.07.2011, Rs. C-324/09 – L'Oréal/eBay, in: MMR 2011, S.605.

ders.: Vorratsdaten und Urheberrecht – Keine Nutzung gespeicherter Daten, in: NJW 2008, S.3099-3102.

ders. / Sieber, Ulrich [Hrsg.]: Handbuch Multimedia-Recht; München 2011.

Holznagel, Bernd: Die Zukunft der Mediengrundrechte in Zeiten der Konvergenz, in: MMR 2011, S.1-2.

ders. / Schumacher, Pascal: Netzpolitik Reloaded – Pflichten und Grenzen staatlicher Internetpolitik, in: ZRP 2011, S.74-78.

ders. / Enaux, Christoph / Nienhaus, Christian: Telekommunikationsrecht; 2. Aufl., München 2006.

Hullen, Nils: Illegale Streaming-Filmportale im Internet, in: ITRB 2008, S.230-232.

Ingerl, Reinhard / Rohnke, Christian: Markengesetz, 3. Aufl., München 2010.

Jänich, Michael: Markenverletzungen auf Online-Marktplätzen – Anmerkung zum Urteil des EuGH v. 12.07.2011, Rs. C-324/09 – L'Oréal/eBay, in: MarkenR 2011, S.293-295.

Jauernig, Othmar: Bürgerliches Gesetzbuch; 13. Aufl, München 2009.

Karger, Michael: Praktische Hinweise zum Parteivortrag nach der Entscheidung zur Störerhaftung des WLAN-Betreibers, in: GRUR-Prax 2011, S.305.

Kilian, Wolfgang / Heussen, Benno [Hrsg.]: Computerrechts-Handbuch; München 2011.

Kindt, Anne: Grundrechtsschutz für Raubkopierer und Musikpiraten?, in: MMR 2009, S.147-153.

Klatt, Heiko: Die Kerngleichheit als Grenze der Prüfungspflichten und der Haftung des Hostproviders, in: ZUM 2009, S.265-274.

Koch, Frank A.: Der Content bleibt im Netz – gesicherte Werkverwertung durch Streaming-Verfahren, in: GRUR 2010, S.574-578.

Köhler, Helmut: Die Beteiligung an fremden Wettbewerbsverstößen, in: WRP 1997, S.897-902.

ders.: „Täter" und „Störer" im Wettbewerbs- und Markenrecht – Zur BGH-Entscheidung „Jugendgefährdende Medien bei eBay", in: GRUR 2008, S.1-7.

ders. / Bornkamm, Joachim: Gesetz gegen den unlauteren Wettbewerb; 28. Aufl., München 2010.

Koreng, Ansgar: Zensur im Internet: der verfassungsrechtliche Schutz der digitalen Massenkommunikation; Baden-Baden 2010.

Kotz, Christian: Grundlagen negatorischer und quasi-negatorischer Haftung; Hamburg 2004.

Kreuzer, Till: Das Modell des deutschen Urheberrechts und Regelungsalternativen, Baden-Baden 2008.

Krüger, Stefan / Apel, Simon: Haftung von Plattformbetreibern für urheberrechtlich geschützte Inhalte. Wie weit geht die Haftung und wann droht Schadensersatz?, in: MMR 2012, S.144-151.

Ladeur, Heinz: Der Auskunftsanspruch aus § 101 UrhG und seine Durchsetzung – Zivilrechtsanwendung ohne Methode und jenseits der Drittwirkung der Grundrechte?, in: NJOZ 2010, S.1606-1609.

Larenz, Karl / Canaris, Claus-Wilhelm: Lehrbuch des Schuldrechts, Bd. 2, Besonderer Teil, 2. Halbband; 13.Aufl., München 1994.

Lehmann, Michael: Die Krise des Urheberrechts in der digitalen Welt, in: Festschrift für Ulrich Loewenheim, S.167-173, München 2009.

Lehment, Cornelius: Neuordnung der Täter- und Störerhaftung, in: WRP 2012, S.149-159.

Leible, Stefan / Jahn, David: Anmerkung zum Urteil des EuGH v. 12.07.2011, Rs. C-324/09 – L'Oréal/eBay, in: GRUR-Prax, S.324.

Leinemann, Felix: Die Sozialbindung des „geistigen Eigentums“: zu den Grundlagen der Schranken des Urheberrechts zugunsten der Allgemeinheit; Baden-Baden 1998.

Leistner, Matthias: Störerhaftung und Schutzrechtsverletzung, in: GRUR-Beil. 2010, S.1-32.

ders. / Stang, Felix: Die Neuerung der wettbewerbsrechtlichen Verkehrspflichten – Ein Siegeszug der Prüfungspflichten?, in: WRP 2008, S.533-555.

ders. / Stang, Felix: Anmerkung zur Entscheidung des BGH v. 17.09.2009 – MP3-Player-Import, in: LMK 2010, 297473.

Lippert, Pascal: Filtersysteme zur Verhinderung von Urheberrechtsverletzungen im Internet, in: CR 2001, S.478-484.

Lobo, Sascha: Netz-Sozialisierung – Vom Überall-Netz ins Echtzeit-Internet, in: c't 2010, S.188-189.

Loewenheim, Ulrich [Hrsg.]: Handbuch des Urheberrechts; 2. Aufl., München 2010.

Maaßen, Stefan: Anmerkung zur Entscheidung des OLG Frankfurt/M. v. 12.11.2009, Az. 11 W 41/09, in: MMR 2010, S.63-64.

Mantz, Reto: Anmerkung zur Entscheidung des BGH v. 12.05.2010 – Sommer unseres Lebens, in: MMR 2010, S.568-570.

Marberth-Kubicki, Annette: Der Beginn der Internet-Zensur – Zugangssperren durch Access-Provider, in: NJW 2009, S.1792-1796.

Matthies, Ulf: Providerhaftung für Online-Inhalte: eine vergleichende Untersuchung zur Rechtslage in Deutschland, Österreich und England; Baden-Baden 2004.

Maunz, Theodor: Das geistige Eigentum in verfassungsrechtlicher Sicht, in: GRUR 1973, S.107-115.

ders. / Dürig, Günter [Begr.]: Kommentar zum Grundgesetz; Bd. II, München 2011.

ders. / Dürig, Günter [Begr.]: Kommentar zum Grundgesetz; Bd. III, München 2011.

Medicus, Dieter: Bürgerliches Recht; 22. Aufl., Köln u.a. 2009.

Mes, Peter: Die mittelbare Patentverletzung, in: GRUR 1998, S.281-283.

ders.: Patentgesetz; 3. Aufl., München 2011.

Metzger, Axel: „Germania 3 Gespenster am toten Mann" oder Welchen Zweck darf ein Zitat gemäß § 51 Nr.2 UrhG verfolgen?, in: ZUM 2000, S.924-934.

Miller, Claire Cain: YouTube Ads Turn Videos Into Revenue, in: The New York Times Online vom 02.09.2010. Online abrufbar unter: http://www.nytimes.com/2010/09/03/technology/03youtube.html. Zuletzt abgerufen am 21.12.2011.

Möhring, Philipp [Begr.] / Nicolini, Käte / Ahlberg, Hartwig [Hrsg.]: Kommentar zum Urheberrechtsgesetz; 2. Aufl., München 2000.

Münchener Kommentar zum Bürgerlichen Gesetzbuch: Hrsg. von: Säcker, Franz Jürgen / Rixecker, Roland: Bd. 5: Schuldrecht – Besonderer Teil III, 5. Aufl., München 2009.

Neuhaus, Stephan: Sekundäre Haftung im Lauterkeits- und Immaterialgüterrecht; Tübingen 2011.

Nordemann, Jan Bernd: Verkehrspflichten und Urheberrecht – oder: jugendgefährdende Medien für das Urheberrecht!, in: Festschrift für Ulrich Loewenheim, S.215-225, München 2009.

ders.: Haftung von Providern im Urheberrecht – Der aktuelle Stand nach dem EuGH-Urteil v. 12.07.2011 – C-324/09 – L'Oréal/eBay, in: GRUR 2011, S.977-981.

ders.: Störerhaftung für Urheberrechtsverletzungen – Welche konkreten Prüfpflichten haben Hostprovider (Contentprovider)?, in: CR 2010, S.653-661.

Ohly, Ansgar: Keyword Advertising auf dem Weg zurück von Luxemburg nach Paris, Wien, Karlsruhe und Den Haag, in: GRUR 2010, S.776-785.

Otto, Hans-Joachim: „Flatrate" – Nun etwa auch in der Kultur, in: liberal 2010, S.60-63. Online abrufbar unter: http://www.freiheit.org/files/62/Otto_1.pdf. Zuletzt abgerufen am 04.01.2012.

Palandt, Otto [Begr.]: Bürgerliches Gesetzbuch; 69. Aufl., München 2010.

Pankoke, Stefan: Beweis- und Substanziierungslast im Haftungsrecht der Internetprovider, in: MMR 2004, S.211-217.

Piper, Henning / Ohly, Ansgar / Sosnitza, Olaf: Gesetz gegen den unlauteren Wettbewerb; 5. Aufl., München 2010.

Raab, Thomas: Die Bedeutung der Verkehrspflichten und ihre systematische Stellung im Deliktsrecht, in: JuS 2002, S.1041-1048.

Rabe, Jens-Christian: Musik im Internet – Strom der Zukunft, in: sueddeutsche.de vom 28.06.2010. Online abrufbar unter: http://www.sueddeutsche.de/digital/musik-im-internet-strom-der-zukunft-1.966429. Zuletzt abgerufen am 20.12.2011.

Radmann, Friedrich: Kino.ko – Filmegucken kann Sünde sein – Zur Rechtswidrigkeit der Nutzung von (offensichtlich) illegalen Streaming-Plattformen, in: ZUM 2010, S.387-392.

Rehart, Nikolaus Konstantin: Sperren oder Löschen? Oder beides? – Das nächste Kapitel, in: MMR-Aktuell 2010, 303415.

Rehbinder, Manfred: Urheberrecht; 15. Aufl., München 2008.

Riesenhuber, Karl [Hrsg.]: Europäische Methodenlehre: Handbuch für Ausbildung und Praxis; Berlin 2006.

Rigamonti, Cyrill P.: Schutz gegen Umgehung technischer Maßnahmen im Urheberrecht aus internationaler und rechtsvergleichender Perspektive, in: GRUR Int. 2005, S.1-14.

Rössel, Markus / Kruse, Wilhelm: Schadensersatzhaftung bei Verletzung von Filterpflichten, in: CR 2008, S.35-41.

Roßnagel, Alexander / Jandt, Silke / Schnabel, Christoph / Yliniva-Hoffmann, Anne: Die Zulässigkeit einer Kulturflatrate nach nationalem und europäischem Recht [2009]; Online abrufbar unter: http://www.gruene-bundestag.de/cms/netzpolitik/dokbin/278/278059.kurzgutachten_zur_ kulturflatrate. pdf. Zuletzt abgerufen am: 20.12.2011.

Rücker, Daniel: Notice and take-down-Verfahren für die deutsche Providerhaftung?, in: CR 2005, S.347-355.

von Samson-Himmelstjerna, Fabian: Haftung von Internetauktionshäusern; München 2008.

Sankol, Barry: Die Qual der Wahl: § 113 TKG oder §§ 100g, 100h StPO? – Die Kontroverse über das Auskunftsverlangen von Ermittlungsbehörden gegen Access-Provider bei dynamischen IP-Adressen, in: MMR 2006, S.361-365.

Schack, Haimo: Täter und Störer: Zur Erweiterung und Begrenzung der Verantwortlichkeit durch Verkehrspflichten im Wettbewerbs- und Immaterialgüterrecht, in: Festschrift für Dieter Reuter, S.1167-1182, Berlin/New York 2010.

Scharen, Uwe: Die Behandlung der (so genannten) mittelbaren Patentverletzung in der Rechtssprechung des Bundesgerichtshofs, in: GRUR 2008, S.944-948.

Schaub, Renate: Erweiterte Haftung für Verhalten anderer - Entwicklungstendenzen im allgemeinen und besonderer Deliktsrecht, in: Festschrift für Dieter Medicus, S.423-445, Köln 2009.

Schilling, Alexander W.: Passivlegitimation im gewerblichen Rechtsschutz und Urheberrecht; Frankfurt am Main u.a. 2010.

Schneider, Gerhard: Sperreung und Filtern im Internet, in: MMR 2004, S.18-24.

ders.: Die Wirksamkeit der Sperrung von Internet-Zugriffen, in: MMR 1999, S.571-577.

Schröder, Christian: Europäische Richtlinien und deutsches Strafrecht; Berlin 2002.

Schulz, Wolfgang / Büchner, Thomas: Kreativität und Urheberrecht in der Netzökonomie, Arbeitspapiere des Hans-Bredow-Instituts Nr.21, Hamburg 2010.

Schulze zur Wiesche, Jens: Anmerkung zur Entscheidung des LG Hamburg v. 11.03.2009, Az. 308 O 75/09, in: MMR 2009, S.574-575.

Schünemann, Wolfgang: Die wettbewerbsrechtliche „Störer"-Haftung, in: WRP 1998, S.120-124.

Sieber, Ulrich: Sperrverpflichtungen gegen Kinderpornographie im Internet, in: JZ 2009, S.653-662.

ders. / Nolde, Malaika: Sperrverfügungen im Internet: nationale Rechtsdurchsetzung im globalen Cyberspace?; Berlin 2008.

Sievers, Malte: Der Schutz der Kommunikation im Internet durch Art.10 des Grundgesetzes; Baden-Baden 2003.

Sobola, Sabine / Kohl, Kathrin: Haftung von Providern für fremde Inhalte, in: CR 2005, S.443-450.

Soergel, Hans Theodor [Hrsg.]: Bürgerliches Gesetzbuch, Bd. 12, Schuldrecht 10, 13. Aufl., Stuttgart 2005.

Spindler, Gerald: Anmerkung zu BGH, Internet-Versteigerung II, in: MMR 2007, S.511-514.

ders.: Haftung für private WLANs im Delikts- und Urheberrecht – Zugleich Anmerkung zur Entscheidung des BGH v. 12.05.2010 – Sommer unseres Lebens, in: CR 2010, S.592-600.

ders.: Die Verantwortlichkeit der Provider für „Sich-zu-Eigen-gemachte" Inhalte und für beaufsichtigte Nutzer, in: MMR 2004, S.440-444.

ders.: Das Gesetz zum elektronischen Geschäftsverkehr – Verantwortlichkeit der Diensteanbieter und Herkunftslandprinzip, in: NJW 2002, S.921-927.

ders.: Präzisierungen der Störerhaftung im Internet – Besprechung des BGH-Urteils „Kinderhochstühle im Internet, in: GRUR 2011, S.101-108.

ders.: Reformperspektiven der Providerhaftung im deutschen und europäischen Recht, in: Geistiges Eigentum und Wettbewerbsrecht, Bd. 41, S.212-228, Tübingen 2010.

ders. / Schuster, Fabian: Recht der elektronischen Medien; 2. Aufl., München 2011.

ders. / Schuster, Fabian: Recht der elektronischen Medien; 1. Aufl., München 2008.

ders. / Volkmann, Christian: Anmerkung zur Entscheidung des OVG Münster v. 19.03.2003, Az. 8 B 2567/02, in: MMR 2003, S.353-355.

ders. / Volkmann, Christian: Die zivilrechtliche Haftung der Internetprovider, in: WRP 2003, S.1-15.

Stadler, Thomas: Haftung für Informationen im Internet; Berlin 2005.

Stang, Felix / Hühner, Sebastian: Anmerkung zur Entscheidung des BGH v. 12.05.2010 – Sommer unseres Lebens, in: GRUR 2010, S.636-637.

Stölzel, Thomas: Erfolgslose Jagd auf die deutschen Raubkopierkönige, in: WirtschaftsWoche Online vom 17.02.2009. Online abrufbar unter: http://www.wiwo.de/unternehmen/filmpiraterie-erfolglose-jagd-auf-die-deutschen-raubkopierkoenige/5145540.html. Zuletzt abgerufen am 20.12.2011.

Ufer, Frederic: Die Haftung der Internet-Provider nach dem Telemediengesetz; Hamburg 2007.

Ullmann, Eike [Hrsg.]: juris PraxisKommentar UWG: Gesetz gegen den unlauteren Wettbewerb; 2. Aufl., Saarbrücken 2009.

Verweyen, Urs: Grenzen der Störerhaftung in Peer to Peer-Netzwerken, in: MMR 2009, S.590-594.

Volkmann, Christian: Verkehrspflichten für Internet-Provider, in: CR 2008, S.232-238.

Voss, Laurenz: Die Verkehrspflichten; Berlin 2007.

Wandtke, Artur-Axel [Hrsg.]: Urheberrecht; 2. Aufl., Berlin/New York 2010.

ders. / Bullinger, Winfried: Praxiskommentar zum Urheberrecht; 3. Aufl., München 2009.

Weber, Klaus: Kommentar zum Betäubungsmittelgesetz; 3. Aufl., München 2009.

Wessels, Rochus: Netzsperren sind vermeidbar. Online abrufbar unter: https://scusiblog.org/wp-content/uploads/ 2009/04/kp-gesetze-101.pdf. Zuletzt abgerufen am 21.12.2011.

Wieduwilt, Hendrik: Bundesgerichtshof erleichtert Ebay das Geschäft, in: FAZ vom 05.01.2011, S.19. Online abrufbar unter: http://www.faz.net/-gqp-xvg1. Zuletzt abgerufen am 21.12.2011.

Wilmer, Thomas: Überspannte Prüfpflichten für Host-Provider? – Vorschlag für eine Haftungsmatrix, in: NJW 2008, S.1845-1851.

Gesetzgebungsmaterialien

Enquete-Kommission „Internet und digitale Gesellschaft“: Dritter Zwischenbericht vom 23.11.2011, BT-Drucksache 17/7899. Online abrufbar unter: http://dip21.bundestag.de/dip21/btd/17/078/1707899.pdf.

Sonstige Quellen

Bundesverband Musikindustrie e.V.: GfK Brennerstudie 2010. Online abrufbar unter: http://www.musikindustrie.de/uploads/media/Brennerstudie_ 2010_Presse version_FINAL_01.pdf.

Bundesverband Informationswirtschaft, Telekommunikation und neue Medien e.V.: Leitfaden Social Media 2010. Online abrufbar unter: http://www.bitkom.org/files/documents/Leitfaden_Social_Media.pdf.

Bundesverband Informationswirtschaft, Telekommunikation und neue Medien e.V.: Presseinformation zu Internet-Communities vom 14.03.2010. Online abrufbar unter: http://www.bitkom.org/files/documents/BITKOM-Presseinfo_ Communitys_14_03_2010.pdf.

Bundesverband der Dienstleistungswirtschaft: Stellungnahme zur E-Commerce-Richtlinie vom 13.10.2010. Online abrufbar unter: http://www.bundesverband-dienstleistungswirtschaft.de/positionen/stellungnahmen/stellungsnahmen/article/454/20.html.

Gesellschaft zu Verfolgung von Urheberrechtsverletzungen e.V.: Jahresbericht 2009. Online abrufbar unter: http://www.gvu.de/media/pdf/653.pdf.

GfK Panel Services Deutschland: GfK-WebScope-Panel zum Kaufverhalten der Deutschen im Internet. Pressemitteilung vom 03.03.2010. Online abrufbar unter: http://www.gfk.com/imperia/md/content/presse/pressemeldungen2010/100303_webscope_dfin.pdf.

Prof. Dr. Rolf Schwartmann: Stellungnahme zu den rechtlichen Fragen der Fraktionen zur öffentlichen Anhörung Urheberrecht der Enquete-Kommission Internet und digitale Gesellschaft am 29.11.2010. Online abrufbar unter: http://www.bundestag.de/internetenquete/dokumentation/Sitzungen/20101129/A-Drs__17_24_009_H-_Stellungnahme_Prof__Schwartmann.pdf.

Fachhochschule Köln: Pressemitteilung 58/2011 vom 04.08.2011. Online abrufbar unter: http://www.verwaltung.fh-koeln.de/imperia/md/content/verwaltung/dezenat5/sg51/presse11/pm_58_2011_medienrecht.pdf.

Bundesministerium für Wirtschaft und Technologie: Forschungsgutachten „Gesamtwirtschaftliche Perspektiven der Kultur- und Kreativwirtschaft in Deutschland". Online abrufbar unter: http://www.bmwi.de/Dateien/KuK/PDF/doku-577-gesamtwirtschaftliche-perspektiven-kultur-und-kreativwirtschaft-kurzfassung,property=pdf,bereich=bmwi,sprache=de,rwb=true.pdf.

Ausschuss für Wirtschaft und Technologie: Wortprotokoll 88. Sitzung (Protokoll Nr. 16/88) vom 04.03.2009. Online abrufbar unter: http://www.daten-speicherung.de/data/Wortprotokoll_Anhoerung_TMG_09-03-04.pdf.

Europäische Kommission: Grünbuch zur Erschließung des Potenzials der Kultur- und Kreativindustrien, KOM (2010) 183/3. Online abrufbar unter: http://ec.europa.eu/culture/documents/greenpaper_creative_industries_de.pdf.

Gerichtshof der Europäischen Union: Pressemitteilung Nr.37/11 vom 14.04.2011 (Schlussanträge des Generalanwalts in der Rechtssache C-70/10). Online abrufbar unter: http://curia.europa.eu/jcms/upload/docs/application/pdf/2011-04/cp110037de.pdf.

Peter Lang · Internationaler Verlag der Wissenschaften

Felix Banholzer

Die internationale Gerichtszuständigkeit bei Urheberrechtsverletzungen im Internet

Unter besonderer Berücksichtigung des „fliegenden Gerichtsstands"

Frankfurt am Main, Berlin, Bern, Bruxelles, New York, Oxford, Wien, 2011. 225 S.
Europäische Hochschulschriften. Reihe 2: Rechtswissenschaft. Bd. 5212
ISBN 978-3-631-61681-9 · br. € 47,80*

Ziel dieser Arbeit ist es, den Tatort bei Urheberrechtsverletzungen im Internet zu bestimmen und potentielle Forumstaaten für Rechtsstreitigkeiten aufzuzeigen. Zu diesem Zweck wurden die einschlägigen Rechtsquellen und Gerichtsstände untersucht. Der Schwerpunkt lag dabei beim Tatortgerichtsstand, dessen zu weite Auslegung faktisch zu einem weltweiten Klägergerichtsstand führen würde. Da dies wegen zivilprozessualer Prinzipien zu vermeiden ist, wurden die Möglichkeiten einer einschränkenden Auslegung untersucht. Die Untersuchung ergab, dass derzeit lediglich das Erfordernis einer bestimmungsgemäßen Abrufbarkeit des Internetangebots als Einschränkungsmöglichkeit des Tatortbegriffs mit der geltenden Rechtslage in Einklang steht. Für weitere Einschränkungen bedarf es einer Gesetzesänderung.

Aus dem Inhalt: Einschlägige Rechtsquellen und Gerichtsstände · Bestimmung des Tatorts in Internetsachverhalten · Problematik eines weltweiten Klägergerichtsstands · Möglichkeiten einer einschränkenden Auslegung · Bestimmungsgemäße Abrufbarkeit des Internetangebots · Vergleich mit der US-amerikanischen Rechtslage · Vorschläge zur Gesetzesänderung

*inklusive der in Deutschland gültigen Mehrwertsteuer. Preisänderungen vorbehalten

Frankfurt am Main · Berlin · Bern · Bruxelles · New York · Oxford · Wien
Auslieferung: Verlag Peter Lang AG
Moosstr. 1, CH-2542 Pieterlen
Telefax 0041(0)32/3761727
E-Mail info@peterlang.com

Seit 40 Jahren Ihr Partner für die Wissenschaft
Homepage http://www.peterlang.de

www.ingramcontent.com/pod-product-compliance
Ingram Content Group UK Ltd.
Pitfield, Milton Keynes, MK11 3LW, UK
UKHW022101051026
15623UKWH00003B/606

9 783631 638446